管理基础与实务实训手册

（活页式）

主　编　王鹤霖　杨　洋　梁　盈
副主编　刘锦江　张伟芳　苏来义
李　颖　黄亚玲

西南交通大学出版社
·成　都·

图书在版编目（CIP）数据

管理基础与实务：含活页实训手册. 2，管理基础与实务实训手册：活页式 / 王鹤霖，杨洋，梁盈主编. -- 成都：西南交通大学出版社，2024.10

ISBN 978-7-5643-9729-6

Ⅰ. ①管… Ⅱ. ①王… ②杨… ③梁… Ⅲ. ①管理学 Ⅳ. ①C93

中国国家版本馆 CIP 数据核字（2023）第 255432 号

CONTENTS 目 录

项目一

PART ONE

走进管理

任务一　管理初探

任务实训

【任务目标】

1. 正确认识管理学这门学科，理解管理的基本职能。
2. 培养思考问题、分析问题和总结归纳的能力。
3. 培养人际交往和沟通的能力。

【任务内容】

1. 选定一个关于管理的交流话题，做好交流前的准备。
2. 选择 2～3 位合适的学姐、学长或长辈，与他们交流选定的话题，做好交流记录。
3. 交流话题包括但不限于：新闻、财经要闻、社会热点、学习和生活息息相关的话题。
4. 讨论交流选定话题中所涉及的管理现象和管理学问题。

【任务方法】

1. 根据选择的话题和预先设想的交流结果设计交流提纲。交流提纲要求结构合理、内容充实，确保沟通交流能获得实质性成果。

2. 以小组为单位完成一次实地交流活动，提交交流提纲和任务实施工单。

3. 整理交流记录，形成一份交流汇报材料，阐述通过交流所发现的管理现象和所涉及的管理学问题。

4. 选择 3～5 组学生汇报交流材料。

5. 自我评价、小组互评、教师点评。

任务实施

第（　　）组				
姓名				
学号				
姓名				
学号				

任务实施工单

<table>
<tr><td>交流话题</td><td colspan="2"></td><td>交流目标</td><td colspan="3"></td></tr>
<tr><td colspan="7">交流对象 1</td></tr>
<tr><td>交流时长</td><td colspan="2"></td><td>交流对象</td><td></td><td>交流地点</td><td></td></tr>
<tr><td>主要内容</td><td colspan="6"></td></tr>
<tr><td>过程实录</td><td colspan="6"></td></tr>
<tr><td colspan="7">交流对象 2</td></tr>
<tr><td>交流时长</td><td colspan="2"></td><td>交流对象</td><td></td><td>交流地点</td><td></td></tr>
<tr><td>主要内容</td><td colspan="6"></td></tr>
<tr><td>过程实录</td><td colspan="6"></td></tr>
<tr><td colspan="7">交流对象 3</td></tr>
<tr><td>交流时长</td><td colspan="2"></td><td>交流对象</td><td></td><td>交流地点</td><td></td></tr>
<tr><td>主要内容</td><td colspan="6"></td></tr>
<tr><td>过程实录</td><td colspan="6"></td></tr>
<tr><td colspan="7">小结</td></tr>
<tr><td>管理现象</td><td colspan="6"></td></tr>
<tr><td>管理问题</td><td colspan="6"></td></tr>
<tr><td>心得体会</td><td colspan="6"></td></tr>
<tr><td>备注</td><td colspan="6"></td></tr>
</table>

考核评价

考核指标	具体要求	分值	自我评价	小组互评	教师评价
话题选择	话题选择合理且积极向上	10			
交流提纲	结构完整、内容充实	10			
	能充分挖掘管理现象和问题	15			
	能对交流结果形成积极指导	15			
过程及总结	及时且认真记录交流过程	10			
	完整填写任务实施工单	10			
	完成总结分析工作	15			
团队合作	组内成员互帮互助	5			
	积极发言，分享成果	10			
得分合计		100			
总评=自我评价×（　）%＋小组互评×（　）%＋教师评价×（　）%＝					

总结分析

1. 任务准备情况：

2. 任务实施过程：

3. 任务完成评价：

任务二　认识管理者与管理对象

任务实训

【任务目标】

1. 了解组织管理者的类型和角色。
2. 理解组织管理者的技能和素质。
3. 培养资料收集和信息归纳的能力。
4. 培养人际交往和沟通的能力。

【任务内容】

1. 以小组为单位，了解组织管理者与管理对象的相关知识。
2. 开展论坛活动，将所了解的知识以论坛形式与管理者沟通交流。
3. 根据论坛活动所了解的知识形成汇报材料并进行交流展示。

【任务方法】

1. 上网查阅有关管理者的相关知识，对查阅的知识及时进行归纳总结。
2. 设计交流访问提纲，邀请 1 ~ 2 位管理者到论坛现场参与论坛活动，与其交流管理者的类型、角色、技能和素质，以及管理对象的内容。
3. 整理所查资料和采访记录，填写任务实施工单。
4. 形成一份关于管理者和管理对象认知的汇报材料。
5. 选择 3 ~ 5 组学生汇报材料。
6. 自我评价、小组互评、教师点评。

任务实施

第（　　）组				
姓名				
学号				
姓名				
学号				

任务实施工单

<table>
<tr><th colspan="6">资料查阅</th></tr>
<tr><td>查阅目的</td><td colspan="5"></td></tr>
<tr><td>主要内容</td><td colspan="5"></td></tr>
<tr><td>分工合作</td><td colspan="5"></td></tr>
<tr><th colspan="6">论坛活动</th></tr>
<tr><td>交流目的</td><td colspan="5"></td></tr>
<tr><td>交流对象</td><td></td><td>交流时长</td><td></td><td>交流地点</td><td></td></tr>
<tr><td>主要内容</td><td colspan="5"></td></tr>
<tr><td>过程实录</td><td colspan="5"></td></tr>
<tr><th colspan="6">小结</th></tr>
<tr><td>内容小结</td><td colspan="5"></td></tr>
<tr><td>心得体会</td><td colspan="5"></td></tr>
<tr><td>备注</td><td colspan="5"></td></tr>
</table>

考核评价

考核指标	具体要求	分值	自我自评	小组互评	教师评价
资料查阅	查阅内容紧扣任务要求	10			
	内容较新，紧跟时代发展	10			
论坛活动	交流提纲结构完整、逻辑性强	10			
	能充分挖掘管理者的相关知识	15			
	活动流程设计合理，过程顺畅	5			
过程及总结	及时归纳总结查阅资料	10			
	对采访过程认真记录	10			
	汇总资料并完成总结分析工作	15			
团队合作	组内分工合理且互帮互助	10			
	积极发言，分享成果	5			
得分合计		100			
总评=自我评价×（ ）%＋小组互评×（ ）%＋教师评价×（ ）%＝					

总结分析

1. 任务准备情况：

----

2. 任务实施过程：

----

3. 任务完成评价：

任务三　分析管理媒介和管理环境

任务实训

【任务目标】

1. 了解不同的管理环境分析方法。
2. 提高思考问题、分析问题和解决问题的能力。
3. 培养与人沟通与合作的能力。

【任务内容】

1. 以小组为单位，提前查阅有关 SWOT 工具和波特五力模型的有关知识。
2. 根据指定情境，用上述工具分析管理环境。
3. 形成分析汇报材料在课堂上交流分享。

【任务方法】

1. 指定情境：假设每个小组成立了一个公司，该公司主要经营范围是销售农特产品。请选择其中一个具体的农特产品，用 SWOT 工具或波特五力模型分析该产品所面临的管理环境。

2. 分析工具二选一，教师提前分配或由学生自主选择，但要确保每个工具均有小组选择。

3. 认真填写任务实施工单，在此基础上形成一份本组的汇报材料。

4. 每组轮流分享汇报材料。

5. 自我评价、小组互评、教师点评。

任务实施

第（　　）组				
姓名				
学号				
姓名				
学号				

任务实施工单

产品选择		分析工具		组内分工	
主要内容					
过程实录					
分析结论					
心得体会					
备注					

考核评价

考核指标	具体要求	分值	自我评价	小组互评	教师评价
产品选择	产品有代表性，体现家国情怀	10			
管理环境分析	紧扣产品实际，分析恰当	15			
	分析全面但有侧重点	20			
过程及总结	结构完整，有逻辑性	15			
	认真记录分析过程	10			
	根据分析过程得出分析结论	15			
团队合作	组内分工合理且相互协作	10			
	积极发言，分享成果	5			
得分合计		100			
总评=自我评价×（　）%＋小组互评×（　）%＋教师评价×（　）%＝					

总结分析

1. 任务准备情况：

2. 任务实施过程：

3. 任务完成评价：

任务四　实用的管理原理

任务实训

【任务目标】

1. 了解不同的管理原理。
2. 提高资料查找和信息归纳的能力。
3. 培养理论联系实际的能力。

【任务内容】

1. 预习本任务中不同管理原理的内容。
2. 查找不同管理原理所对应的案例并进行分析。
3. 在课堂交流分享本组分析成果。

【任务方法】

1. 由教师根据分组情况分配管理原理，确保每个管理原理均有小组负责，每个小组可负责 1 ~ 2 个管理原理。

2. 小组领到任务后，按要求查找相应案例，分析后填写任务实施工单，并在此基础上形成一份分享交流材料，重点阐述该理论在案例中如何体现，有什么启发。

3. 选择 3 ~ 5 组分享汇报材料。

4. 自我评价、小组互评、教师点评。

任务实施

第（　　）组				
姓名				
学号				
姓名				
学号				

任务实施工单

<table>
<tr><th colspan="6">管理原理 1</th></tr>
<tr><td>管理原理</td><td></td><td>案例标题</td><td></td><td>案例关键词</td><td></td></tr>
<tr><td>案例简述</td><td colspan="5"></td></tr>
<tr><td>理论与案例结合</td><td colspan="5"></td></tr>
<tr><td>案例启发</td><td colspan="5"></td></tr>
<tr><th colspan="6">管理原理 2</th></tr>
<tr><td>管理原理</td><td></td><td>案例标题</td><td></td><td>案例关键词</td><td></td></tr>
<tr><td>案例简述</td><td colspan="5"></td></tr>
<tr><td>理论与案例结合</td><td colspan="5"></td></tr>
<tr><td>案例启发</td><td colspan="5"></td></tr>
<tr><th colspan="6">小结</th></tr>
<tr><td>心得体会</td><td colspan="5"></td></tr>
<tr><td>备注</td><td colspan="5"></td></tr>
</table>

考核评价

考核指标	具体要求	分值	自我评价	小组互评	教师评价
案例选择	案例有代表性，价值导向积极	20			
理论与案例结合	理论理解深入，能抓住重点	15			
	案例分析全面，紧扣管理理论	20			
	认真记录分析过程	10			
	根据分析过程得出理论启发	15			
团队合作	组内分工合理且相互协作	10			
	积极发言，分享成果	5			
	表达清晰流畅，有逻辑性	5			
得分合计		100			
总评=自我评价×（　）%＋小组互评×（　）%＋教师评价×（　）%＝					

总结分析

1. 任务准备情况：

2. 任务实施过程：

3. 任务完成评价：

项目二

PART TWO

了解管理思想

任务一　中国管理思想认知

任务实训

【任务目标】

1. 正确认识中国传统管理思想的历史背景及发展历程。
2. 培养运用中国管理思想分析和处理实际管理问题的能力。
3. 培养人际沟通与合作的能力。

【任务内容】

1. 搜集中国古代或现代经典名言警句和管理小故事。
2. 以小组为单位进行分工合作，整理、分析、讨论搜集到的名言警句或小故事中所蕴含的管理思想，形成交流材料。

【任务方法】

1. 每位学生结合自己对中国古代、现代管理知识的了解，完成名言警句或管理小故事的收集工作，并做好交流发言的准备。
2. 每个小组成员分别就自己收集到的材料进行分组讨论，达成共识，做好交流记录。
3. 每组推荐一名学生就讨论的典型内容进行发言，介绍名言警句或管理小故事中所蕴含的管理思想及认识。
4. 自我评价、小组互评、教师点评。

任务实施

第（　　）组				
姓名				
学号				
姓名				
学号				

任务实施工单

讨论主题		名言警句或管理小故事标题	
材料准备情况			
内容介绍	1. 主要观点： 2. 小组结论：		
讨论过程记录			
心得体会			
备注			

考核评价

考核指标	具体要求	分值	自我评价	小组互评	教师评价
资料收集	完成中国管理思想内容材料的收集	15			
	形成小组成员各自的发言提纲和详细内容	15			
组内讨论	形成以小组为单位的总结发言报告	15			
	内容翔实、突出重点	10			
	思路清晰、结构完整	10			
交流发言	每组推荐一名学生介绍名言警句或管理小故事中所蕴含的管理思想及认识	15			
团队协作	小组成员相互配合、团结合作	10			
	积极发言，语言流畅	10			
得分合计		100			
总评=自我评价×（ ）% ＋ 小组互评×（ ）% ＋ 教师评价×（ ）%＝					

总结分析

1. 任务准备情况：

---

2. 任务实施过程：

---

3. 任务完成评价：

任务二　西方管理思想认知

任务实训

【任务目标】

1. 了解西方传统思想和现代管理思想的代表人物及其基本观点。

2. 能够从管理思想的角度感知管理实践。

3. 通过对管理学基本原理的学习，分析和解决实际管理问题。

【任务内容】

1. 以指定主题为基础，组织一场辩论赛。

2. 辩论赛可根据时间组织多轮，每一轮由学生自愿报名组成正反两支辩论团队。参赛团队需根据指定主题和持方提前准备辩论稿。

3. 确定一名学生为主持人，其余学生和教师为评委。

【任务方法】

1. 指定主题：根据所学内容，你觉得是泰勒的“效率优先”更重要，还是梅奥的“以人为本”更重要。

2. 根据辩论主题和持方所撰写的辩论稿，要求论点明确、论据充分、内容翔实、有说服力。

3. 主持人须明确辩论赛规则和程序，组织辩论双方收集有关材料，确定辩论赛程序，安排每组成员的发言顺序，控制现场时间。

4. 辩论队听从主持人口令按程序开展辩论活动。

5. 评委根据双方表现进行投票和点评。

任务实施

第（　　）组				
姓名				
学号				
姓名				
学号				

任务实施工单

辩论题目		所选持方	
预期目标			
辩论程序	1. 主持人介绍正反双方团队及评委； 2. 主持人宣布辩论规则； 3. ……（可借辩论节目的形式和规则）		
过程实录			
心得体会			
备注			

考核评价

考核指标	具体要求	分值	自我评价	小组互评	教师评价
辩论准备	与辩题相关，内容全面	10			
	内容创新，格式规范	10			
	论点明确、论据充分	15			
辩论赛过程	语言表达流畅，逻辑思维强	10			
	思路清晰，专业知识扎实	10			
	语言表达能力强	10			
	具备现场应变能力	15			
团队合作	通力合作，合理分工	10			
	积极发言，能力互补	10			
得分合计		100			
总评=自我评价×（ ）% ＋ 小组互评×（ ）% ＋ 教师评价×（ ）%＝					

总结分析

1. 任务准备情况：

---

2. 任务实施过程：

---

3. 任务完成评价：

任务三　管理思想的新发展

任务实训

【任务目标】

1. 认识管理理论的新发展及未来发展趋势。
2. 培养管理理论的分析能力和实践能力。
3. 培养管理思维，提高管理素质，使其初步具备管理能力。

【任务内容】

以小组为单位，根据指定主题，调研学校附近企业，了解管理理论实践情况与未来发展趋势。

【任务方法】

1. 调研主题：根据所学知识，了解所调研企业在管理理论新发展中的实践，以及未来的发展趋势。
2. 根据调研主题，提前了解所调研的企业，设计调研提纲，记录交流访问情况。
3. 组内分工应合理且明确，包括与企业负责人交流提问，及时记录现场情况，并收集整理材料等。
4. 调研结束后及时整理相关资料，形成调研结论，填写任务实施工单。
5. 在课堂中分享调研成果。
6. 自我评价、小组互评、教师点评。

任务实施

第（　　）组				
姓名				
学号				
姓名				
学号				

任务实施工单

调研主题		调研目标	
调研企业		调研时间	
调研步骤			
主要问题			
过程记录			
调研结论			
备注			

考核评价

考核指标	具体要求	分值	自我评价	小组互评	教师评价
调研资料准备	目标明确，结构合理，内容全面	15			
	对调研企业有相应了解	10			
	调研思路清晰，重点突出	15			
调研过程及结果	从企业获得充足且有效的信息	15			
	完成实地调研活动，做好过程记录	10			
	汇报材料内容完整，紧扣所学知识	15			
团队合作	分工明确，相互协作	10			
	发言积极，成员适当补充	10			
得分合计		100			
总评=自我评价×（　　）%＋小组互评×（　　）%＋教师评价×（　　）%＝					

总结分析

1. 任务准备情况：

2. 任务实施过程：

3. 任务完成评价：

项目三

PART THREE

计　划

任务一　决策认知

任务实训

【任务目标】

1. 了解决策的基本知识。
2. 培养思考问题和分析问题的能力。
3. 培养人际交往和沟通的能力。

【任务内容】

1. 以小组为单位，调研学校内或学校周边某一店面的负责人，了解其从筹备到开店的过程，感知决策的重要性、影响因素、原则和过程。
2. 将交流过程中所了解到的内容进行整理，形成汇报材料在课堂上交流展示。

【任务方法】

1. 根据预估的结果准备一份调研提纲，要求要点全面，结构合理，为任务实施打好基础。
2. 找到合适的店面，说明来意，与店面负责人沟通交流，并及时记录交流过程。
3. 填写任务实施工单，并根据调研结果撰写汇报材料。
4. 选择 3 ~ 5 组学生汇报材料。
5. 自我评价、小组互评、教师点评。

任务实施

第（　　）组				
姓名				
学号				
姓名				
学号				

任务实施工单

<table>
<tr><th colspan="6">提纲准备</th></tr>
<tr><td>调研目的</td><td colspan="5"></td></tr>
<tr><td>主要内容</td><td colspan="5"></td></tr>
<tr><td>分工合作</td><td colspan="5"></td></tr>
<tr><th colspan="6">调研活动</th></tr>
<tr><td>调研对象</td><td></td><td>调研时间</td><td></td><td>调研地点</td><td></td></tr>
<tr><td>主要内容</td><td colspan="5"></td></tr>
<tr><td>过程实录</td><td colspan="5"></td></tr>
<tr><th colspan="6">小结</th></tr>
<tr><td>内容小结</td><td colspan="5"></td></tr>
<tr><td>心得体会</td><td colspan="5"></td></tr>
<tr><td>备注</td><td colspan="5"></td></tr>
</table>

考核评价

考核项目	具体要求	分值	自我评价	小组互评	教师评价
调研提纲	结构合理，要点全面	20			
	紧扣决策的基本知识	15			
过程及总结	沟通交流充分，挖掘有效信息	15			
	认真记录调研过程	15			
	汇总资料并完成总结分析工作	15			
团队合作	组内分工合理且互帮互助	10			
	积极发言，分享成果	10			
得分合计		100			
总评=自我评价×（　　）%＋小组互评×（　　）%＋教师评价×（　　）%＝					

总结分析

1. 任务准备情况：

2. 任务实施过程：

3. 任务完成评价：

任务二　实用的决策方法

任务实训

【任务目标】

1. 了解决策的基本方法。
2. 培养思考问题、分析问题、解决问题和发散思维的能力。
3. 培养团队协作的能力。

【任务内容】

1. 提前预习决策方法的相关知识。
2. 以小组为单位，根据指定情境，用头脑风暴法解决相关问题。
3. 撰写问题解决方案，在课堂中交流分享。

【任务方法】

1. 指定情境：假设每个小组模拟成立的公司在运营过程中遇到了发展瓶颈，公司业务规模在现有水平和区域中无法继续扩大，导致公司开始出现亏本情况。请决策公司该如何走出困境？

2. 根据指定情境分析问题出现的可能原因，并用头脑风暴法为公司走出困境出谋划策，形成一份解决方案。

3. 选择 3～5 组学生汇报材料。

4. 自我评价、小组互评、教师点评。

任务实施

第（　　）组				
姓名				
学号				
姓名				
学号				

任务实施工单

原因分析	
过程实录	
方案要点	
心得体会	
备注	

考核评价

考核项目	具体要求	分值	自我评价	小组互评	教师评价
问题分析	问题分析全面合理，有逻辑性	20			
	问题原因紧扣指定情境	10			
讨论过程	符合头脑风暴法的要求	15			
解决方案	思路清晰，措施全面	20			
	有助于问题的解决	15			
团队合作	组内成员均有积极贡献	10			
	积极发言，分享成果	10			
得分合计		100			
总评=自我评价×（ ）%+小组互评×（ ）%+教师评价×（ ）%=					

总结分析

1. 任务准备情况：

2. 任务实施过程：

3. 任务完成评价：

任务三　确定目标的要点

任务实训

【任务目标】

1. 培养制定目标的能力。
2. 加强对自我的认知，了解自己与他人的差距。
3. 培养内驱力，提高自我管理的能力。

【任务内容】

1. 为自己制定本学期或本学年的目标。
2. 目标制定要符合 SMART 原则。
3. 将自己所制定的目标在课堂中交流分享。

【任务方法】

1. 梳理自己在本学期或本学年想要实现的目标，有所取舍，选取其中最为重要的 2 ~ 3 项。
2. 根据梳理出的目标，用 SMART 原则进行细化和分解，使其具有可操作性。
3. 通过分享和交流，找到与别人的差距，增强目标感、责任感和主观能动性。
4. 自我评价、学生互评、教师点评。

任务实施

姓名	
学号	

任务实施工单

目标 1	
目标	
S	
M	
A	
R	
T	
目标 2	
目标	
S	
M	
A	
R	
T	
目标 3	
……	
小结	
心得体会	
备注	

考核评价

考核项目	具体要求	分值	自我评价	学生互评	教师评价
目标选择	符合本学期或本学年发展要求	15			
	思路清晰，重点突出	15			
目标制定	符合 SMART 原则	25			
	具有可操作性	20			
分享交流	积极发言分享	10			
	通过交流找到差距并改进	15			
得分合计		100			
总评=自我评价×（　　）%　+　学生互评×（　　）%　+　教师评价×（　　）%=					

总结分析

1. 任务准备情况：

----

2. 任务实施过程：

----

3. 任务完成评价：

任务四　制订一份可行的计划

任务实训

【任务目标】

1. 了解计划的基本知识。
2. 掌握计划的基本步骤。
3. 培养创新能力和计划能力。

【任务内容】

1. 以小组为单位，根据指定情境制订一份节假日产品促销计划。
2. 将本组成果在课堂中交流分享。

【任务方法】

1. 指定情境：假设最近即将迎来某一中国传统节日，模拟成立的公司准备以此为契机扩大销售，提高利润。

2. 提前查阅和预习计划的相关知识。同时，走访学校附近的商家，与其交流有关产品销售计划等方面的内容。

3. 根据资料查阅和走访调研情况，填写任务实施工单并撰写促销计划。可结合头脑风暴法等决策方法拓展思路。

4. 每组轮流展示，自我评价、小组互评、教师点评。

5. 通过分享和交流，找出本组与其他组的差距，修改和完善本组计划。

任务实施

第（　　）组				
姓名				
学号				
姓名				
学号				

任务实施工单

<table>
<tr><td>销售目标</td><td></td><td>销售产品</td><td colspan="3"></td></tr>
<tr><td>节日选择</td><td></td><td>销售地点</td><td></td><td>销售对象</td><td></td></tr>
<tr><td>提纲结构</td><td colspan="5"></td></tr>
<tr><td>主要内容</td><td colspan="5"></td></tr>
<tr><td>保障措施</td><td colspan="5"></td></tr>
<tr><td>备注</td><td colspan="5"></td></tr>
</table>

考核评价

考核项目	具体要求	分值	自我评价	小组互评	教师评价
准备工作	资料查阅准备充分	10			
	商家走访获得一手资料	10			
制订计划	结构完整，重点突出	20			
	具有可操作性，保障措施完善	20			
	紧扣计划基本知识和指定情境	15			
团队协作	组内分工明确，相互帮助	10			
	积极发言，思路清晰	15			
得分合计		100			
总评=自我评价×（　　）%＋小组互评×（　　）%＋教师评价×（　　）%＝					

总结分析

1. 任务准备情况：

----

2. 任务实施过程：

----

3. 任务完成评价：

任务五　实用的计划方法

任务实训

【任务目标】

1. 了解计划的常用方法。
2. 培养制订计划的能力。
3. 提高自我认知，培养主观能动性。
4. 提高自我管理的能力。

【任务内容】

1. 用甘特图给自己预期实现的某一目标或考试任务做计划。
2. 将个人计划的成果在课堂中交流分享。

【任务方法】

1. 选择自己近期计划实现的某一目标或者考试任务，分析其可行性。
2. 根据甘特图的要求，围绕这一目标任务，将其分解成若干环节。
3. 根据目标完成截止时间或考试时间，倒排细分环节的完成时间。
4. 制作完成甘特图计划后，在课堂中积极分享。通过分享和交流，找出自身与他人的差距，修改和完善计划并付诸实践。
5. 自我评价、学生互评、教师点评。

任务实施

姓名	
学号	

任务实施工单

时间 环节						

考核评价

考核项目	具体要求	分值	自我评价	学生互评	教师评价
准备工作	目标任务选择合适，可行性强	15			
	价值导向积极，利于自我完善	10			
制订计划	任务目标分解合理、全面	20			
	时间安排合理，利于目标实现	20			
	结构完善，符合甘特图要求	10			
个人展示	发言积极，思路清晰	10			
	认真总结，不断改进	15			
得分合计		100			
总评=自我评价×（　　）%＋学生互评×（　　）%＋教师评价×（　　）%＝					

总结分析

1. 任务准备情况：

----

2. 任务实施过程：

----

3. 任务完成评价：

项目四

PART FOUR

组　织

任务一　组织结构认知

任务实训

【任务目标】

1. 加强对组织横向结构和纵向结构的理解。
2. 初步具备设计常见组织结构的能力。
3. 提高理论联系实际的能力。

【任务内容】

1. 以小组为单位，组内成员相互配合，调研学校或二级学院学生会的组织结构。
2. 每组提交一份所调研学校学生会的组织结构设计图并附分析报告。

【任务方法】

1. 每个小组分工协作，提前准备调研提纲，要点包括但不限于所调研的学生会组织具体包括哪些部门，这些部门是如何划分的，每个部门的主要职责分别是什么。

2. 分析学生会组织内部的层次关系是什么样的，部门之间如何沟通协调，部门之间有怎样的协作关系。

3. 根据调研过程，填写任务实施工单并进行汇报交流。

4. 自我评价、小组互评、教师点评。

任务实施

第（　　）组				
姓名				
学号				
姓名				
学号				

任务实施工单

<table>
<tr><td>调研组织名称</td><td></td><td>调研目标</td><td></td></tr>
<tr><td>现有组织结构设计</td><td colspan="3"></td></tr>
<tr><td>现有组织结构的利弊</td><td colspan="3"></td></tr>
<tr><td>现有部门职责</td><td colspan="3"></td></tr>
<tr><td>现有组织层次和协作关系</td><td colspan="3"></td></tr>
<tr><td>再设计建议</td><td colspan="3"></td></tr>
<tr><td>备注</td><td colspan="3"></td></tr>
</table>

考核评价

<table>
<tr><th>考核指标</th><th>具体要求</th><th>分值</th><th>自我评价</th><th>小组互评</th><th>教师评价</th></tr>
<tr><td rowspan="2">调研过程</td><td>调研提纲完整，有指导性和可行性</td><td>15</td><td></td><td></td><td></td></tr>
<tr><td>认真、详细、及时记录调研结果</td><td>15</td><td></td><td></td><td></td></tr>
<tr><td rowspan="4">调研结果</td><td>根据调研情况准确画出学生会结构图</td><td>10</td><td></td><td></td><td></td></tr>
<tr><td>明确现有部门各自的职责</td><td>10</td><td></td><td></td><td></td></tr>
<tr><td>分析现有结构的层次和协作关系</td><td>15</td><td></td><td></td><td></td></tr>
<tr><td>对现有结构提出改进措施</td><td>15</td><td></td><td></td><td></td></tr>
<tr><td rowspan="2">团队合作</td><td>积极发言，讨论气氛活跃</td><td>10</td><td></td><td></td><td></td></tr>
<tr><td>分工合理，成员积极参与</td><td>10</td><td></td><td></td><td></td></tr>
<tr><td colspan="2">得分合计</td><td>100</td><td></td><td></td><td></td></tr>
<tr><td colspan="6">总评=自我评价×（　　）% ＋ 小组互评×（　　）% ＋ 教师评价×（　　）% =</td></tr>
</table>

总结分析

1. 任务准备情况：

2. 任务实施过程：

3. 任务完成评价：

任务二　分析组织结构类型

任务实训

【任务目标】

1. 加强对组织结构类型的认知。
2. 培养分析组织结构、制定组织规范的能力。
3. 初步具备设计组织结构的能力。

【任务内容】

1. 以小组为单位，根据所学知识、日常观察及调研所获得的信息，组建模拟公司。
2. 结合组织设计的基本形式，为模拟公司设计组织结构并进行优缺点分析。

【任务方法】

1. 提前预习和查阅有关模拟公司搭建的相关知识，包括结构类型、职能结构、特征分析、优缺点等。
2. 对模拟公司结构选择和设计提出设想，画出组织结构图，并填写任务实施工单。
3. 每组轮流汇报模拟公司的建设情况，包括结构设想、特征、优缺点、改进措施等要素。
4. 自我评价、小组互评、教师点评。

任务实施

第（　　）组				
姓名				
学号				
姓名				
学号				

任务实施工单

模拟公司名称		组织结构形式	
经营方向		组织特点	
准备情况			
组织结构图	（可另附）		
优缺点分析			
改进措施			
备注			

考核评价

考核指标	具体要求	分值	自我评价	小组互评	教师评价
前期准备	建设目标明确	10			
	调研资料准备充分	10			
组织结构设计	程序规范，结构合理，重点突出	15			
	框架设计完整，要素齐全	15			
	贴合实际，可实施性强	15			
组织结构分析	组织设计优缺点分析	15			
	提出合理改进措施	10			
团队协作	分工合理，成员配合度高	5			
	发言积极，语言表达流畅	5			
得分合计		100			
总评=自我评价×（ ）%＋小组互评×（ ）%＋教师评价×（ ）%=					

总结分析

1. 任务准备情况：

2. 任务实施过程：

3. 任务完成评价：

任务三　认识组织变革

任务实训

【任务目标】

1. 认识组织变革的必要性和变革内容。
2. 掌握组织变革的阶段、步骤和程序。
3. 培养变革的意识和思维，提高自我管理能力。

【任务内容】

1. 提前预习和查阅有关组织变革所涉及的内容。
2. 以小组为单位，根据要求分析指定案例。

【任务方法】

案例介绍：从 1989 年开始，海尔逐步在公司内部推行日清工作法，即“日事日毕、日清日高”，这是每一个海尔员工必须奉行的重要行为准则。正是依靠推行日清工作法，海尔由一个濒临倒闭的小厂逐渐发展成国内领先的家用电器供应商。如今，面对互联网时代的新“情境”，海尔提出以用户为中心的新“观念”，首创出人单合一的新“模式”，构建多形态的开放生态管理系统。被公认为管理优秀的海尔没有裹足不前，依然根据环境的变化做出组织变革。

1. 根据案例内容，结合所查阅的资料，回答下列问题：

（1）结合案例分析组织变革的内容和阶段。

（2）分析海尔组织变革的效果及变革原因。

（3）分析海尔组织结构变革的趋势。

2. 组内展开讨论，填写任务实施工单。

3. 自我评价、小组互评、教师点评。

任务实施

第（　　）组				
姓名				
学号				
姓名				
学号				

任务实施工单

案例 主要内容	
变革 内容	
变革 阶段	
变革 原因	
变革 成效	
变革 趋势	
心得 体会	
备注	

考核评价

考核指标	具体要求	分值	自我评价	小组互评	教师评价
资料收集	准备充分，提前预习知识点	10			
	查阅案例资料，进一步了解案例情况	10			
案例分析	观点明确，分析得当，内容全面	20			
	条理清晰，论证有力，重点突出	20			
	分析紧扣知识点	20			
发言交流	积极发言，表达流畅	10			
	根据交流总结完善自身思考	10			
得分合计		100			
总评=自我评价×（ ）% + 小组互评×（ ）% + 教师评价×（ ）% =					

总结分析

1. 任务准备情况：

2. 任务实施过程：

3. 任务完成评价：

任务四　构建组织文化

任务实训

【任务目标】

1. 理解组织文化的内涵、功能及塑造方法。
2. 培养积极向上的价值观、职业素养和职业精神。
3. 激发学习内生动力，提升文化素养。

【任务内容】

1. 以小组为单位，构建属于自己班级的组织文化。
2. 每组形成班级文化建设方案，在课堂上交流分享。

【任务方法】

1. 以小组为单位，提前预习和查阅组织文化相关内容，思考构建班级文化的方案，培育班级凝聚力，营造良好班学风。

2. 组内成员分工协作，从文化引领、班级概况、班风学风、团队建设、未来展望等方面撰写建设方案。

3. 每组利用幻灯片、演讲等形式分享交流班级文化建设方案。

4. 自我评价、小组互评、教师点评。

任务实施

第（　　）组				
姓名				
学号				
姓名				
学号				

任务实施工单

班级名称		班风	
学风		班训	
班级概况			
文化引领与核心价值观			
建设方案	（可另附）		
未来展望			
备注			

考核评价

考核指标	具体要求	分值	自我评价	小组互评	教师评价
前期准备	目标明确，资料准备充分	15			
建设方案	结构完整，条理清晰，逻辑性强	15			
	要素齐全，重点突出，可操作性强	20			
	成效突出，具备文化引领作用	15			
	体现班级特色，具有创新性	15			
团队协作	具有团队凝聚力，相互配合	10			
	汇报主题鲜明，发言积极	10			
得分合计		100			
总评=自我评价×（　）%＋小组互评×（　）%＋教师评价×（　）%＝					

总结分析

1. 任务准备情况：

2. 任务实施过程：

3. 任务完成评价：

任务五　做一名合格的 HR

任务实训

【任务目标】

1. 加强对人员选聘的认识与理解。

2. 培养人员选聘的计划、组织与协调能力。

3. 提高职场适应性和竞争力。

【任务内容】

1. 提前预习和查阅人员选聘的相关知识。

2. 将学生分组，组织模拟招聘活动。

【任务方法】

1. 每个小组内，一半学生为招聘团队，另一半学生为应聘者。

2. 招聘团队拟定模拟公司招聘方案，包括招聘岗位和人数的要求、现场布置、评分标准的确定、评委角色的扮演、应急处置等。同时，拟定招聘流程，发布招聘公告并广泛宣传。

3. 应聘人员根据模拟公司职位要求，制作求职简历，提高心理素质，做好求职准备，参与求职。

4. 自我评价、小组互评、教师点评。

5. 根据小组综合表现，评选出最佳表现小组。

任务实施

第（　　）组				
姓名				
学号				
姓名				
学号				

任务实施工单

<table>
<tr><td>人员分工</td><td colspan="3"></td></tr>
<tr><td colspan="2">职位名称</td><td>招聘人数</td><td>职位描述</td></tr>
<tr><td colspan="2"></td><td></td><td></td></tr>
<tr><td colspan="2"></td><td></td><td></td></tr>
<tr><td colspan="2"></td><td></td><td></td></tr>
<tr><td colspan="2"></td><td></td><td></td></tr>
<tr><td>招聘流程</td><td colspan="3"></td></tr>
<tr><td>评分标准</td><td colspan="3"></td></tr>
<tr><td>心得体会</td><td colspan="3"></td></tr>
<tr><td>备注</td><td colspan="3"></td></tr>
</table>

考核评价

考核指标	具体要求	分值	自我评价	小组互评	教师评价
招聘团队	角色分配合理，职责明确	10			
	招聘流程清晰，招聘方案完善	20			
	组织招聘流程完整，有应急预案	10			
应聘者	设计求职简历，要素齐全	15			
	简历重点突出，详略得当	15			
	积极做好求职准备	10			
团队协作	招聘团队相互配合，共同完成任务	10			
	应聘者积极应聘，语言流畅	10			
得分合计		100			
总评=自我评价×（　　）% ＋ 小组互评×（　　）% ＋ 教师评价×（　　）%＝					

总结分析

1. 任务准备情况：

----

2. 任务实施过程：

----

3. 任务完成评价：

项目五

PART FIVE

领　导

任务一　领导初探

任务实训

【任务目标】

1. 正确认识领导与管理的关系。
2. 明确领导在管理中的作用。
3. 了解成功领导者应具备的素质和能力。
4. 培养有效的领导能力。

【任务内容】

1. 以小组为单位，每个小组邀请一名身边成功的领导者，以小型讲座或座谈会的方式，请他分享成长史或创业史，做好交流记录。
2. 通过与受访领导交谈，体会领导职能在领导者成长或创业中的作用。
3. 通过讨论交流，走进该领导的工作环境，体会并学习这位领导者的用人之道和处理问题的艺术。

【任务方法】

1. 根据选择的话题和预先设想的交流结果设计交流提纲，交流提纲要求结构合理、内容充实，确保沟通交流能取得实质性成果。
2. 视具体情况可邀请领导者到现场或以线上方式进行。
3. 整理讲座和交流记录，以小组为单位提交交流提纲和任务实施工单。
4. 选择 3 ~ 5 组学生汇报交流。
5. 自我评价、小组互评、教师点评。

任务实施

第（　　）组				
姓名				
学号				
姓名				
学号				

任务实施工单

<table>
<tr><th colspan="6">讲座过程实录</th></tr>
<tr><td>交流话题</td><td></td><td>交流目标</td><td colspan="3"></td></tr>
<tr><td>交流时长</td><td></td><td>交流对象</td><td></td><td>交流地点</td><td></td></tr>
<tr><td>主要内容</td><td colspan="5"></td></tr>
<tr><td>过程实录</td><td colspan="5"></td></tr>
<tr><th colspan="6">小结</th></tr>
<tr><td>领导现象</td><td colspan="5"></td></tr>
<tr><td>领导职能的重要性</td><td colspan="5">（领导职能在领导者成长或创业中的作用等）</td></tr>
<tr><td>领导行为</td><td colspan="5">（用人之道、处理问题的艺术等方面）</td></tr>
<tr><td>心得体会</td><td colspan="5"></td></tr>
<tr><td>备注</td><td colspan="5"></td></tr>
</table>

考核评价

考核指标	具体要求	分值	自我评价	小组互评	教师评价
话题选择	话题选择恰当，价值观导向积极	10			
交流提纲	结构完整，内容充实	10			
	紧扣任务目标	15			
	能对交流结果形成积极指导	15			
过程及总结	及时且认真记录交流过程	10			
	完整填写任务实施工单	10			
	完成总结分析工作	15			
团队合作	组内成员互帮互助	5			
	积极发言，分享成果	10			
得分合计		100			
总评=自我评价×（　）%＋小组互评×（　）%＋教师评价×（　）%＝					

总结分析

1. 任务准备情况：

----

2. 任务实施过程：

----

3. 任务完成评价：

任务二　多角度认知领导行为

任务实训

【任务目标】

1. 了解 3 种领导理论的含义和特征。
2. 理解领导类型对决策和下属成熟度的影响。
3. 培养分析领导行为的能力。

【任务内容】

1. 以小组为单位，结合领导理论，确定主题，设计情景剧。
2. 情景剧中需展现某一类型的领导及其特点。
3. 根据剧情发展，合理设计冲突环节，体现该类型领导解决问题的艺术。

【任务方法】

1. 设定主题，进行情境表演，可参照下列短视频片段。

（1）魏徵直谏李世民，李世民嘉奖并纳谏。

（2）《三国演义》中诸葛亮运用计谋攻克敌军，妥善处理突发情况。

（3）汉文帝“无为而治”统治片段。

2. 每组轮流进行表演。表演结束后由其他小组说明该剧反映的领导类型，并为该组的表演进行投票，选出最佳表演小组。

3. 学生观看情景剧后相互交流，选出自己喜欢的领导类型并阐明理由。

4. 自我评价、小组互评、教师点评。

任务实施

第（　　）组				
姓名				
学号				
姓名				
学号				

任务实施工单

<table>
<tr><td>团队名称</td><td></td><td>情境主题</td><td></td></tr>
<tr><td>成员分工</td><td colspan="3"></td></tr>
<tr><td>所扮演领导的类型</td><td colspan="3"></td></tr>
<tr><td>角色评价</td><td colspan="3"></td></tr>
<tr><td>过程实录</td><td colspan="3"></td></tr>
<tr><td>心得体会</td><td colspan="3"></td></tr>
<tr><td>经验教训</td><td colspan="3"></td></tr>
<tr><td>备注</td><td colspan="3"></td></tr>
</table>

考核评价

考核指标	具体要求	分值	自我评价	小组互评	教师评价
准备工作	准备充分，剧情设计合理	5			
	价值导向积极，体现领导艺术	10			
情境展示	剧情设计生动，紧扣所学知识	10			
	充分展现不同类型领导的特点	10			
	冲突设计合理，处理措施恰当	15			
总结工作	正确总结出表演领导的类型	10			
	完整填写任务实施工单	10			
	总结分析经验教训	15			
团队合作	组内成员分工合理，互帮互助	5			
	群策群力，体现合作意识	10			
得分合计		100			
总评=自我评价×（　　）%＋小组互评×（　　）%＋教师评价×（　　）%＝					

总结分析

1. 任务准备情况：

----

2. 任务实施过程：

----

3. 任务完成评价：

任务三　权力认知与领导艺术

任务实训

【任务目标】

1. 理解领导权力的运用方式。
2. 了解领导艺术运用的方法。
3. 学会识别领导权力运用的艺术。
4. 树立正确的权力观。

【任务内容】

1. 以小组为单位，寻找任意一个影视剧中关于领导权力片段的短视频，如《大明王朝1566》《康熙王朝》《人民的名义》等。

2. 观看过程中，关注与领导权力有关的内容，体会和感知领导对领导权力的运用。

【任务方法】

1. 观影过程中，每位成员各有分工，负责在影视剧或短视频中寻找到领导权力来源、领导权力的运用、领导的授权行为、领导的授权结果等 4 个维度。

2. 各小组将任务内容汇总，制作 PPT 并汇报交流。

3. 自我评价、小组互评、教师点评。

任务实施

第（　　）组				
姓名				
学号				
姓名				
学号				

任务实施工单

团队名称		团队目标	
成员分工			
权力来源			
权力运用			
授权行为			
授权结果			
过程实录			
心得体会			
备注			

考核评价

考核指标	具体要求	分值	自我评价	小组互评	教师评价
准备工作	片段选择合理，价值导向积极	10			
交流汇报	从任务方法要求的 4 个维度分析所选片段	10			
	分析全面深入，逻辑清晰	15			
	对权力运用有正确认识	15			
任务完成	及时且认真记录交流过程	10			
	完整填写任务实施工单	10			
	总结优缺点及经验教训	15			
团队合作	组内成员分工合理，互帮互助	5			
	积极发言，分享成果	10			
得分合计		100			
总评=自我评价×（ ）% + 小组互评×（ ）% + 教师评价×（ ）% =					

总结分析

1. 任务准备情况：

----

2. 任务实施过程：

----

3. 任务完成评价：

任务四　激励认知

任务实训

【任务目标】

1. 正确认识激励的基本概念。
2. 正确理解激励在管理中的作用。
3. 初步培养激励自我和他人的能力。

【任务内容】

1. 调研所在学校目前激励学生的三好学生评选办法，研究其优缺点，提出改进设想。
2. 调查访谈同学们对目前三好学生评选办法的看法、需求、意见和建议，并做好记录。
3. 以小组为单位，结合激励相关知识，拟定班级三好学生评选方案，并向全班同学汇报，评选出最佳方案。

【任务方法】

1. 以学习小组为单位，走访学生处、班主任、辅导员、同学，了解学校目前的三好学生评选办法、实施现状和师生们的想法。
2. 在调研基础上拟订一份班级三好学生评选方案。
3. 各小组汇报方案，自我评价、小组互评、教师点评，评选出最佳方案。

任务实施

第（　　）组				
姓名				
学号				
姓名				
学号				

任务实施工单

<table>
<tr><td>任务目标</td><td></td></tr>
<tr><td>任务研讨</td><td></td></tr>
<tr><td>访谈过程记录</td><td></td></tr>
<tr><td rowspan="3">任务成果</td><td>1. 学校目前三好学生评选办法的优缺点及改进建议：</td></tr>
<tr><td>2. 访谈师生对学校目前三好学生评定办法的主要看法、需求、意见和建议有哪些？</td></tr>
<tr><td>3. 小组制定的班级三好学生评选方案及细则的主要内容：</td></tr>
</table>

考核评价

考核指标	具体要求	分值	自我评价	小组互评	教师评价
资料收集	收集、归纳和整理学校目前三好学生评选方案的相关材料	10			
同学访谈	制作访谈表，做好访谈记录	10			
	形成完整、能够代表大多数人意见的访谈结论	20			
拟订班级三好学生评选方案	拟订班级三好学生评选方案及相关细则	20			
	征询班级同学的意见，改进方案	10			
	汇报方案	10			
团队精神	通力合作，合理分工，团结互助	10			
	发言积极，乐于与同学分享成果	10			
得分合计		100			
总评=自我评价×（ ）%＋小组互评×（ ）%＋教师评价×（ ）%＝					

总结分析

1. 任务准备情况：

---

2. 任务实施过程：

---

3. 任务完成评价：

任务五　多角度认知激励理论

任务实训

【任务目标】

1. 强化对管理现象和管理实际观察及分析的能力。

2. 提高思考问题、分析问题和解决问题的能力。

【任务内容】

1. 提前预习和查阅有关激励理论的内容。

2. 结合激励理论相关知识，设计合理的调研提纲，有针对性地调研本班目前班级建设的优势和存在的问题，听取学生和班主任的意见、想法，为任务六拟订“优秀班级”激励方案做好准备。

【任务方法】

1. 以小组为单位，组内和组间讨论交流本班班级建设的情况，包括学习氛围、文体活动、德育建设、精神风貌、劳动积极性、宿舍氛围等。

2. 调研其他班级的班级建设情况，取长补短。

3. 根据讨论交流结果，找出目前班级建设的优势，并分析与学校“优秀班集体”评选标准之间的差距。

4. 整理调研材料，形成调研问题清单，并填写任务实施工单。

5. 在课堂进行汇报交流，自我评价、小组互评、教师点评。

任务实施

第（　　）组				
姓名				
学号				
姓名				
学号				

任务实施工单

<table>
<tr><td colspan="6">班级内部交流讨论</td></tr>
<tr><td colspan="6">班级建设现状分析</td></tr>
<tr><td>优势分析</td><td colspan="5"></td></tr>
<tr><td>差距分析</td><td colspan="5"></td></tr>
<tr><td>心得体会</td><td colspan="5"></td></tr>
<tr><td colspan="6">班级间调研</td></tr>
<tr><td>调研目的</td><td colspan="5"></td></tr>
<tr><td>调研对象</td><td></td><td>调研时长</td><td></td><td>调研地点</td><td></td></tr>
<tr><td>调研内容</td><td colspan="5"></td></tr>
<tr><td>主要存在问题</td><td colspan="5"></td></tr>
<tr><td colspan="6">小结</td></tr>
<tr><td>调研结论</td><td colspan="5"></td></tr>
<tr><td>备注</td><td colspan="5"></td></tr>
</table>

考核评价

考核指标	具体要求	分值	自我评价	小组互评	教师评价
准备工作	讨论充分，详细分析优势和差距	15			
	调研提纲设计合理，有针对性	15			
班级建设调研	调研目的明确，思路清晰	15			
	调研内容充分，要点明确	10			
	形成问题清单，有指导性	15			
	调研结论可靠，依据充分	20			
团队合作	组内成员分工明确，互帮互助	5			
	积极发言，分享成果	5			
得分合计		100			
总评=自我评价×（　　）%　+　小组互评×（　　）%　+　教师评价×（　　）%＝					

总结分析

1. 任务准备情况：

---

2. 任务实施过程：

---

3. 任务完成评价：

任务六　行之有效的激励原则与方法

任务实训

【任务目标】

1. 正确认识激励的作用，掌握激励的方法。
2. 强化分析问题、解决问题和理论联系实际的能力。
3. 培养激励自我和他人的能力。

【任务内容】

拟订“优秀班级”建设激励方案。

【任务方法】

1. 提前预习本任务的内容。
2. 根据预习情况和任务五的调研结果，有针对性地为本班建设“优秀班级”制订激励方案。
3. 各组进行分享汇报，评选出最佳激励方案。
4. 自我评价、小组互评、教师点评。

任务实施

第（　　）组				
姓名				
学号				
姓名				
学号				

任务实施工单

<table>
<tr><th colspan="4">激励方案</th></tr>
<tr><td>激励目的</td><td colspan="3"></td></tr>
<tr><td>激励对象</td><td></td><td>激励周期</td><td></td></tr>
<tr><td>激励宗旨</td><td colspan="3"></td></tr>
<tr><td>主要措施</td><td colspan="3"></td></tr>
<tr><td>效果评估</td><td colspan="3"></td></tr>
<tr><th colspan="4">小结</th></tr>
<tr><td>内容小结</td><td colspan="3"></td></tr>
<tr><td>心得体会</td><td colspan="3"></td></tr>
<tr><td>备注</td><td colspan="3"></td></tr>
</table>

考核评价

考核指标	具体要求	分值	自我评价	小组互评	教师评价
激励方案	思路清晰，层次分明，逻辑性强	15			
	结构完整，重点突出	15			
	措施完善，具有较强的可行性	20			
	理论与实际相结合	20			
	体现创新意识	10			
团队合作	分工明确，角色定位清晰	10			
	群策群力，发言积极	10			
得分合计		100			
总评=自我评价×（　　）%＋小组互评×（　　）%＋教师评价×（　　）%＝					

总结分析

1. 任务准备情况：

2. 任务实施过程：

3. 任务完成评价：

项目六

PART SIX

沟　通

任务一　沟通新认知

任务实训

【任务目标】

1. 培养人际交往的能力。
2. 培养与陌生人沟通的能力。

【任务内容】

1. 选定一个当下热门且有意义的交流话题，做好采访准备。
2. 设计一份结构完整、内容充实、科学合理的采访提纲。
3. 选择一位陌生人，对其进行采访，并做好记录。

【任务方法】

1. 以小组为单位，每组学生完成一次采访活动，提交任务实施工单。
2. 选择 3 ~ 5 组学生介绍完成任务的过程和体会。
3. 自我评价、小组互评、教师点评。

任务实施

第（　　）组				
姓名				
学号				
姓名				
学号				

任务实施工单

采访话题		采访目标			
采访时间		采访地点		采访对象	
主要内容					
过程实录					
心得体会					
备注					

考核评价

考核项目	具体要求	分值	自我评价	小组互评	教师评价
准备工作	采访话题热门且积极向上	10			
	书面采访提纲完善且设计科学	15			
过程及总结	正确且完整填写任务实施工单	25			
	完成总结分析工作	25			
团队合作	组内成员互帮互助	10			
	积极发言，分享成果	15			
得分合计		100			
总评=自我评价×（　）%＋小组互评×（　）%＋教师评价×（　）%＝					

总结分析

1. 任务准备情况：

2. 任务实施过程：

3. 任务完成评价：

任务二　组建团队

任务实训

【任务目标】

1. 培养团队组建能力。
2. 培养团队分工协作的能力。
3. 加深对团队建设重点的理解。

【任务内容】

1. 将学生随机分组，每组选出一位组长。
2. 每组设计队名、队徽、目标、口号等，正式组建团队。
3. 将上述要素设计成一张团队海报。

【任务方法】

1. 以小组为单位，提前预习和查阅有关团队建设的相关知识，包括前提条件、建设步骤和程序、注意事项等。
2. 讨论组内的分工协作关系、每位成员扮演的具体角色。
3. 每组轮流展示本组海报，对海报各要素进行讲解，并说明创作过程中的分工与协作。
4. 自我评价、小组互评、教师点评。

任务实施

第（　　）组				
姓名				
学号				
姓名				
学号				

任务实施工单

团队名称		团队目标	
团队口号		队徽内涵	
设计理念			
过程实录			
心得体会			
备注			

考核评价

考核项目	具体要求	分值	自我评价	小组互评	教师评价
角色分配	角色类型设置科学，结构完整	15			
	分工合理，职责明确	15			
	每位成员均有明确角色和职责	15			
海报设计	设计完整，要素齐全	10			
	美观大方，色彩搭配和谐	10			
	有创新性，突出重点	10			
团队协作	各司其职，相互协作，团结互助	15			
	积极发言，汇报形象生动	10			
得分合计		100			
总评=自我评价×（　　）%　+　小组互评×（　　）%　+　教师评价×（　　）%＝					

总结分析

1. 任务准备情况：

2. 任务实施过程：

3. 任务完成评价：

任务三　合作与冲突管理

任务实训

【任务目标】

1. 加深对合作与冲突管理的理解。

2. 培养思考、分析和解决问题的能力。

3. 培养分工与合作的能力。

【任务内容】

1. 以指定主题为基础，设计情景剧。

2. 以小组为单位，分析可能出现的问题和冲突。

3. 设计合理的问题解决方案。

【任务方法】

1. 指定主题：学生会要组织一场迎新晚会，由文艺部牵头，其他部门配合。在筹备过程中，出现了一些问题和冲突。时间紧，任务重。

2. 分析可能出现的问题和冲突有哪些，并提出合理的解决方案。根据分析情况，进行组内成员分工和角色分配，设计情景剧。

3. 每组依次进行展示。

4. 自我评价、小组互评、教师点评。

任务实施

第（　　）组				
姓名				
学号				
姓名				
学号				

任务实施工单

情景剧 设计目标		人员 分工	
问题和 冲突分析			
解决方案 设计理念			
解决方案 主要措施			
创作过程 实录			
心得 体会			
备注			

考核评价

考核项目	具体要求	分值	自我评价	小组互评	教师评价
问题和冲突分析	分析合理，思考全面	15			
	分析深入，紧扣主题	15			
解决方案	设计合理，有整体观和系统性	10			
	措施完善，能够解决相关问题	10			
	思路清晰，重点突出	10			
	体现创新意识	10			
团队合作	分工明确，角色定位清晰	15			
	群策群力，体现合作意识	15			
得分合计		100			
总评=自我评价×（　　）% ＋ 小组互评×（　　）% ＋ 教师评价×（　　）%＝					

总结分析

1. 任务准备情况：

----

2. 任务实施过程：

----

3. 任务完成评价：

项目七

PART SEVEN

控　制

任务一　控制初探

任务实训

【任务目标】

1. 了解掌握控制的含义、特点和原则。
2. 掌握控制的类型。
3. 理解控制与其他管理职能的联系。
4. 培养自我控制意识及自我管理能力。

【任务内容】

1. 根据自己本年度或本学期的目标，制订周计划。周计划要具体、合理、详细，具有操作性。

2. 制订周计划后，按计划执行本周各项活动并进行记录。在周期截止时，对照周计划内容，及时复盘总结。

【任务方法】

1. 以个人为单位，每人分别完成自己的周计划制订并执行。在计划周期截止后，复盘自己是否按计划完成，并分析未完成事项的原因。

2. 分组讨论交流自己的周计划完成情况。

3. 选取部分学生进行交流分享。

4. 自我评价、小组互评、教师点评。

任务实施

姓名	
学号	

任务实施工单

<table>
<tr><th colspan="4">目标选择</th></tr>
<tr><td colspan="4">（本周要实现的目标）</td></tr>
<tr><th colspan="4">计划制订</th></tr>
<tr><td>时间</td><td>计划内容</td><td>完成情况
（详细记录）</td><td>执行情况总结</td></tr>
<tr><td>星期一</td><td>1. 7:00—7:30 晨跑
2. 7:30—8:00 早餐
3. ……</td><td></td><td></td></tr>
<tr><td>星期二</td><td></td><td></td><td></td></tr>
<tr><td>星期三</td><td></td><td></td><td></td></tr>
<tr><td>星期四</td><td></td><td></td><td></td></tr>
<tr><td>星期五</td><td></td><td></td><td></td></tr>
<tr><td>星期六</td><td></td><td></td><td></td></tr>
<tr><td>星期日</td><td></td><td></td><td></td></tr>
<tr><td>心得
体会</td><td colspan="3"></td></tr>
<tr><td>备注</td><td colspan="3"></td></tr>
</table>

考核评价

考核指标	具体要求	分值	自我评价	小组互评	教师评价
准备工作	目标选择合理，符合 SMART 原则	10			
	周计划内容符合实际情况，实操性强，有助于实现目标	15			
	计划内容充实，设计科学，条理清晰	15			
计划执行	自控能力强，能够按计划执行	20			
	能够根据实际情况发现偏差并及时调整计划	15			
	详细记录执行情况	10			
总结交流	对计划执行情况进行分析总结	10			
	积极发言，分享心得体会	5			
得分合计		100			
总评=自我评价×（　　）%＋小组互评×（　　）%＋教师评价×（　　）%＝					

总结分析

1. 任务准备情况：

---

2. 任务实施过程：

---

3. 任务完成评价：

任务二　控制过程与有效控制

任务实训

【任务目标】

1. 理解控制的过程和有效控制的要求。

2. 培养有效控制与信息处理能力。

3. 提高理论联系实际的能力。

【任务内容】

1. 预习本任务中有关控制过程的内容。

2. 查找有关控制的案例并按要求进行分析。

【任务方法】

1. 以小组为单位，预习和查阅有关控制过程的知识，包括控制过程中制定标准、衡量实际绩效、分析纠偏等。

2. 查找企业管理中有关控制的案例，进行分析，填写任务实施工单，重点阐述案例体现了哪些理论知识，带来了什么启发。

3. 在课堂上交流分享本组分析成果。

4. 自我评价、小组互评、教师点评。

任务实施

第（　　）组				
姓名				
学号				
姓名				
学号				

任务实施工单

案例标题		分析目的	
案例简述			
理论与案例结合分析			
案例启发			
备注			

考核评价

考核指标	具体要求	分值	自我评价	小组互评	教师评价
准备工作	预习充分，理论理解深入，重点突出	15			
	案例有代表性，价值导向积极	15			
理论与案例结合	案例分析全面，紧扣控制过程的知识要点	20			
	认真记录分析过程	15			
	根据分析过程得出相应启发	15			
团队合作	组内分工合理且相互协作	5			
	积极发言，分享成果	5			
	表达清晰流畅，有逻辑性	10			
得分合计		100			
总评=自我评价×（　　）%　+　小组互评×（　　）%　+　教师评价×（　　）%＝					

总结分析

1. 任务准备情况：

----

2. 任务实施过程：

----

3. 任务完成评价：

任务三　行之有效的控制方法

任务实训

【任务目标】

1. 掌握常见的控制方法。
2. 学会运用控制的方法解决实际问题。
3. 提高自我控制的意识和自我管理的能力。

【任务内容】

1. 以小组为单位，提前查阅控制方法的相关知识。
2. 根据指定情境，用控制的方法解决相关问题。

【任务方法】

指定情境：假设一个公司为了提高员工的工作效率，更好地实现对员工的控制，将员工每月打卡时间统计后公布，并按照一定的比例进行奖惩。但实行一段时间后，发现了许多问题，比如：一些员工上班打卡准时，在岗时间长，但手上的项目进度一般；一些员工有迟到现象，但项目进度超前。可由于上班迟到，尽管项目推进良好，依旧受到了惩罚。一段时间后，员工满意度急剧下降，离职率出现了上升的迹象。

1. 根据指定情境分析影响上述情况出现的原因有哪些？选择合适的控制方法，提出合理的解决方案，填写任务实施工单。

2. 每组轮流分享问题原因及解决方案。

3. 自我评价、小组互评、教师点评。

任务实施

第（　　）组				
姓名				
学号				
姓名				
学号				

任务实施工单

分析目标	
情境中出现的问题	
问题出现的原因	
控制方法选择	
具体措施	
心得体会	
备注	

考核评价

考核指标	具体要求	分值	自我评价	小组互评	教师评价
指定情境分析	目标明确，问题分析深入	15			
	原因全面、具体、客观	15			
解决方案	结合控制相关知识，解决方法恰当	10			
	具有可行性，能够解决相关问题	15			
	思路清晰，有整体性和系统性	10			
	逻辑性强，重点突出	15			
	体现创新意识	5			
团队合作	群策群力，体现合作意识	10			
	积极发言，分享成果	5			
得分合计		100			
总评=自我评价×（　　）%　+　小组互评×（　　）%　+　教师评价×（　　）%＝					

总结分析

1. 任务准备情况：

----

2. 任务实施过程：

----

3. 任务完成评价：

项目八
PART EIGHT
企业管理与创新

任务一　认识企业管理

任务实训

【任务目标】

1. 掌握企业和企业管理的基本知识。
2. 理解现代企业制度。
3. 培养收集资料、分析判断和归纳总结的能力。

【任务内容】

1. 结合相关知识的学习，走访身边企业，了解企业的概念、特征及企业管理所涉及的内容。
2. 走访企业，分析所调研企业能够成功的原因。

【任务方法】

1. 以小组为单位，预习企业管理的相关内容。
2. 查阅所调研企业的相关资料。
3. 实地走访企业，与企业负责人交谈，获取和整理有关企业、企业管理的相关资料，并分析所调研企业能够取得成功的原因，填写任务实施工单，形成交流汇报材料。
4. 在课堂中进行分享，组间相互取长补短。
5. 自我评价、小组互评、教师点评。

任务实施

第（　　）组				
姓名				
学号				
姓名				
学号				

任务实施工单

调研企业名称		调研时间		调研地点	
调研目的					
调研重点					
企业管理的要点					
企业成功的原因					
心得体会					
备注					

考核评价

考核指标	具体要求	分值	自我评价	小组互评	教师评价
调研准备	预习企业和企业管理相关知识，明确调研目的	10			
	提前了解所调研企业，明确调研重点	10			
	调研提纲结构完整，条理清晰	10			
调研过程	与企业负责人充分沟通，交流取得实质性进展	15			
	资料获取充分，能对调研目的达成形成实质性指导	15			
交流汇报	对获取资料进行总结、归纳和有效整合	10			
	交流汇报材料逻辑清晰、结构完整、内容充实	15			
团队合作	组内成员分工明确，互帮互助	5			
	积极发言，分享成果	10			
得分合计		100			
总评=自我评价×（　　）%＋小组互评×（　　）%＋教师评价×（　　）%＝					

总结分析

1. 任务准备情况：

---

2. 任务实施过程：

---

3. 任务完成评价：

任务二　创新助力企业高质量发展

任务实训

【任务目标】

1. 了解企业创新的基本概念。
2. 掌握制度创新、管理创新、技术创新的内涵及内在联系。
3. 培养创新意识和创新思维。

【任务内容】

1. 查阅资料，了解什么是企业管理创新。
2. 结合学习和调研成果，为所调研企业提出创新措施。

【任务方法】

1. 结合调研结果，分析所调研企业在企业管理创新方面已经做了哪些工作？
2. 针对该企业进行企业管理创新，提出不少于 3 点的创新措施。
3. 与企业负责人进行沟通交流，对创新措施进行修改完善。
4. 各小组依次在课堂上汇报。
5. 自我评价、小组互评、教师点评。

任务实施

第（　　）组				
姓名				
学号				
姓名				
学号				

任务实施工单

<table>
<tr><td rowspan="2">企业目前状况</td><td>目前已有创新措施</td><td>目前创新措施不足之处</td></tr>
<tr><td></td><td></td></tr>
<tr><td>企业管理创新措施初步建议</td><td colspan="2">1. ……
2. ……
3. ……</td></tr>
<tr><td rowspan="2">与企业负责人交流</td><td>改进建议</td><td>交流心得</td></tr>
<tr><td></td><td></td></tr>
<tr><td>企业管理创新措施最终建议</td><td colspan="2"></td></tr>
</table>

考核评价

考核指标	具体要求	分值	自我评价	小组互评	教师评价
企业目前状况	创新方面已有措施分析	10			
	目前创新方面的不足之处	10			
创新措施	创新措施实操性强，符合企业发展现状	20			
	条理清晰，逻辑性强	20			
	与企业负责人充分交流，创新措施得到认可	20			
团队合作	组内分工明确，互帮互助	10			
	积极发言，分享成果	10			
得分合计		100			
总评=自我评价×（ ）%＋小组互评×（ ）%＋教师评价×（ ）%=					

总结分析

1. 任务准备情况：

----

2. 任务实施过程：

----

3. 任务完成评价：

管理基础与实务

（含活页实训手册）

主　编　王鹤霖　杨　洋　梁　盈

副主编　刘锦江　张伟芳　苏来义

李　颖　黄亚玲

课程标准及课件

西南交通大学出版社

·成　都·

图书在版编目（CIP）数据

管理基础与实务：含活页实训手册. 1，管理基础与实务 / 王鹤霖，杨洋，梁盈主编. --成都：西南交通大学出版社，2024.10

ISBN 978-7-5643-9729-6

Ⅰ. ①管… Ⅱ. ①王… ②杨… ③梁… Ⅲ. ①管理学 Ⅳ. ①C93

中国国家版本馆 CIP 数据核字（2023）第 255433 号

Guanli Jichu yu Shiwu（Han Huoye Shixun Shouce）

管理基础与实务（含活页实训手册）

主编 王鹤霖 杨 洋 梁 盈

责任编辑	罗爱林
封面设计	GT 工作室
出版发行	西南交通大学出版社 （四川省成都市金牛区二环路北一段 111 号 西南交通大学创新大厦 21 楼）
邮政编码	610031
营销部电话	028-87600564 028-87600533
网址	http://www.xnjdcbs.com
印刷	四川玖艺呈现印刷有限公司
成品尺寸	185 mm × 260 mm
总印张	23.5
总字数	588 千
版次	2024 年 10 月第 1 版
印次	2024 年 10 月第 1 次
套价（全 2 册）	49.00 元
书号	ISBN 978-7-5643-9729-6

课件咨询电话：028-81435775

PREFACE 前 言

管理是人类社会普遍存在的、有意识、有目的的协作活动，伴随着人类社会的发展而发展。现如今，随着新业态、新环境的不断产生和变化，管理的重要性日益凸显。个人竞争力和组织发展力的提高离不开富有成效的管理。学习和掌握管理知识不仅有利于个人强化核心能力，促进自我发展，也有助于组织改进管理模式，提高运作效率。管理是一种技能、一种思维方式、一门学问，也是个人和组织需要内化的艺术和智慧。基于此，课程组编写了本教材。

在编写过程中，我们将教学实践中的经验融入其中，经过不懈努力，终于完成了这样一本既能呈现管理学知识，又能充分结合高职高专学生特点，便于教学、实践性强的管理学教材。其特色如下：

1. 立德树人，有机融入课程思政。教材在编写过程中，深入挖掘管理学中所蕴含的课程思政元素，厚植爱国主义情怀，弘扬中华优秀传统文化，强化社会主义核心价值观教育，培根铸魂，启智润心，全面塑造学生积极向上的价值观，提升其职业道德和职业素养，历练其不畏困难、敢于担当、求真务实、开拓创新的宝贵品质。

2. 理实一体，以活页式设计促进教学改革。活页式实训手册与主教材匹配，通过创设任务情境，设计实训任务，以学生为中心，将教材变学材。“主教材+活页式实训手册”的设计，打造了“理论知识 + 在线课堂 + 技能掌握 + 实战演练”的结构框架，体现了“做中教，做中学”的职业教育特色，满足了学生自主探究式学习需求、个性化成长诉求和职业化发展要求。

3. 技术赋能，以全媒体设计丰富教学资源。编写团队积极开发数字教学资源，探索立体化、数字化、智慧化教材建设，顺应“互联网+职业教育”发展趋势。主教材结合二维码技术，插入丰富的数字学习资源，包括配套学习视频、同步测试、课后巩固与技能提升、PPT、课程标准等。学生通过扫码即可获得形象具体、交互式的学习资源，构建了“处处可学、时时能学、人人乐学”的学习空间。

4. 联动增值，以校企“双元”合作助力产教融合发展。教材编写团队由学校专业教师与企业教师共同开发。团队成员深度研讨，交流互鉴，践行产教融合教育理念。在系统构建管理学知识体系的基础上，积极融入现代管理理念，管理新业态、新模式、新方法。守正创新，适度超前，使教材兼具知识性、专业性、实践性和前沿性，体现工学结合、知行合一。

本教材由长期在高职院校从事教学和管理工作，以及在企业从事管理活动的人员共同合作完成，由王鹤霖、杨洋、梁盈担任主编，刘锦江、张伟芳、苏来义、李颖、黄亚玲担任副主编。具体编写分工为：王鹤霖负责设计本教材的框架结构及最终文稿审定，并编写了项目一和项目三；杨洋编写了项目二和项目四；梁盈编写了项目六，并进行文稿校对；刘锦江编写了项目八，并提供了附录一和附录二的资料；张伟芳编写了项目七；苏来义和李颖共同编写了项目五。昆明云安会都有限责任公司副总经理黄亚玲参与了教材框架结构设计，对项目一、三、七、八进行了知识点补充更新，并提供了相关案例。云南农业职业技术学院教授潘彦维，昆明云安会都有限责任公司副总裁张杜鹃对全书进行了审阅，并提出了许多宝贵意见和建议。在此对所有参与本书编写的教师及企业管理人员致以诚挚的谢意。

在本书编写过程中，编者博采众长，查阅了大量资料，参考并借鉴了国内外众多专家学者的同类教材、论文期刊以及在线资源课程。在此对相关作者一并表示衷心的感谢。由于管理学博大精深，加之编者学识水平有限，书中难免存在疏漏和不足之处。对此，恳请各位专家、学者、同行及广大读者予以批评指正。

编　者

2024 年 8 月

教材使用说明

本教材主要面向高职高专院校财经大类各专业学生，也适用于其他专业学生及社会学习者。

教材分为两个部分：第一部分为主教材，包括走进管理、了解管理思想、计划、组织、领导、沟通、控制、企业管理与创新 8 个项目。第二部分为实训手册，对标主教材设计具体任务，每个任务均设有任务实训、任务实施、考核评价、总结分析。

具体使用方法建议如下：

1. 课前准备。根据主教材中“项目导入”“学习目标”“思维导图”以及“课前导学任务单”，结合配套在线课程学习，开展课前准备。同时，查看主教材“知识要点”相关知识，提前熟悉教学内容，及时记录学习疑问。此步骤主要达到的目标是激发学生的学习兴趣和主观能动性。

2. 课中教学。利用主教材中“知识要点”进行深入学习，强调教学重难点，系统构建知识体系。借助“课堂讨论”和“知识链接”，通过引导和启发，解答课前学习疑问，拓展思维。此部分主要达到的目标是帮助学生系统掌握理论知识，有机融入课程思政，培养正确的价值观、职业道德、职业素养和职业精神，提高育人成效。

3. 课后巩固。主教材每个项目都有课后部分“知识巩固与技能提升”，包含项目小结、核心概念、同步测试、技能实训和管理游戏。配套在线课程也设有章节测试和章节讨论。此部分主要达到的目标是检验学生在知识、技能和素质目标方面的达成情况，评估教学成效。

4. 实操训练。利用实训手册进行实操训练。实训手册中包含小组任务与个人任务，以锻炼和提高学生团队合作能力、人际交往能力、创新能力和自我管理能力。通过“任务实训”明确任务目标、任务内容和任务方法；通过“任务实施”完成任务实践；通过“考核评价”多维度综合评估任务完成效果；通过“总结分析”总结任务完成情况。此步骤主要达到的目标是培养学生的学习能力、思辨能力和动手能力，实现劳动育人。

5. 实训手册可在课前或课中开展练习，也可作为课后拓展进行训练。教师可根据教学实际和学习需求适当调整，引导学生开展练习。

6. 教学可按常规顺序，从项目一至项目七，帮助学生牢固构建知识体系；也可打破常规顺序，先从项目六“沟通”开始，培养学生人际沟通、团队建设、合作与冲突管理等管理通识能力，之后再从项目一开始顺序教学。

CONTENTS 目录

项目一

PART ONE

走进管理

项目导入

什么是管理?

李叶和王斌是大学同学，两人学的都是企业管理。毕业后，李叶去了深圳一家有名的外资企业从事管理工作，而王斌被学校免试推荐为本校的硕士研究生。转眼 3 年过去了，王斌又以优异的成绩考入北京某名牌大学攻读企业管理博士学位。李叶在当上部门经理后也来到该校参加 MBA 培训。王斌在办理报到手续时与李叶不期而遇。老同学相见自然免不了要“促膝长谈”，两人约定晚上来个“一醉方休”。

两人在酒足饭饱之余闲聊起来。由于两人志趣相同，一会儿，他们就关于“什么是管理”的话题聊开了。王斌非常谦虚地问：“李兄，我虽然读了许多管理方面的著作，但对于什么是管理还是心存疑虑。管理学家西蒙说‘管理就是决策’，有的管理学家却说‘管理是协调他人的活动’，等等，真是公说公有理，婆说婆有理。你是从事管理工作的，那你认为到底什么是管理？”李叶略微思索了一会儿，说道：“你读的书比我多，思考的问题也比我深。对于什么是管理，我过去从未认真想过。不过从我工作的经验来看，管理其实就是管人，人管好了，什么都好。”

“那么依你看，善于交际的、会拍‘马屁’的人就是最好的管理者了？”王斌追问道。“那也不能这么说”，李叶忙回答说，“虽然管人非常重要，但管理也不仅仅是管人，正如你所说的，管理者还必须做决策、组织和协调各部门的工作等”。

“你说得对，管理不仅要管人，还要做计划、定目标、选人才、做决策、组织实施和控制等。那么，也就是说，做计划、定目标、选人才、做决策、组织实施和控制等活动就是管理啦？”王斌继续发表自己的见解。

“可以这么说，我们搞管理的差不多什么都得做，今天开会，明天制定规则，后天拟订方案等，所以说，搞好管理可真不容易。”李叶深有感触地说。

“那你怎么解释‘管理就是通过其他人来完成工作’，难道在现实中这种说法本身就是虚假的吗？”王斌有点激动地说。

李叶想了一会儿才答道：“我个人认为，‘管理就是通过其他人来完成工作’这句话有失偏颇。管理的确要协调和控制其他人的活动，使之符合企业制定的目标和发展方向，但管理者绝不是有些人所理解的单纯的发号施令者，其实管理者的工作量非常大，在很多方面，他们还必须起到带头和表率作用。”

“可是……”

夜深了，可李叶和王斌丝毫没有睡意，两人还在围绕关于“什么是管理”的话题继续探讨着。

（资料来源：吴戈，关秋燕.管理学基础[M]. 北京：中国人民大学出版社，2019）

请思考：

什么是管理？管理究竟管什么？管理涉及哪些方面？该如何进行管理？你是怎样认识管理的？

学习目标

知识目标	技能目标	素质目标
1. 理解管理的概念和性质，了解管理的必要性。 2. 掌握管理的职能和管理系统的构成。 3. 掌握管理者的角色、技能和素质要求。 4. 理解管理机制和管理方法。 5. 理解管理环境，掌握管理环境的分析方法。 6. 理解常见的管理原理	1. 初步培养管理思维,能够从管理系统的角度分析管理现象。 2. 能够将管理的科学性和艺术性相结合，处理管理实际问题。 3. 能够运用相关工具分析组织面临的管理环境。 4. 能够运用常见的管理原理分析和解决实际管理问题	1. 培养客观分析、系统思考的思维能力与意识。 2. 强化正确的价值导向，增强责任感，树立终身学习的意识。 3. 树立科学发展观，强化理论与实践相结合的意识

思维导图

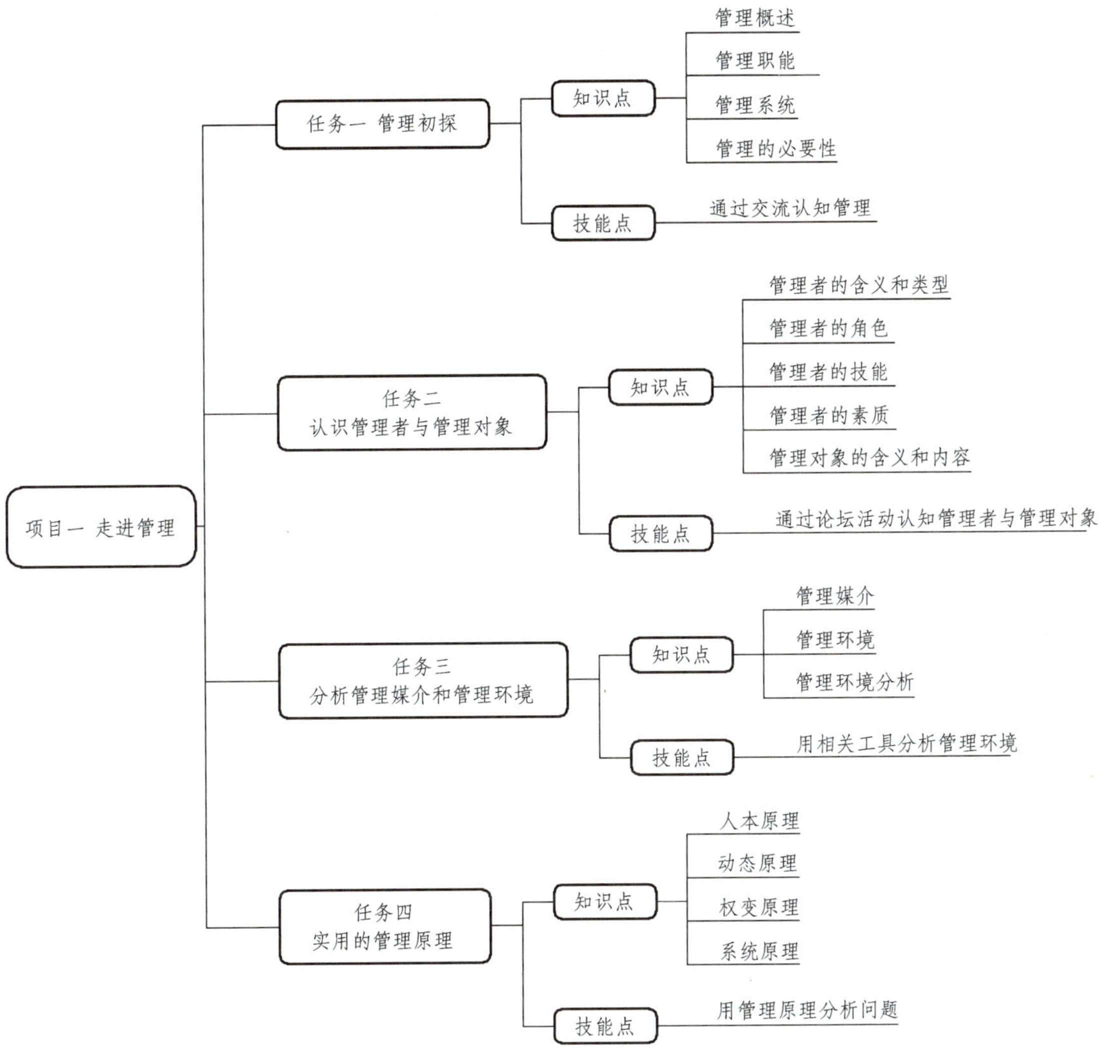

项目一 走进管理
任务一 管理初探
知识点
管理概述
管理职能
管理系统
管理的必要性
技能点
通过交流认知管理
任务二
认识管理者与管理对象
知识点
管理者的含义和类型
管理者的角色
管理者的技能
管理者的素质
管理对象的含义和内容
技能点
通过论坛活动认知管理者与管理对象
任务三
分析管理媒介和管理环境
知识点
管理媒介
管理环境
管理环境分析
技能点
用相关工具分析管理环境
任务四
实用的管理原理
知识点
人本原理
动态原理
权变原理
系统原理
技能点
用管理原理分析问题

任务一　管理初探

管理初探

课前导学任务单

项目名称	项目一　走进管理	
任务名称	任务一　管理初探	
任务导入	管理是伴随人类生产活动而产生的社会现象，对于经济社会的发展至关重要。管理无处不在，事实上，人人都在参与管理，事事都需要管理。学好管理学不仅能使组织提升运行效率，也能使个人提高核心竞争力。那么，什么是管理？为什么说管理兼具理论性和实践性，科学性和艺术性？学习管理学的意义具体体现在哪些方面	
任务目标	知识目标	1. 理解管理的概念、性质和特征。 2. 掌握管理的职能和管理系统的构成。 3. 了解管理的必要性
	能力目标	1. 能够从管理系统的角度分析管理现象。 2. 能够结合管理的科学性和艺术性，解决管理实践问题
	素质目标	1. 培养管理思维和管理意识，树立专业自信。 2. 感知管理对于国家和经济社会的重要性，培养爱国主义情怀和家国情怀
任务准备	1. 观察身边的管理现象有哪些。 2. 了解管理给人们带来的意义和价值。 3. 将本任务知识要点以思维导图的方式提炼和归纳	

知识要点

管理是人类基本的社会活动之一，也是人类最普遍的一种社会现象。通过管理，人们可以实现有组织、有目的、有秩序的社会活动，从而提高生产，改善生活，适应社会的发展。

管理无处不在，大到国家、社会，小到家庭、个人，每个事物，每个方面都需要管理。试想，当一个任务摆到你面前时，你该如何利用现有的资源高效完成呢？如果单靠一个人完成不了时，你可能会想到要借助他人的力量。而如果这个任务需要依靠多人才能完成，这就涉及将一群人组织起来的问题。如何统一大家的思想认识，如何兼容不同的做事风格和思维差异，如何激励大家共同朝着目标迈进，如何按计划完成任务，在完成过程中如何控制偏差等，这些都涉及管理。

一、管理概述

（一）管理的概念

从不同的角度出发，人们对管理有不同的认识，可谓仁者见仁、智者见智。比较有影响力的几位管理学大师对于什么是管理给出了如下见解：

弗雷德里克·泰勒：管理就是确切地知道你要别人干什么，并使他用最好的方法去干。

赫伯特·西蒙：管理就是制定决策。

亨利·法约尔：管理是所有的人类组织都有的一种活动，这种活动由 5 项要素组成：计划、组织、指挥、协调和控制。

斯蒂芬·罗宾斯：所谓管理，是指同别人一起，或通过别人使活动完成得更有效的过程。

彼得·德鲁克：管理就是经由他人的劳动，以完成工作目标的一系列活动。

管理定义的多样性反映了管理的复杂性和多面性。综合以上观点，本书认为，管理是指为了有效达到组织目标，通过计划、组织、领导、控制等管理职能，与他人一起协作，协调组织内外部各项资源并实现资源优化配置的社会活动。

从这一概念可以反映出，管理包含以下几个方面的要素：

（1）管理的目的是有效实现组织的目标。

（2）管理的载体是组织，管理存在于一定的组织当中。

（3）管理的本质是协调。

（4）管理的对象是以人为中心的各项资源。

（5）管理的作用在于通过管理职能实现管理的有效性。

【知识链接 1-1】

效率和效益

管理的有效性在于效率和效益的结合，是指既有效率又有效果地把事情做好。效率和效益涉及投入、产出的关系。效率是指正确地完成一项任务，即正确地做事。效益是指做正确的事，从而帮助组织实现既定目标。因此，效率和效益相辅相成，共同构成管理所追求的目标（见图 1-1）。

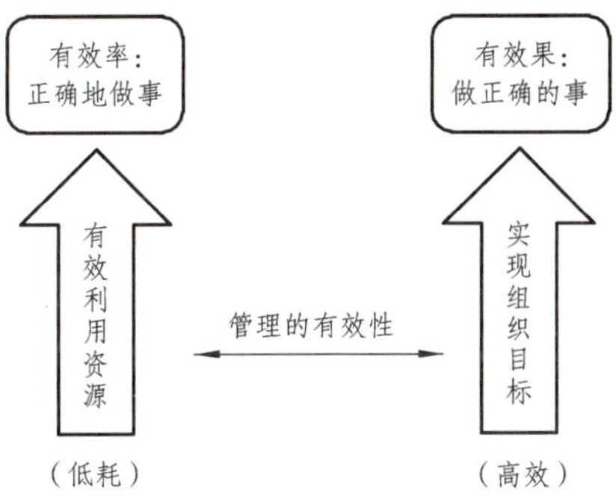

图 1-1　管理的有效性

【课堂讨论 1-1】

结合课前任务活动及所学知识，思考为什么管理的本质是协调?

（二）管理的性质

管理是一项复杂的社会活动，在发展过程中，呈现出如下性质：

1. 管理的自然属性和社会属性

管理的自然属性和社会属性又称管理的二重性。

（1）管理的自然属性。管理是人类社会实践活动的产物，与生产力的发展密切联系。因此，在管理过程中，要处理好人与自然之间的关系，在社会化大生产过程中协调各方面的资源，提高生产效率。管理的自然属性使管理成为一种客观存在的活动，不以人的意志为转移，不受社会制度和生产关系的影响，即在任何时期、任何国家、任何组织中都存在相应的管理思想、制度和方法，体现了管理的共性。

（2）管理的社会属性。管理的社会属性是指管理受到不同社会制度和文化背景的影响，在实践过程中体现出不同的形式与特征，与生产关系和社会制度相联系。管理要处理好人与人之间的关系。由于受到生产关系和社会制度的影响，不同国家、社会和地区的管理思想、方法和手段会呈现出一定的差异，使管理具有特殊性和个性。

管理的二重性表明，管理的自然属性是随着社会化大生产的要求而不断发展的，不因社会制度和生产关系的变化而改变，存在着共同规律和趋势，具有普遍性和永久性，这为我们学习和借鉴优秀的管理经验、管理方法提供了客观依据。而管理的社会属性则表明，管理总是受到不同社会制度和生产关系等影响，因此，在借鉴和学习优秀管理经验的过程中，不能盲目照搬，要培养辩证看待问题的思维，取其精华，去其糟粕，有区别、有选择地加以运用和实施，发展具有中国特色的管理理论和管理文化，更好地指导管理实践。

2. 管理的科学性和艺术性

（1）管理的科学性。管理的科学性是指管理作为一种社会活动，其发展过程本身呈现出一定的规律，而行使管理职能、开展管理活动的过程中，也要遵循一系列基本的客观规律。早期人类的管理活动主要依靠经验，出现了一些较为零散的管理片段。在经历了漫长的发展过程后，管理逐渐成为一门科学，形成了一套较为完善和系统的管理理论、方法，可以有效指导人们分析问题和解决问题。

（2）管理的艺术性。管理的艺术性强调了管理的实践性。管理所涉及的一系列理论、规律和方法，如果不加以运用和实践，是无法实现管理有效性的。管理绝不是“纸上谈兵”“按图索骥”的行为，而是要结合具体情况不断实践，因地制宜、灵活多变地解决实际问题。这是管理的意义所在。

管理的科学性和艺术性表明，管理既是一门科学，又是一门艺术，既强调客观规律，同时又注重实践，两者相辅相成，共同发挥作用，进而促进管理目标的实现。因此，在学习管理学的过程中，既要注重对管理理论本身的学习和理解，又要注重结合实际不断实践，不断培养自身的管理能力，激发管理智慧。

（三）管理的特征

管理是一项系统的社会活动，内容丰富、形式多样。每一项具体的管理活动都呈现出自身的特点。但管理也并非飘忽不定，作为人类社会长期的实践，管理也表现出了相应的一般性特征。

1. 广泛性

管理在长期的发展过程中，已经渗透到生产生活的各个方面，不同领域、不同方面都涉及管理。同时，管理原理也具有普遍适用性，可以有效指导各领域的实践活动。

2. 人本性

管理的载体是组织，而人是组织的主体，是组织开展工作、达成目标的首要因素。管理要协调的是以人为中心的各项资源。

3. 间接性

管理作为一项实践活动，并不是直接从事某一项具体的作业活动，而是通过管理职能调动和整合各类资源，协调各项活动，从而推动组织目标的实现。

4. 科学性

管理的科学性表明，管理是有规律可循的，在长期发展过程中，形成了固有的原理、技术和方法，可以有效指导管理活动的开展，提高管理成效。

5. 实践性

管理重在实践，在实践中不断完善和改进管理思想、方法。管理的一切理论均建立在实践的基础上，通过行动才能使其价值最大化。

6. 创新性

任何管理思想、技术和方法都不是一成不变的，而是要随着社会的进步和发展进行相应的革新。社会处于不断变革的过程，这就决定了管理实践也会在不断涌现的新问题、新情况、新形势中持续变革与创新。

【课堂讨论 1-2】

为什么要学习管理学？只有那些想成为管理者的人才需要学习管理学吗？

二、管理职能

对于管理职能的划分，从古至今一直众说纷纭。法约尔最早提出的管理的职能为 5 项，分别是计划、组织、指挥、协调和控制。在这以后，不同学者根据社会环境的变化对管理的职能进行了进一步探究，提出了不同的见解。参考众多学者的主要观点并结合管理实践，本教材认为管理的基本职能有 4 类，分别是计划、组织、领导和控制。

（一）计划

计划是管理的起点，即确定组织“干什么”。所谓计划，是指“制定目标并确定为达成这些目标所必须采取的行动”。计划是确定目标及制定为达成目标所必需的方案或途径的过程。目标是连接现在和未来的桥梁，确定目标包括信息的获取和处理、对将来的预测，指出了组织未来的发展方向。而方案或途径则为目标的实现提供了保障，包括资源分配、规划、程序、步骤、预算等。

（二）组织

组织是指在战略和目标的指引下，明确要完成的任务是什么，由谁来完成，如何分配、管理和协调相应的工作任务，即明确组织“怎么干”，确保“事事有人做”。为了确保计划的实施，要根据组织现有资源和人员的特点，明确职、责、权三者之间的关系，使任务、信息和资源形成一个有机体，在组织内部顺畅流通，最终使整个组织协调运转。

（三）领导

领导是指充分利用各种方法和手段，引导和激励组织成员，带领组织成员更好地完成工作任务，实现组织目标，即激励组织成员“如何干得更好”。在这个过程中，组织管理者还需要对成员提供相应的指导和支持，与下属进行充分的交流，建立和发展独特的组织文化，营造和谐的工作氛围，解决冲突，排除困难，为组织的发展构建健康、良好、可持续的环境。

（四）控制

控制是指为了确保组织目标的实现，对各项任务和活动进行监督，将实际绩效与预期目标进行比较，采取措施纠正偏差，确保组织目标的顺利实现，即“确保目标的实现”。在工作开展的过程中，因各种因素的影响，常常会出现实际与计划偏离的情况，控制职能可以及时发现工作偏差和失误，采取措施及时进行补救，从而有助于从整体上维护组织的利益。因此，控制贯穿于管理过程的始终，是不可或缺的一项管理职能。

管理的 4 大基本职能是相辅相成、不可分割的，在共同作用下保证组织目标的实现（见图 1-2）。

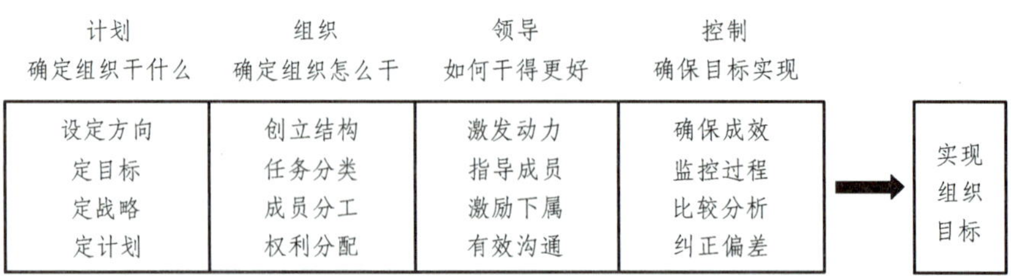

图 1-2　管理的 4 大基本职能

三、管理系统

（一）管理系统的概念

管理系统是指由相互联系、相互作用的若干要素或子系统，按照管理的整体功能和目标结合而成的有机整体。首先，管理系统作为一个整体，对内由若干要素构成，这些要素之间相互影响、相互联系。其次，从对外的角度来看，管理系统又是更大的社会系统中的一个子系统。同时，作为一个整体，管理系统发挥着整体功能，管理系统内部的各要素在多大程度上能够有机结合，共同发挥作用，直接决定着管理功效和价值的大小。

（二）管理系统的构成

管理系统通常由 5 个要素构成：管理目标、管理主体、管理对象、管理媒介和管理环境。

1. 管理目标

所有的管理行为都是为了有效实现组织目标，可以说，管理始于目标，终于目标。目标是出发点，也是管理活动的归宿。但管理本身不能作为一个目标，不能为了管理而管理，因此，管理系统必须围绕目标建立和运行。

2. 管理主体

管理主体即管理者，是整个管理系统中最关键、最核心的要素，在组织管理活动中起决定性作用。为了实现组织目标，管理者必须合理配置资源，开展各项活动，推动管理系统运行，实现组织目标。所有的管理行为都必须依靠管理者来实施。管理者是整个管理系统的驾驭者，推动着管理系统的发展和前行。管理者既可以是组织中的个人，也可以是管理群体及其所构成的管理机构。

3. 管理对象

管理对象是管理者实施管理行为所针对的特定对象。作为管理受作用的一方，管理对象对于组织目标的实现具有重要作用。缺少管理对象，即便有再完善的管理团队和管理机制，管理活动也会成为“无米之炊”。因此，管理对象也是管理系统中不可或缺的一部分。管理对象包括不同的组织资源和组织构成要素，也包括不同的职能活动。

4. 管理媒介

管理媒介作为管理的载体，主要是指管理机制和管理方法。管理过程中所涉及的原理、实施手段和方法，都属于管理媒介的范畴。管理机制在管理系统中发挥着桥梁的作用，连接着管理主体与管理对象，是决定管理功效最直接、最核心的因素。

5. 管理环境

管理环境是指组织在开展管理活动过程中所涉及的内外部条件和因素的总和。任何组织都必须依赖于一定的环境存在，同时受到管理环境的影响。为自身发展创造有利条件，提高环境适应能力，是组织在管理环境中要实现的目标。

四、管理的必要性

（一）资源的稀缺性使管理活动成为必要

社会的不断向前发展使人类预期实现的愿望和目标持续增多。相对于人类的无限需求来说，社会在一定时间和空间范围内所能提供的资源是有限的。于是，需求的无限性和资源的有限性之间便形成了矛盾。这个矛盾正是管理产生的根本原因。而管理的目的，是遵循一定的管理规律、原则和方法，提高资源的利用效率，通过管理实践提高管理成效，以满足人类社会发展的需要。在现代社会，每一个组织都需要对有限的资源进行合理的评估，构建恰当的分配模式和协调机制，通过因地制宜的管理促进组织的健康、可持续发展。

（二）持续发展和能力的提高离不开有效的管理活动

不管对于组织来说还是对于个人而言，要想在高速发展的社会立足并不断发展，就离不开持续的进步和能力的提高。学习管理学有助于组织和个人把握现代管理规律，指导实践，提高效率，推动自身不断向前发展。同时，良好的管理可以提高组织和个人的环境适应能力，为将来的发展做好必要的准备，打下坚实的基础。通过丰富多彩的管理实践，自身能得到锻炼，从而始终走在时代前列，不被社会所淘汰。

【知识链接 1-2】

管理箴言

1. 管理的 3 种任务：管理企业，管理管理者，管理员工和工作。管理的重点在于建构一个好系统，让人的长处得以发挥，短处得以包容。

——彼得·德鲁克

2. 没有机构，就没有管理。但相应地，没有管理，也就没有机构。管理是现代机构的特殊器官。

——彼得·德鲁克

3. 管理工作是一切有组织的协作必不可少的。

——哈罗德·孔茨

4. 在管理方面，没有什么死板和绝对的东西……原则是灵活的，是可以适用于一切需要的。问题在于懂得如何运用它们。这是一门很难掌握的艺术。它要求智慧、经验、判断和对尺度的把握。由机智和经验合成的掌握尺度的能力是管理者主要的才能之一。

——亨利·法约尔

5. 管理的特点就是变革——迅速的、不断的、根本的变革。唯一不变的事就是变革。

——福莱蒙特·卡斯特

6. 经理的工作就是将系统里各成员的努力加以整合，以达成组织原先设定的目标。

——威廉·爱德华兹·戴明

（资料来源：张云河. 管理学基础[M]. 4 版. 北京：中国人民大学出版社，2022）

任务二　认识管理者与管理对象

管理者与管理对象

课前导学任务单

<table>
<tr><td>项目名称</td><td colspan="2">项目一　走进管理</td></tr>
<tr><td>任务名称</td><td colspan="2">任务二　认识管理者与管理对象</td></tr>
<tr><td>任务导入</td><td colspan="2">管理者和管理对象是管理系统的有机组成部分，影响和制约着组织管理功效的发挥。那么，什么是管理者？有哪些不同类型的管理者？管理者在组织运行中发挥着怎样的作用？需要具备哪些技能和素质</td></tr>
<tr><td rowspan="3">任务目标</td><td>知识目标</td><td>1. 理解管理者的含义和类型。
2. 掌握管理者的角色、技能和素质。
3. 了解管理对象的含义和内容</td></tr>
<tr><td>能力目标</td><td>1. 能够区分不同类型的管理者。
2. 能够分析不同管理者体现出的角色、技能和素质</td></tr>
<tr><td>素质目标</td><td>1. 强化社会主义核心价值观，培养正确的价值导向，提高使命感和责任感。
2. 培养职业道德，提高职业素养，树立终身学习的意识</td></tr>
<tr><td>任务准备</td><td colspan="2">1. 思考不同类型管理者之间的区别与联系。
2. 思考管理者该如何提高自身技能与素质。
3. 将本任务知识要点以思维导图的方式提炼和归纳</td></tr>
</table>

知识要点

管理者是管理系统中的主体，在组织发展中扮演着不可或缺的角色，其所具备的技能和素质对于组织的发展来说至关重要。

一、管理者的含义和类型

（一）管理者的含义

管理者是指在组织中，运用职位、权力、知识等对他人施加影响，直接参与或帮助他人完成工作，对实现组织目标和组织发展负有责任的人。

在组织发展过程中，管理者需要根据环境的变化合理分配资源，协调组织内外部各项活动，通过实践管理的各项职能，与组织成员一起实现组织的既定目标。管理者是每个组织中具有活力并能为组织赋予生命力的要素。如果没有管理者或管理者不能发挥相应作用，即使组织拥有再好的资源，也难以转换成生产力和企业价值。

（二）管理者的类型

由于管理者的责任和权限不同，他们在组织中所处的地位和发挥的作用也不同。通常来说，管理者可以按照如下标准进行分类：

1. 按所处层次划分

按照管理者所处的层次划分，管理者可以分为高层管理者、中层管理者和基层管理者（见图 1-3）。

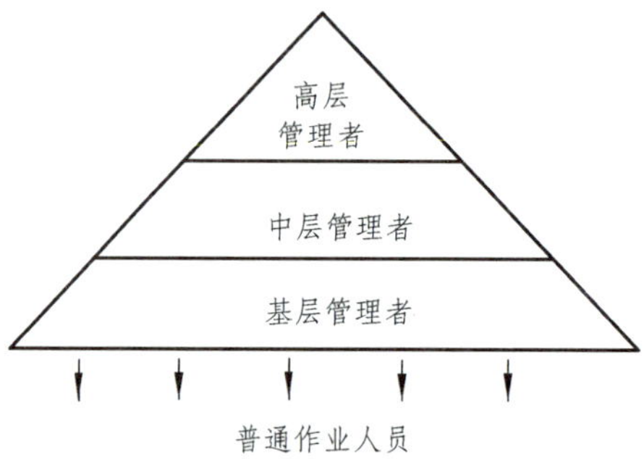

图 1-3　按层次划分管理者

高层管理者，处于组织中的最高层，对整个组织的管理和发展负有全面责任。其职责主要是为组织发展制定总体目标和总体战略，把握组织发展的大政方针，并为实现组织目标汇集和合理分配组织各项资源。同时，高层管理者也需要进行顶层设计，塑造企业文化，通过描绘组织发展的宏伟蓝图提高组织成员的整体向心力、凝聚力和认同感。

中层管理者，处于组织中承上启下的位置，负责贯彻高层管理者所制定的大政方针和重大决策，同时监督和协调基层管理者开展相关工作。对于中层管理者来说，建立工作团队，规范工作程序，增强统筹协调能力，合理分配工作任务，激励下属完成工作是其主要职责。

基层管理者，是指处于一线的管理者，负责直接指挥和监督现场作业工作。通常来说，上级分配了具体工作任务后，基层管理者就要负责现场作业人员的工作推进，以确保各项任务及时有效完成。

【课堂讨论 1-3】

基层管理者的主要职责是根据上级工作安排，带领基层员工完成工作任务。那么，基层管理者就只是等着上级分配工作任务吗？基层管理者是否可以进行工作方面的创新？如何提高基层管理者的主观能动性？

【知识链接 1-3】

各类 Chief Officer

在一些大型企业中，人们常用一些以首席开头的职位来命名高层管理者（见表 1-1）。

表 1-1 各类 Chief Officer

类型	英文全称	中文翻译
CEO	Chief Executive Officer	首席执行官
CFO	Chief Finance Officer	首席财务官
CHO	Chief Human Resource Officer	人力资源总监
COO	Chief Operating Officer	首席运营官
CMO	Chief Marketing Officer	首席市场官
CPO	Chief Public Relation Officer	公关总监
CBO	Chief Business Officer	首席商务官
CIO	Chief Information Officer	首席信息官
CTO	Chief Technology Officer	首席技术官

2. 按管理领域划分

按照管理领域划分，管理者可以分为综合管理者和职能管理者（见图 1-4）。

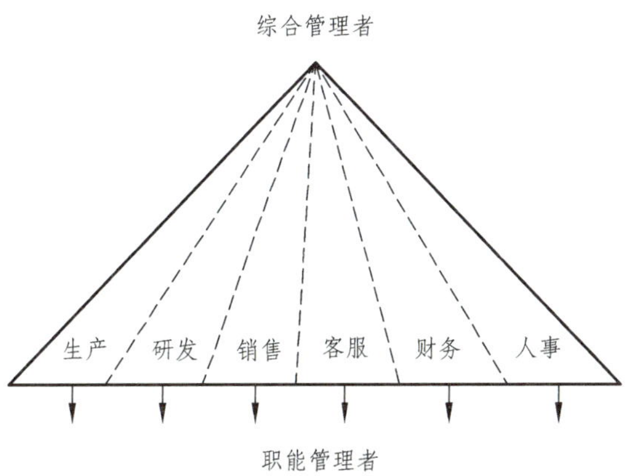

图 1-4 按职能划分管理者

综合管理者是指负责组织发展全部活动的管理者，对组织发展负有全面责任。

职能管理者是指根据专业领域，只负责组织中某类或某项业务的管理者。例如，财务管理人员主要负责组织中有关资金预算和使用方面的业务；人事管理人员主要负责组织中人力资源管理方面的工作；行政管理人员主要负责组织中行政事务和后勤保障等方面的工作。

不管按照哪一种标准进行分类，组织中的管理者都是相互联系、紧密配合的有机体。组织功效的发挥离不开各级各类管理者的相互支持与协作。

二、管理者的角色

管理者在组织中要想实现良好的管理，就必须明确自己的角色。管理者的角色是指根据管理者在管理活动中承担的不同责任所表现出的特定行为类型。结合管理界大师彼得·德鲁克、亨利·明茨伯格以及斯蒂芬·P. 罗宾斯的观点，管理者的角色通常来说有以下 3 类：

（一）人际关系角色

人际关系角色主要是指管理者在处理与其他组织成员关系的过程中所扮演的角色。通常来说，这方面的角色包括代表人、领导者、联络者。

代表人的角色主要是作为组织的代表，对外行使相应的职权。例如，迎接到访者、拜访重要合作伙伴、签署相关文件等。

领导者的角色主要是负责合理分配资源，激励下级，带领组织成员共同完成组织目标。

联络者的角色主要是充当组织内外部沟通的桥梁，为企业的发展搭建良好的内外部关系网，协调企业的沟通机制，确保企业信息畅通，高效运作。

（二）信息角色

信息角色主要是指管理者在获取、处理和传递信息中所承担的角色。通常来说，这方面的角色包括监听者、传播者和发言人。

监听者的角色主要是指管理者通过持续地收集企业内外部的信息，更好地理解组织发展所面临的环境，及时识别机会和威胁，调整组织发展方向和途径。

传播者的角色主要是指管理者对信息收集和整理后，将信息传递给相关部门和员工，确保工作任务得到落实，工作目标如期实现。

发言人的角色主要是指管理者把必要的信息传递给组织以外的单位和个人。例如，向利益相关者报告组织战略方向和经营情况，向消费者说明产品质量并接受监督，向政府部门报送企业经营有关信息等。

（三）决策者角色

决策者角色主要是指管理者在确定组织的发展战略和方向中所承担的角色。通常来说包括 4 个方面：企业家、协调者、资源分配者、谈判者。

企业家的角色主要是指管理者要善于发现机会、利用机会，为组织的发展不断注入新的活力。

协调者的角色主要是指当组织发展遇到各类冲突和矛盾时，管理者要能够平衡好各方利益，协调好部门和员工之间的争端，确保组织的正常运行。

资源分配者的角色主要是指管理者要做好资源配置，将资源分配到最合适的地方。资源是有限的，但组织发展的需求却有很多。因此，资源用多少，用在哪些地方，都是管理者需要考虑的问题。

谈判者的角色主要是指管理者在与不同人员打交道的过程中，与之进行谈判并处理好各方关系，包括员工、工会、整个产业链上下游的利益相关者等。

【课堂讨论 1-4】

请对下列管理者的角色进行识别：

（1）公司会议上，总经理向公司全体员工介绍本年度公司的发展规划和计划开展的各项目。

（2）A 企业欲与 B 企业进行合作，两家企业的董事长进行战略协商。

（3）公司总经理与供应商、主要客户进行会晤。

（4）B 企业到 A 企业访问交流，A 企业总经理向来访企业介绍公司的发展历史和现状。

（5）某公司员工宿舍设施设备老旧，公司领导知晓后及时到现场慰问，对老旧设备进行改造，并配备了新的设施。

三、管理者的技能

管理者的技能是管理者在履行管理职责时所需要的包括知识、技术、能力等方面的要求。根据美国管理学家罗伯特·卡茨的研究，管理者通常需要具备 3 种技能：技术技能、人际关系技能、概念技能。

（一）技术技能

技术技能是管理者所需要具备的专业技能。管理者需要具备某一专业领域的专长或技艺，能够熟练完成这一领域的特定工作。技术技能包括专业知识、经验、技术技巧、工具操作熟练程度等。

（二）人际关系技能

人际关系技能主要是指管理者在处理与人有关的事务方面所需具备的能力，即与人打交道的能力。人际关系技能通常包括理解和激励他人、与他人良好合作、团结他人、增强凝聚力和向心力的能力。

（三）概念技能

概念技能是站在思维的高度所需具备的能力，主要是指纵观全局、辩证思考、洞察分析、思考判断的能力。概念技能要求管理者要能够对全局性、战略性、长远性的重大问题做出决策，对突发状况做出及时响应，协调各方关系，把控重大风险等。

【知识链接 1-4】

不同层次的管理者所需具备的技能

对于高层管理者、中层管理者和基层管理者来说，他们都需要掌握技术技能、人际关系技能和概念技能。但不同层次的管理者对 3 种技能的要求和占比有所不同。对于层级越高的管理者来说，更多的是需要掌握概念技能，而层级越低的管理者，则更多需要掌握的是技术技能（见图 1-5）。但无论哪一层级的管理者，人际关系技能都同等重要。

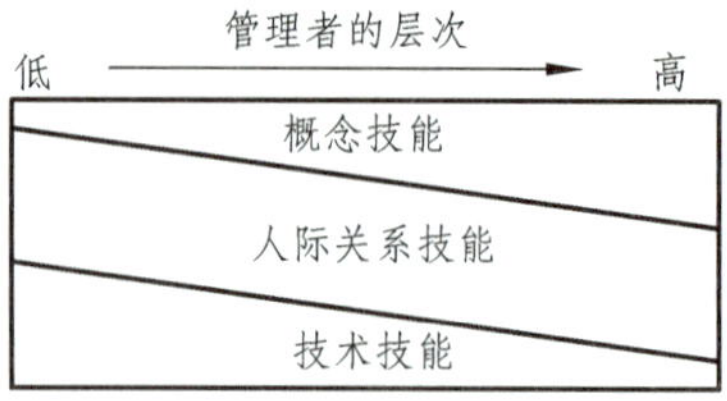

图 1-5　管理者的层次与技能

四、管理者的素质

管理者的素质是管理者天生和后天发展所形成的各种内在要素的总和。管理者的素质是决定管理水平和功效的基础。管理者具备何种素质，所具备素质的高低，在很大程度上影响组织的管理成效。通常来说，管理者需要具备以下素质：

（一）思想品德素质

管理是一门实践性很强的学科，这就要求管理者在管理的过程中，要坚定理想信念，强化使命感和责任感，加强思想道德方面的涵养，尤其是职业道德和职业素养，始终秉持积极向上的价值观，品格正直，弘扬正气。

（二）知识文化素质

在管理组织的过程中，专业知识和综合知识都会影响管理者对于问题的预判和处理，因此，管理者既要拥有扎实的专业知识背景，也要广泛涉猎其他方面的科学文化知识，努力使自己成为综合型人才，从而在管理组织的过程中行稳致远。

（三）身心素质

身心素质包括身体和心理素质。管理活动涉及面广且复杂，这就要求管理者要具备健康的体魄、健全的人格、坚强的意志、强大的抗压能力、广泛的兴趣爱好等。只有这样，才能经受得住组织发展过程中的风云变幻。

（四）能力素质

能力素质是影响管理成效的关键因素，包括一般能力素质和特殊能力素质。一般能力素质是指在各管理领域都普遍适用的素质，如人际沟通能力、解决问题能力等。特殊能力素质是指在某一专业领域所需要具备的能力，如机器操作能力、设备维修能力等。管理者既要注重专业素质的提高，也要锻炼和培养通用素质，为提高管理成效打下基础。

【知识链接 1-5】

优秀管理者的 10 种素质

1. 处事冷静，但不优柔寡断。优秀的管理者都具有处事冷静的特点，他们善于考虑事情的多个方面或问题涉及的各利害关系方，不易冲动行事。优秀管理者往往会在周密思考后果断做出决定或清晰地阐明自己的观点。

2. 做事认真，但不事事求“完美”。优秀的管理者做事非常认真仔细，但他们同时也非常懂得什么事情需要追求“完美”（尽善尽美），什么事情“差不多就行”（达到基本标准）。具有这种特征的管理者往往能把事情“做对”，并且能比一般人更容易创造出价值。

3. 关注细节，但不拘泥于小节。优秀的管理者善于关注事情的细节，善于留意观察身边的人和事。他们善于抓住问题的要害，善于将问题“扼杀”在萌芽状态。优秀的管理者不会过分在意别人的一点小过错或小过失。

4. 协商安排工作，绝少发号施令。管理者不是发号施令的“监工”。一个能让下属主动“追随”的管理者，依赖的是他（她）的个人魅力和领导力，而不是他（她）手中的“权力”。优秀的管理者绝少对下属发号施令，他们往往采用与下属商量的方式布置和安排工作。

5. 关爱下属，懂得惜才爱才。优秀管理者善于尊重和关爱下属，他们往往视同事如“兄弟”，懂得怎样去珍惜和爱护与自己朝夕相处、共同拼搏的“战友”。

6. 对人宽容，甘于忍让。优秀管理者胸怀宽广、对人宽容、甘于忍让，他们善于将心比心，善于考虑别人的难处和利益，善于“挖起荆棘并种下玫瑰”。具有这种特征的管理者往往易于形成良好的人际关系，并能在需要时得到别人最真诚的支持和帮助。

7. 严于律己，以行动服人。优秀管理者不会让自己独立于各种规章制度之外，他们往往身体力行、为人表率，用自己的实际行动来影响和带动身边的人。具有这种特征的管理者往往“其身正，不令而行”。

8. 为人正直，表里如一。优秀管理者往往对人一视同仁、处事公平公正，没有暗箱操作。

9. 谦虚谨慎，善于学习。优秀管理者不会把自己已有的知识和技能作为管理的资本。他们往往谦虚谨慎，乐于向自己的同事等学习。

10. 不满足于现状，但绝不脱离现实。优秀管理者不满足于当前的业绩，他们都有比较高远的目标和追求。他们总是一步一个脚印为更高更远的目标而奋斗，非常清楚自己的将来会是怎样的。

（资料来源：吴戈，关秋燕. 管理学基础[M]. 北京：中国人民大学出版社，2019）

【知识链接 1-6】

成功的管理者与有效的管理者

弗雷德·卢桑斯和他的副手研究了450多位管理者发现，他们大多从事以下4种活动：传统管理，即决策、计划和控制；沟通，即交流例行信息和处理文书工作；人力资源管理，即激励、惩戒、调解冲突、人员配备和培训，网络联系，即社交活动、政治活动和与外界交往。不同的管理者花在这4项活动上的时间和精力显著不同。成功的管理者（以晋升速度作为标志）与有效的管理者（以工作成绩的数量和质量，以及下级对其满意和承诺的程度为标志）在对各种活动强调的重点上有显著不同：维护网络关系对成功的管理者的相对贡献最大；从事人力资源管理对成功的管理者的相对贡献最小。而在有效的管理者中，沟通的相对贡献最大，维护网络关系的贡献最小。这对晋升是基于绩效的传统假设提出了挑战。它生动地说明，社交和施展政治技巧对于在组织中获得更快的提升起着重要的作用。

（资料来源：张云河. 管理学基础[M]. 4版. 北京：中国人民大学出版社，2022）

【课堂讨论 1-5】

在当今社会，你认为管理者需要具备哪些思维？

五、管理对象的含义和内容

（一）管理对象的含义

管理对象是指进行管理活动、执行管理职能所针对的客观对象。管理总是针对一定的群体或者组织实施的。任何组织为了实现目标，必然要储备一些资源，管理活动通过对这些资源进行加工、组织和分配，使管理目标得以实现。

（二）管理对象的内容

1. 资源或要素

资源或要素主要是指人、财、物、时间、信息等。对人的管理主要涉及人力资源开发，包括人员分配、工作评价、系统培训等。人是管理对象中最重要的因素之一，因此，在对人的管理中，应该注意人尽其才、才尽其用、用人所长。对财的管理主要涉及经济和财务方面，包括财务管理、预算控制、资金使用、效益分析等。对财的管理是一个组织在一定时期内所掌握和支配的物质资料的价值表现。对物的管理主要是指对设备、材料、仪器、能源、办公设备以及物资的管理。合理利用物资，能够提高资源使用效率，为组织节省运营成本。对时间的管理主要是指合理安排工作时间并提高工作效率，在最短的时间内达成工作目标。对信息的管理主要是指对组织内外部信息的快速搜集、响应、处理和反馈，利用信息预判未来发展趋势，为组织争取更大的发展空间。

2. 社会组织

社会组织既包括具有法人资格的组织，如政府、企业、学校等，也包括法人组织内部的部门或生产单元，如销售部门、财务部门等。管理总是针对群体或组织实施的，因此社会组织也是管理对象的重要组成部分。

任务三　分析管理媒介和管理环境

管理媒介和管理环境

课前导学任务单

<table>
<tr><td>项目名称</td><td colspan="2">项目一　走进管理</td></tr>
<tr><td>任务名称</td><td colspan="2">任务三　分析管理媒介和管理环境</td></tr>
<tr><td>任务导入</td><td colspan="2">管理媒介和管理环境是管理系统的关键要素。管理媒介包括管理机制和管理方法。管理环境包括组织的外部环境和内部环境。那么，什么是管理机制？常见的管理方法有哪些？什么是管理环境？常见的管理环境分析工具有哪些</td></tr>
<tr><td rowspan="3">任务目标</td><td>知识目标</td><td>1. 理解管理机制和管理方法。
2. 理解管理环境的含义、特点和分类。
3. 掌握常见的管理环境分析工具</td></tr>
<tr><td>能力目标</td><td>1. 能够运用不同的管理方法分析管理实际问题，提出合理的解决措施。
2. 能够运用不同的管理工具分析组织面临的内外部环境，提出合理建议和对策。
3. 强化语言表达能力和沟通交流能力</td></tr>
<tr><td>素质目标</td><td>1. 树立科学发展观，培养客观分析实际问题的意识。
2. 提高主观能动性，培养求真务实的职业态度</td></tr>
<tr><td>任务准备</td><td colspan="2">1. 思考不同的管理机制如何制约和影响管理功效。
2. 收集关于不同管理方法和管理环境分析工具应用的实践案例。
3. 将本任务知识要点以思维导图的方式提炼和归纳</td></tr>
</table>

知识要点

一、管理媒介

管理媒介是管理系统的重要组成部分。作为管理的载体，管理媒介主要是指管理机制和管理方法。

（一）管理机制

1. 管理机制的含义

管理机制是指管理系统的结构及其运行机理。每个组织就像一部运行着的机器，而机器内部构造是否合理，各部分如何连接，每一部分的零部件之间如何配合以使机器的功效最大化，这些都是管理机制所关注的问题。因此，管理机制的本质是管理系统各组成部分的内在联系、功能及运行原理，是决定管理功效的核心问题。管理机制决定了管理者在管理活动中采用何种管理行动，构建何种管理关系，达到何种管理效果。

2. 管理机制的特征

管理机制具有内在性、系统性、客观性、可调性等特征。

内在性是指管理机制的形成与作用是由自身决定的，是管理系统的内在结构与机理，因而是一种内在运动过程。

系统性是指作为一个完整的有机系统，管理机制具有保证管理系统功能实现的作用，其组成要素是完整、不可分割的。

客观性是指任何组织只要是客观存在的，必然具有相应的内部结构和既定功能，而这些内部结构和功能必然要产生与之相应的管理机制。它是一种客观存在，不以人的意志为转移。

可调性是指管理机制是由组织的基本结构决定的，如果改变组织的基本构成方式或结构，则管理机制的类型和作用效果也要进行相应的改变、调整。

3. 管理机制的构成

管理机制是以客观规律为依据，以包括组织的功能和目标、组织的基本构成方式、组织环境等在内的组织管理结构为基础，由若干子机制有机组合而成的运行机理。在实践中，管理机制通常包括运行机制、动力机制和约束机制。

（1）运行机制。运行机制是指组织基本职能的活动方式、系统功能和运行原理。运行机制是组织中最基本的管理机制，具有普遍性。任何组织，不管是国家、社会层面，还是单位、部门、家庭等层面，都有其特定的运行机制。例如，国家有政权运行机制，社会有医疗、民生保障运行机制，各类企业有其生产经营方面的运行机制，学校有教学运行机制。

（2）动力机制。动力机制主要是指管理系统动力的产生与运作机理，通常包括利益驱动、政令驱动和社会心理驱动。例如，某销售员为了获得更多的销售提成，就会向客户积极推销产品，而良好的销售表现反过来会使公司的销售额提升，进而获得更多的利润。这便是利益驱动的表现。政令驱动是由社会运行的规律决定的。例如，为了达到目标，管理者会凭借权威，通过下达命令等方式，要求员工完成某项工作。社会心理推动是由社会与心理规律所决定的。例如，管理者利用各种方法和手段，通过对员工进行教育和激励，调动员工的工作积极性和主观能动性，使其发自内心努力向上，完成工作任务。

（3）约束机制。约束机制是指对管理系统行为进行限定与修正的功能与机理，以确保管理系统正确运行，实现组织目标。古话说，无规矩不成方圆。如果一个组织放任自流，任其随意发展，就会逐步偏离组织目标，失去控制，最终造成不可挽回的损失。因此，建立有效的约束机制对于组织的平稳运行和健康发展来说至关重要。通常来说，约束机制包括权力约束，即合理利用权力对组织行为进行约束；利益约束，即以物质利益为手段，对运行过程施加影响并对运行过程中的利益因素加以约束；责任约束，即通过明确工作任务及责任人，限定或修正组织发展过程中的某些行为；社会心理约束，即社会运用教育、激励和社会舆论、道德与价值观等手段，对管理者及有关人员的行为进行约束。

（二）管理方法

管理方法是管理者在实施管理的过程中，为了确保组织能够平稳运行，工作任务能够顺利开展，组织目标能够如期实现，进而采取的一系列管理方法和手段的总称。通常来说，管理方法包括法律方法、行政方法、经济方法和教育方法。

1. 法律方法

法律方法是指运用法律来严格约束管理对象，实现管理目标的方法。法律是由国家制定或认可并以国家强制力保证实施的行为规范以及相应的社会规范，因而法律方法具有规范性、严肃性、强制性等特点。其优点是能够维护正常的管理机制，调节各种管理要素之间的关系；缺点是缺乏灵活性和弹性，同时还有一定的滞后性，不利于处理一些特殊问题和新出现的问题。

2. 行政方法

行政方法是指行政机构通过行政命令、条例、规定等手段，按照行政系统和层次，以权威和服从为前提，对组织进行管理的方法。行政方法通过行政组织中的职务、层级等来实现管理，强调职责、职权和职位，因而具有权威性、强制性、垂直性和具体性的特点。其优点是有利于管理的集中统一，有利于强化管理所发挥的作用，有利于处理特殊问题；缺点是容易引起被管理者的对立情绪，并且持续效果不佳。

3. 经济方法

经济方法是指组织根据客观规律，运用各种经济手段调节不同经济主体之间的经济利益关系，以提高经济效益与社会效益的管理方法。例如，宏观经济管理中的有关税收、信贷、价格机制等方面的方法都属于经济方法。经济方法具有利益性、间接性、有偿性等特点。其优点是能够充分调动组织成员的积极性和主动性，有利于组织提高经济效益和管理效率；缺点是具有一定的盲目性和自发性，且管理者可能会将关注点过于集中于经济指标，影响长期效益的提高。

4. 教育方法

教育方法是指组织根据一定的目的和要求，运用一定的社会学和心理学原理，对被管理者进行有针对性的教育、激励和沟通，调动其积极性，使之能够自觉地根据组织目标去调节自身行为的管理方法。常见的教育方法有宣传、思想沟通、精神奖励等。教育方法具有长期性、内生性和自觉自愿性等特点。其优点是能够深层次激发组织成员持久的工作热情和积极性；缺点是缺乏强制性的约束，主要依靠组织成员的意识，实施过程中容易受到其他因素的干扰。

二、管理环境

（一）管理环境的含义

任何组织都是一个开放的系统，因此，组织必须依赖于一定的内外部环境才能生存和发展。管理环境是指存在于组织内部和外部，影响管理实施和管理效果的各种力量、条件和因素的总和。组织的运营、发展、各项管理工作和管理成效会受到内外部环境的影响，反过来组织的发展也会影响其所处的环境。

（二）管理环境的特点

通常来说，管理环境具有客观性、整体性、动态性等特点。

客观性是指管理环境是客观存在的，有着自身的运行和发展规律，不以组织管理中人们的主观意志为转移，客观地制约着组织的管理活动。影响组织生存和发展的各种自然和社会条件，是管理系统赖以存在的物质基础，对于管理主体来说是一种客观存在。

整体性是指管理环境是一个系统，是管理系统赖以生存和发展的各种要素的总和。凡是可以对管理系统产生影响的各种条件和要素，都属于管理环境的范畴。

动态性是指管理环境是不断变化的，影响管理环境的各要素、环境结构等会随着组织的发展不断分离又不断整合，呈现出动态变化的状态。因此，管理环境总是处于不断运动变化之中。

（三）管理环境的分类

管理环境一般分为外部环境和内部环境。

1. 外部环境

外部环境是指存在于组织外部，从外界影响组织管理活动的各种因素和力量的总和。外部环境通常又可以分为宏观环境和微观环境。

宏观环境又称一般环境，对任何组织都会产生影响，包括政治环境、经济环境、社会环境、文化环境、技术环境、自然环境等。

微观环境又称具体环境，是与某一具体组织直接相关，并对该组织的发展直接产生影响的具体因素的总和，包括上下游的供应商与合作商、客户、竞争者等利益相关者。

【课堂讨论 1-6】

在宏观环境中，哪一方面的因素对组织的影响最大，为什么？

2. 内部环境

内部环境是存在于组织内部，从内而外影响组织运转和发展的各种因素的总和，包括人力、财力、物力、组织文化、信息技术等。内部环境决定了组织的发展模式和管理方法，在很大程度上会影响组织的管理成效。

【知识链接 1-7】

管理环境的 4 种形式

在组织面临的管理环境中，依据环境构成的复杂性和变动程度的不同，可以将组织环境划分为 4 种状况（见图 1-6）。

组织的经营方向和产品范围不同，所面临的管理环境也不一样。一般来说，标准化经营的企业通常面临简单且稳定的环境，如标准容器制造商、饮料生产企业、啤酒经销商等。而像医院、大学、保险公司和汽车制造商等组织就处于复杂且稳定的环境中。玩具制造商、服装加工厂等组织通常处于动荡且简单的环境中。电子行业、计算机软件公司、电子仪器制造商等组织则处于动荡且复杂的环境中。

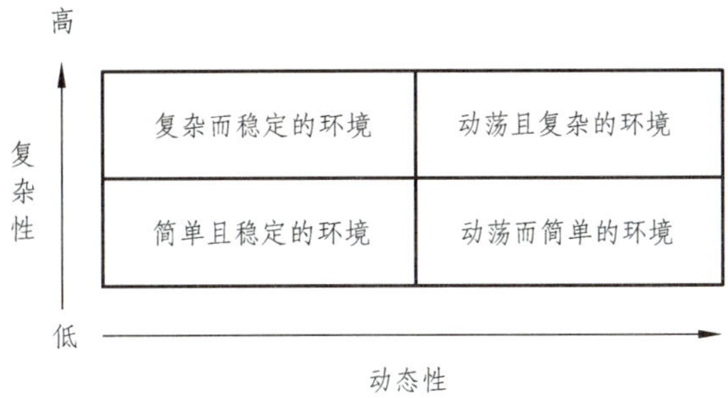

图 1-6　管理环境的 4 种形式

三、管理环境分析

（一）外部宏观环境分析——PEST 分析

PEST 分析法一般针对的是组织面临的宏观环境分析。宏观环境分析主要包括 4 个方面，即政治环境、经济环境、社会环境、技术环境。组织在生存和发展的过程中，必然会受到周围环境的影响。因此，了解所处的宏观环境，能动地适应环境，是组织发展壮大的保障。

1. 政治环境

政治环境是指组织所面临的影响和制约其发展进程的各种政治因素及其所形成的环境系统，主要包括政治制度、政治体制、政治稳定性、政策法规等。政治环境对组织的发展有重要作用，组织能做什么，不能做什么，该如何做等，都会受到政治环境的影响和制约。因此，分析和理解组织所面临的政治环境至关重要，组织的行为要符合政治环境的要求，保证其合理、合法、合规运行。

2. 经济环境

经济环境是指影响企业战略决策和发展方向的各种经济变量和经济政策，主要包括国民经济、国家和地方经济发展情况、通货膨胀水平、市场机制、城乡居民收入水平等。经济环境是影响一个组织发展的重要因素，既可能给组织的发展带来难得的机遇，也可能带来巨大的挑战。因此，组织在发展过程中要注意识别机会，把握机遇，始终紧跟经济发展的浪潮。

3. 社会环境

社会环境是指组织发展所面临的各种社会因素所形成的环境系统，主要包括人口数量、年龄结构、就业情况、受教育程度、价值观、风俗习惯、社会文化氛围等。社会环境会对组织的发展带来潜移默化且较为深远的影响，有时甚至会决定组织发展的风格，给组织带来质的影响和改变。因此，组织要高度重视社会环境，积极利用有利的一面，尽量规避可能的风险或不利影响。

4. 技术环境

技术环境是指影响企业运营和发展的各种科技要素和力量，主要包括科技水平、科技力量、科技体制、科技政策等。技术的迭代更新给组织的发展带来了革命性的改变，技术的进步对于组织的硬件设施、软件条件、人员技能和素质都产生了新的更高的要求。如果一个组织能够抓住技术环境变化的机遇，就能够使其整体综合实力有质的提升，否则，将可能被社会所淘汰。因此，组织一定要密切关注所面临的技术环境，积极探索和利用新的技术力量，使组织立于不败之地。

（二）外部具体环境分析——波特五力模型

组织在经营和发展的过程中，不仅受到外部宏观环境的影响，同时还受到与组织切身利益相关的具体环境的影响。这就要求组织要能够深入分析和了解所处的具体环境，根据变化及时调整战略和管理方式，使其能够经受住环境变化带来的挑战。常见的具体环境分析方法是由美国学者迈克尔·波特提出来的波特五力分析模型（见图 1-7）。对于一个组织来说，这 5 种力量的影响在不同时期对于组织的发展来说是不一样的，但 5 种力量均会对其发展产生重要影响。合理利用 5 种力量带来的影响，能够使组织发展处于有利地位，否则，组织将面临发展困境。

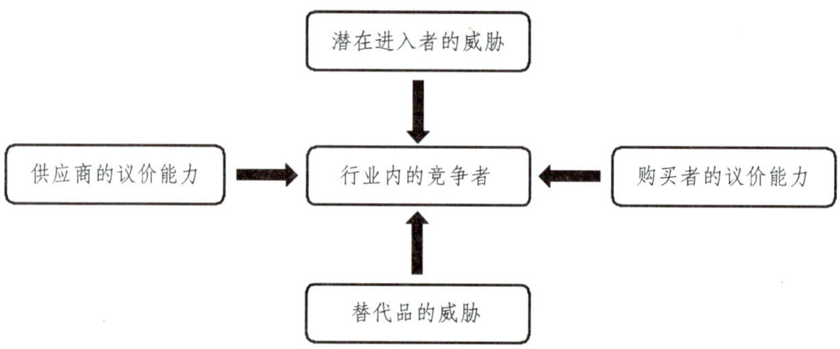

图 1-7　波特五力模型

1. 供应商的议价能力

组织要生存和发展，必然涉及与供应商之间的合作。供应商议价能力的高低主要取决于其所提供给上游买方的要素的价值高低。如果供应商所提供的生产要素对于买方的生产经营过程来说非常关键，数量巨大，甚至可能严重影响买方制造产品或提供服务的质量时，供应商对于买方的潜在讨价还价的力量就大大增强。通常来说，影响供应商议价能力的因素包括：市场上是否存在其他货源，其他同类供应商数量的多少，买方寻求其他供应商的成本高低等。

2. 购买者的议价能力

组织生产制造出的产品或服务需要有购买者购买，才能转换为经济价值。因此，组织与购买者联系密切。购买者的议价能力体现在其在购买产品或服务时压价或者同等价格下要求卖方提供更高质量的产品或服务的能力。一般来说，如果购买者具备了这些能力，则可能具有较强的讨价还价的能力：① 购买者总数多且单个购买者的购买量大，占据卖方销售量很大比例；② 购买者购买的产品或服务是标准化生产的，市场上还有很多其他供应商，因此购买者转向其他供应商的成本较低；③ 买方有能力实现向后一体化，而卖方不可能实现向前一体化。

3. 替代品的威胁

替代品是指使用价值相近，可以相互替代来满足人们需要的商品或服务。例如，当石油价格持续上涨时，人们会因为私家车交通成本的攀升转而使用电车出行，因为电力价格相对于石油价格来说更便宜。因此，石油价格和电力需求就是替代品。替代品的价格越低、质量越好，用户转而使用替代品的成本就越低，对于原有产品或服务的提供者来说威胁就越大。

4. 潜在进入者的威胁

对于一个开放的市场环境来说，组织随时会面临进入该行业的竞争者的威胁，这些竞争者被称为潜在进入者。潜在进入者进入该市场后，会带来新的生产力并挤占原有的市场份额，对原有市场的经营者产生威胁。如果一个市场比较容易进入，则对于原有市场经营者构成的威胁就越大，反之则越小。进入门槛的高低主要取决于规模经济、产品差异、政府行为与政策、地理位置、自然资源分布等因素。

5. 行业内的竞争者

大部分行业中的同类组织都不止一个，这必然导致组织之间产生相互竞争的关系，常常表现在价格、商品或服务质量、售后服务等方面。只有具备更强、更大的优势，组织才能在激烈的竞争中脱颖而出。

（三）内外部综合环境分析——SWOT 分析

在内部环境和外部环境之中寻求发展机遇，与战略目标之间达到动态平衡，是每个组织都在追求的目标。组织要善于利用自身优势，抓住机遇，抢占先机；同时，取长补短，规避风险。这就涉及组织内外部环境的分析，通常采用的方法是 SWOT 分析法。SWOT 分析法，也称态势分析法或道斯矩阵，其内容包含：优势（Strength）、劣势（Weakness）、机会（Opportunity）、威胁（Threats）（见表 1-2）。

表 1-2　SWOT 分析模型

因素	内容描述
优势（S）	一个组织超越其竞争对手的能力，或者组织所特有的能提高其竞争力的因素
劣势（W）	一个组织所缺少或做得不好的方面
机会（O）	影响组织战略制定和发展的重大因素，能给组织带来巨大成长和前景的因素
威胁（T）	组织面临的外部环境中，对于组织发展来说不利，会对其原有经营地位和未来发展空间产生威胁的因素

在 SWOT 分析的 4 个因素中，优势和劣势针对的是组织的内部环境，而机会和威胁针对的是组织所面临的外部环境。深入分析和了解组织所面临的内外部环境，有助于组织积极发挥自身优势，克服困难，迎接挑战。

任务四　实用的管理原理

实用的管理原理

课前导学任务单

<table>
<tr><td>项目名称</td><td colspan="2">项目一　走进管理</td></tr>
<tr><td>任务名称</td><td colspan="2">任务四　实用的管理原理</td></tr>
<tr><td>任务导入</td><td colspan="2">管理原理是指导人们进行管理实践的重要理论依据。不同的管理原理有其特定的内涵及适用情境。常见的管理原理包括人本原理、动态原理、权变原理和系统原理等。那么，这些管理原理分别指的是什么？有什么内涵？该如何运用于实践</td></tr>
<tr><td rowspan="3">任务目标</td><td>知识目标</td><td>理解人本原理、动态原理、权变原理和系统原理</td></tr>
<tr><td>能力目标</td><td>能够运用常见的管理原理分析和解决实际问题</td></tr>
<tr><td>素质目标</td><td>1. 树立以人为本、用系统和发展的眼光看问题的意识。
2. 培养一切从实际出发，遵循客观规律的意识。
3. 培养思辨意识，提高使命感和责任感</td></tr>
<tr><td>任务准备</td><td colspan="2">1. 查阅资料，了解不同的管理原理是如何在管理实践中体现的。
2. 将本任务知识要点以思维导图的方式提炼和归纳</td></tr>
</table>

知识要点

原理是事物运行的某种客观规律，反映事物的实质和运动的基本规律。管理原理是经过大量实践，对管理工作的实质内容进行科学分析后，总结形成的理论，是对管理现状、管理现象的抽象和概括，是对管理制度和管理方法的高度综合与凝练，对一切管理活动具有普遍的指导价值。

一、人本原理

（一）人本原理的含义

人本原理，就是以人为本的管理原理。它要求一切管理均以调动人的积极性，做好人的工作为根本，强调人的主观能动性，力求实现人的全面、自由发展。人本原理认为，组织是以人为主体组成的，要依靠人进行生产经营活动，并且是为了人的需要而进行生产经营活动的。其实质就是充分肯定人在管理活动中的主体地位和作用。同时，激励、调动和发挥员工的积极性、创造性，引导员工实现预定的目标。

（二）人本原理的实践意义

1. 动力管理

作为管理者，每当组织中出现低效率、低士气、无秩序等问题时，首先需要检查的就是推动工作进行的动力是否充足。根据人本原理，在实践中，管理者应根据组织目标，合理运用组织行为学和现代心理学的方法，调动组织成员的积极性，提高其工作动力和管理效率。通常来说，可以通过个性化发展、环境创设、共同成长等方式来提高组织成员的动力。

个性化发展要求管理者要充分了解每一个组织成员，根据其能力和职责安排合适的岗位，配置相应的资源支持，有针对性地对其进行教育培训，充分尊重组织成员的个性和潜质，充分考虑其长远发展。环境创设主要是指为组织成员创设全面发展的场所，引导其充分释放潜能。所创设的环境不仅包括物质环境，也包括精神环境。营造良好的组织文化氛围和人际交往氛围，往往能从内心激发组织成员的工作动力。共同成长主要是指组织成员的发展要与组织本身的战略目标相一致，在发展过程中个人和组织分享共同的价值理念、道德规范和行为准则，实现个人和组织同频共进。组织成员的发展要依托组织本身，否则就无法为组织发展提供源源不断的动力。

2. 柔性管理

管理方式从大的方面来说可以分为刚性管理和柔性管理。刚性管理主要依靠的是组织的制度和领导职权，通过强制手段实现对组织成员的管理。如果刚性管理使用不恰当，容易引起成员的反感和抵触。而柔性管理则相反，在尊重组织成员心理需求和行为规律的基础上，通过人性化的工作方式和管理思维，实现对成员的管理。柔性管理没有统一的规范标准，而是根据组织成员的具体情况进行民主管理、自我管理和文化管理。柔性管理，能在组织成员中潜移默化地产生一种影响力，从而把组织的意志变为组织成员的自觉行动。

3. 激励管理

激励管理主要是指通过不同的激励方法，持续提高组织成员的工作动力，为组织创造价值。通常来说，激励主要包括物质和精神两个方面。物质激励和精神激励相结合，可以满足成员不同层次的需要，提高其主观能动性。此外，管理者还需要注意，在激励过程中不断完善激励机制，以正向激励为主，将正向激励和负向激励相结合，有奖有罚，赏罚结合。

【知识链接 1-8】

吉利集团的人才理念

浙江吉利控股集团始建于 1986 年，1997 年进入汽车行业，是一家一直专注实业，专注技术创新和人才培养，不断打基础练内功，坚定不移地推动企业转型升级和可持续发展的汽车集团，也是全球汽车品牌组合价值排名前十中唯一的中国汽车集团，连续 11 年进入《财富》世界 500 强（2022 年排名 229 位）。

集团聚焦于员工关爱的各类场景，致力于员工工作的绝佳体验。除了完善的福利保障和文化活动，集团还独创了吉利人才森林理论，成为其践行以人为本管理理念的典范，为集团可持续发展提供了坚实的人才保障。通过引进外部高端人才，形成人才大樟树，并提供良好的阳光雨露环境，使其扎根吉利。通过内部培养，形成一棵棵人才小树苗，让大樟树带动小树苗一起成长，最终共同成长为有高有低、有大有小，具有强大的生命力和生态调节功能的吉利人才森林。从外向内看，通过企业的发展战略及优秀的企业文化，实现全球人才集聚，让外部"大樟树"看见吉利的平台和空间。从内向外看，通过"内生型人才培养"机制及有竞争力的激励体系，激发员工活力与创造力，让内部"小树苗"看得见自己的成长成才。正是这样的人才理念，吉利控股集团才能在激烈的市场竞争中站稳脚跟，不断发展，成为中国汽车制造业里一张响亮的名片。

（资料来源：吉利官网. 企业文化、人才理念[OL]. https://zgh.com/talent-concept/）

二、动态原理

动态原理是指任何管理系统由于受到多种因素的影响，处于不断发展变化中，管理者不能一成不变地看待组织目标和管理对象，要根据组织所处的内外部环境的变化，及时调整，保持充分的弹性，实现动态管理。动态原理认为管理是一个动态平衡的过程，要注意管理系统的动态特征，遵循在动态中进行管理。

动态原理的实践意义在于，在管理活动中要注意三大原则，分别是弹性原则、动态适应原则、信息原则。弹性原则要求在管理活动中，尤其是在商讨对策和制订计划过程中，要留有充分的余地，保有必要弹性，以应对可能出现的突发情况，提高环境变化的适应能力。动态适应原则要求组织要有创新意识和变革意识，不断完善管理行为与手段，能动地适应不断变化着的环境与情境。信息原则充分发挥信息的作用，正确、及时地掌握组织面临的内外部环境的变化，提前做出战略部署和安排，有效地进行调整与控制，以保证管理目标的实现。

【课堂讨论 1-7】

动态原理对于我们的学习、生活和工作来说，有什么样的启发和意义？

【知识链接 1-9】

改革求变，探索转型发展新路

随着电力市场化改革不断深入，国家能源集团四川发电有限公司产业结构不合理、体制机制僵化、员工队伍活力不足等问题逐步显现，经营亏损逐年加剧。经过系统梳理、深度剖析制约企业发展的问题，公司认识到了动态管理的重要性和改革的必要性，决心以壮士断腕的决心和勇气，深化改革，创新求变，闯出一条转型发展新路。

首先，深化改革，激发企业活力。调整优化产业结构，深化治理体制机制改革，深化劳动、人事和分配三项制度改革，增强公司综合实力，构建综合能源发展新格局，促进精益化管理，提升业务运营质量。

其次，公司开拓创新，提升运营质效。公司在安全管理、运营管理、亏损治理方面都采取了相应的措施。一方面，完善安全运营制度，构建安全经营文化；另一方面，通过"整体营销""智慧营销"等方式抓好电力营销和综合能源业务。此外，整合人力、设施设备等资源，探索成立检修、燃料、综合能源等专业化公司，培育新的效益增长点。

最后，公司主动求变，转变思想观念、工作作风。主动对标先进找差距，想办法克服困难、解决问题。倡导各级部门出实招、办实事、创实绩。在工作过程中既注重工作过程，也注重结果，严格督办检查、考核评价、追责问责，形成“安排工作—督促检查—过程管控—结果反馈”全过程闭环管理，保障公司各项工作落实见效。

正是因为公司不断践行动态管理原理，多措并举提高企业的发展实力和环境适应能力，才在困境中走出了一条光明的道路。

（资料来源：张平. 改革求变，探索转型发展新路[J]. 企业管理，2022（12）：76-77）

三、权变原理

权变原理又称管理情境论，是指根据不同情况和条件，因时因地地调整管理方法和手段。权变原理认为，管理没有特定的模式，也没有一成不变的管理方法，更没有“最好的、普遍适用的”管理理论和管理范式，一定要根据特定情境具体问题具体分析，因时因地，因人而异。

权变理论在实践中的应用非常广泛。例如，管理者在管理员工时，要根据不同员工的特质，安排合理的岗位和恰当的工作，做到人岗匹配，人尽其才，才尽其用。在设计组织结构的过程中，要根据组织的实际情况设计合理的层级和部门，确保组织结构的稳定性。同时，又要根据组织面临的内外部环境的变化，及时调整和完善组织结构设计，对于不适应环境变化的部门要及时撤销或合并，对于新出现的业务要及时组建新的生产线或部门，以此来提高组织的适应性。

值得注意的是，权变理论讲究的灵活和变化，并不是毫无章法的，也并不是完全摒弃原有的管理原则和管理思想的，而是在相应的管理原则和思想的基础上，根据具体实际合理地、有逻辑地采取相应的措施来提高管理成效。

【课堂讨论 1-8】

权变原理在实际中是如何体现的？请举出一个例子并进行分析。

四、系统原理

系统原理是指从系统论的角度出发，运用系统的观点、理论和方法对管理活动进行分析和指导，优化管理手段，达成管理目标。系统原理认为，管理系统中的各要素之间、管理系统与管理系统之间是相互联系、相互作用、相互制约的，在处理问题的过程中要有系统性思考和认识，避免片面的处理方法。

系统性原理主要有整体性、动态性、相关性、开放性等特点。整体性是指系统原理追求的是整体效益的最大化，而不是局部某个因素。管理成效是整个管理系统所有要素的共同作用，而不是这些因素的简单叠加，即整体效益大于部分之和。整体性决定着管理系统的生机与活力。动态性是指系统作为一个整体，以及系统内部各要素都处在动态的变化之中。管理者要用发展的眼光处理好组织运行过程中的各项问题。相关性是指管理系统与系统之间，管理系统内部各要素之间是相互联系、相互影响的，有时甚至可能产生牵一发而动全身的效果。

因此，管理者要处理好各要素之间的关系。开放性是指系统作为一个整体，对外是开放的，与其他管理系统交换物质、信息和能量。这样的交换能为组织发展带来新的活力和动力，促使组织不断前进。

【课堂讨论 1-9】

系统原理在实际中是如何体现的？请举出一个例子并进行分析。

【知识链接 1-10】

基层思维

基层思维是指基于基层岗位的角色认知和对环境的适应与认同所形成的固有思维模式。基层思维有以下两个特点：

第一，工作也好，任务也罢，做了就行了。做得怎么样？做的结果是什么？不重要，不关心。遇到困难怎么办？向上汇报比自己想办法解决更安全。第二，不闻窗外事，只干自己活。国家发生了什么大事，自己单位承接了什么任务，只要不是明确分配到自己的责权范围，一概不操心、不参与，自己该怎样还怎样。

基层思维的形成有一定原因。基层的工作大部分是执行类工作，不需要有太多突破，不需要承担更大责任，反而更需要安于角色，遵守规矩。加之工作中容易出现做出的成绩是负责人的，犯了的错却是办事人员的事情，以致人性中的自我保护功能启动，专为过程考虑，不为结果负责，慢慢形成了思维定式，变成了工作和生活的习惯。

我们很难快速改变环境及环境中的人，我们或困于生存的需要，或困于机会没有来临，但是一定要警惕“基层思维”的养成。因为它一定会束缚你的手脚，让你的人生停滞不前。

（资料来源：杨竟时根据真实经历改编）

知识巩固与技能提升

同步测试

项目二

PART TWO

了解管理思想

项目导入

纽曼公司的管理原则

纽曼公司的利润在过去的一年来一直在下降，而在同一时期同行们的利润却在不断上升。公司总裁杰克先生非常关心这一问题。为了找出产生利润下降的原因，他花了几周时间考察公司的各个方面。接着，他决定召集各部门经理开会，把他的调查结果和他得出的结论连同一些可能的解决方案告诉他们。

杰克说："我们的利润一直在下降，我们正在进行的工作大多数看来也都是正确的。比方说，推销策略帮助公司保持住了在同行中应有的市场份额。我们的产品和竞争对手的一样好，我们的价格也不高，公司的推销工作看起来是有成效的，我认为没必要改进什么。"他继续评论道："公司有健全的组织结构、良好的产品研究和发展规划，公司的生产工艺在同行中也占领先地位。可以说，我们的处境良好。然而，我们的公司却面临这样的严重问题。"

办公室内的每一个人都有所期待地倾听着。杰克讲到了劳工关系："像你们所知道的那样，几年前，在全国劳工关系局选举中工会没有取得谈判的权利。一个重要的原因是，我们支付的工资一直和工会提出的工资率一样高。从那以后，我们继续给员工提高工资。问题在于，没有维持相应的生产率。车间工人一直没有能生产足够的产量，可以把利润维持在原有的水平上。"杰克喝了点水，继续说道："我的意见是要回到管理的第一个原则。近几年来，我们对工人的需求注意得太多，而对生产率的需要却注意不够。我们的公司是为股东创造财富的，不是工人的俱乐部。公司要生存下去，就必须要创造利润。我在上大学时，管理学教授们十分注意科学管理先驱们为获得更高的生产率所使用的方法，这就是为了提高生产率广泛采用的刺激性工资制度。在我看来，我们可以回到管理学的第一原则去，如果我们工人的工资取决于他们的生产率，那么工人就会生产更多。管理学先辈们的理论在今天一样可以指导我们。"

（资料来源：周三多. 管理学[M]. 北京：高等教育出版社，2000）

请思考：

你认为杰克的解决方案怎么样？纽曼公司生产率低的原因还可能有哪些？科学管理理论在当今的管理实践中如何加以应用？

学习目标

知识目标	技能目标	素质目标
1. 了解并正确认识中国古代、现代管理思想的精神内涵。 2. 掌握西方传统和现代管理思想、理论的形成及内容，加强对管理原理的认知。 3. 掌握各种现代管理理论的基本内容，正确认识管理思想新发展及未来发展趋势，加强对管理思想、管理理念、管理实践和当下管理热门话题的了解	1. 具备独立思考的能力。 2. 初步培养运用管理思想解决现实问题的能力。 3. 培养与他人沟通的能力。 4. 具备搜集与处理信息的能力	1. 培养创新意识与创新管理的能力。 2. 培养自我学习的能力。 3. 培养获取知识、利用知识的能力。 4. 培养辩证思考的管理智慧

思维导图

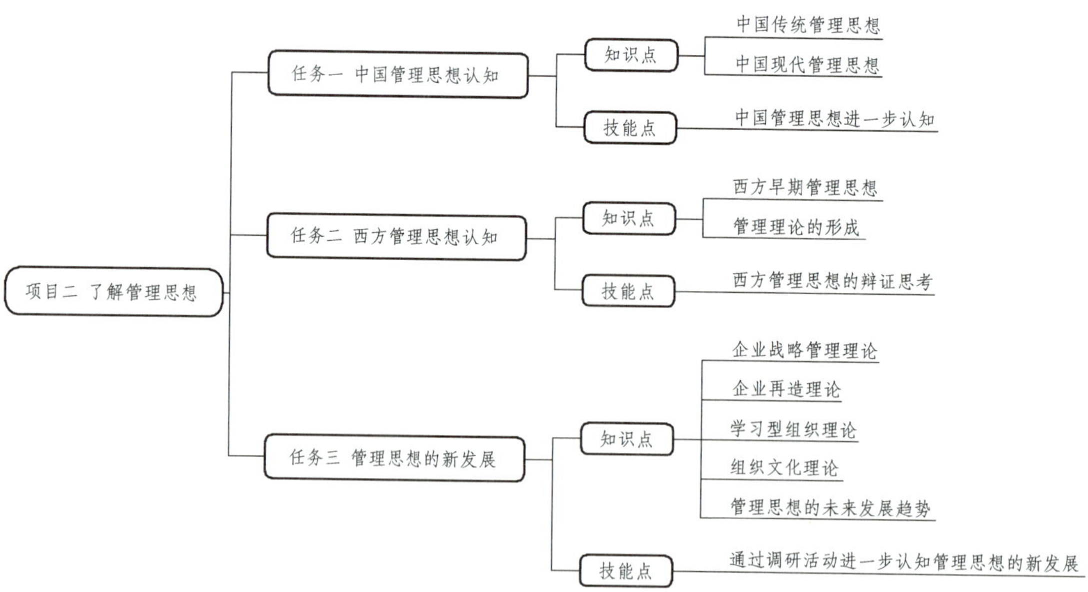

任务一　中国管理思想认知

中国管理思想

课前导学任务单

<table>
<tr><td>项目名称</td><td colspan="2">项目二　了解管理思想</td></tr>
<tr><td>任务名称</td><td colspan="2">任务一　中国管理思想认知</td></tr>
<tr><td>任务导入</td><td colspan="2">中国历史悠久，文化深厚，管理思想更是源远流长，影响深远。那么，中国传统管理思想的主要代表有哪些？这些代表人物的主要观点是什么？现代管理思想的管理精髓是什么？学习中国传统管理思想对于我们今天开展管理工作有什么借鉴意义</td></tr>
<tr><td rowspan="3">任务目标</td><td>知识目标</td><td>1. 理解中国传统管理思想的主要观点和发展历程。
2. 掌握中国现代管理思想的发展背景和内容。
3. 了解中国管理思想未来发展趋势</td></tr>
<tr><td>能力目标</td><td>1. 能够运用中国管理思想和智慧解决管理实践问题。
2. 具备思辨能力、分析能力和问题解决能力</td></tr>
<tr><td>素质目标</td><td>1. 厚植爱国主义情怀和家国情怀，坚定文化自信。
2. 培养对中国优秀传统文化的认知，增强民族文化认同感。
3. 感知中国优秀管理文化对于促进国家发展、民族团结和社会和谐的重要性</td></tr>
<tr><td>任务准备</td><td colspan="2">1. 搜集中国传统和现代经典管理名言及管理故事。
2. 了解身边的企业运用了哪些优秀的中国管理思想。
3. 将本任务知识要点以思维导图的方式提炼和归纳</td></tr>
</table>

知识要点

一、中国传统管理思想

中国作为一个具有五千多年灿烂文明的国家，其深厚的文化内涵孕育了丰富的管理思想。这些管理思想涵盖了政治、经济、军事、建筑等各个领域，其内容包括国家治理、人事管理、生产经营、财政税收、军事指挥等方面，中国传统管理实践的运用对现代管理理论的产生和发展有着深远的影响。中国传统管理思想的主要代表有：

（一）儒家的管理思想

儒家思想的代表人物是孔子、孟子和荀子。儒家思想在中国封建社会作为治国理政的正统思想一直延续了两千多年。儒家思想可以概括为 3 个方面：一是“仁”。“仁”是儒家思想的核心，主张以人为本，提倡“仁政”和“德治”。“为政以德”要求统治者以身作则，勤于政务，爱护百姓。在现代管理中，只有切实贯彻“仁”的思想，才能广纳贤才，凝聚人心。二是“礼”。《论语》中“礼之用，和为贵”，“礼”指典章制度和道德规范，“和”指调和、和谐、协调。儒家思想强调，施行“礼”的目的在于维护宗法等级制度，是治国之本。礼的本质则是“和”，提倡相互扶持，从而形成统治阶级和谐有序的管理秩序。求大同，存小异，努力协调各方面的利益和要求，从而达到整体的协调与和睦，这是中国社会长期稳定的重要文化支柱。儒家思想“礼”的提出，为我们今天遵守社会秩序、构建和谐有序的社会环境提供了根本遵循。三是“中庸”。中庸之道作为儒家经典思想之一，强调“中不偏、庸不易”“天人合一”“修身、齐家、治国、平天下”。儒家的这些经典思想意指做人应当持之以恒，不轻易更换自己的目标，以个人修养为基础，从自我管理开始，先治理好家庭，进而实行仁政德治，治理好国家，求得天下太平。体现了由个人的修养开始到家庭的管理再到国家的治理，逐层演进，相互印证，这是中国古代儒家管理思想的重要道德政治观。

（二）道家的管理思想

道家思想的代表人物是老子和庄子。道家思想作为中国传统管理思想的重要组成部分，主张“道法自然”“无为而治”，即要求统治者须遵循客观规律，顺应自然，与自然和谐相处，在国家治理上应清静无为，与民休息，不扰民为治政之要。个人则强调“守柔”，保持柔软谦和的态度。道家思想不仅强调培养自身的修为，在国家治理方面也发挥着重要作用。西汉初年，文景二帝笃信“黄老之学”，采用道家治世之学治理国家，采取轻徭薄赋，劝课农桑，与民休息等政策，使生产力得到了极大的恢复，为汉武帝征伐匈奴奠定了坚实的基础。

（三）法家的管理思想

法家思想的先驱可追溯到春秋时期的管仲、子产，实际创始人是战国时期的李悝、商鞅、申不害等人。而法家思想的集大成者是战国末期的韩非子，他建立了完整的法制理论，提出了“法”“术”“势”三者紧密结合的治国方略。法家思想试图通过法律方法和制度建设等手段建立起国家多元化的管理模式，形成秩序规范的法治国家。在内容上，首先是“崇君制”。法家思想推崇君主专制，维护最高统治者权威，通过维护君主制，达到树立权威、施行法律的目的。其次是“倡法制”。在崇君制的基础上，法家思想主张行法制，“不别亲疏，不殊贵贱，一断于法”，即不分别关系的亲疏，不区分地位的尊卑，一切皆由法律来判别。韩非子认为，法制乃治国之根本，治理国家要循法而治，以法为教，惟法为治。最后是“施刑治”。法家思想认为，推行法制的手段是以刑推法，用严刑重罚。主张赏罚结合，赏罚得当。韩非子认为：“夫严刑者，民之所畏也；重罚者，民之所恶也。故圣人陈其所畏以禁其邪，设其所恶以防其奸，是以国安而暴乱不起。”即严明的刑罚是百姓所畏惧的；严厉的惩罚是百姓所厌恶的；所以圣人设置刑罚来禁止奸邪，设置重罚来防止奸邪，因此，国家安定而暴乱就不会发生。在法家思想中，崇法治、强刑治等管理思想对如今建设法治国家仍有借鉴意义。

（四）墨家的管理思想

墨家思想的主要代表人物是墨子。墨家作为诸子百家的重要学派之一，其管理思想在中国传统管理思想中占据重要地位。墨子主张“兼爱”“非攻”“尚贤”“尚同”“节用”等观点，试图打破尊卑贵贱的等级制度，构建平等博爱的理想社会。墨家提出“兼相爱，交相利”，即不分亲疏、贵贱、贫富，人人相爱、交互得利。以“尚贤”“尚同”“节用”作为治国之法，即以贤良才能的人为尚，知人善任，统一思想，政令畅通，以民为本，反对侵略战争。墨家所提出的管理思想，是今天构建和谐社会的重要文化渊源之一。

【知识链接 2-1】

秦昭襄王五跪得范雎

千秋基业、人才为本，人才是国家强盛的根本，而人才的引进，并不容易做到。

秦昭襄王雄心勃勃，欲一统天下，在引才纳贤方面彰显了非凡的气度。范雎原为一隐士，熟知兵法，颇有远略。秦昭襄王驱车前往拜访范雎，见到范雎便屏退左右，跪而请教：“请先生教我。”但范雎支支吾吾，欲言又止。于是，秦昭襄王第二次跪地请教，且态度更加恭敬，可范雎仍不语。秦昭襄王又跪，说：“先生真的就不愿意教寡人吗？”这第三跪打动了范雎，道出自己不愿进言的重重顾虑。秦昭襄王听后，第四次下跪，说道：“先生不要有什么顾虑，更不要对我怀有疑虑，我是真心向您请教的。”范雎还是不放心，就试探道：“大王的用计也有失败的时候。”秦昭襄王对此指责并没有发怒，并领悟到范雎可能要进言了。于是，第五次跪下说“我愿意听先生教诲”，言辞更加恳切，态度更加恭敬。

这一次范雎也觉得时机成熟，便答应辅佐秦昭襄王，帮他统一六国。后来，范雎鞠躬尽瘁，辅佐秦昭襄王成就了霸业。而秦昭襄王这一举动也被后人所赞誉，成为后世引才纳贤的楷模。

【课堂讨论 2-1】

中国传统管理思想对现今的企业管理者在企业治理上有何启示？

二、中国现代管理思想

在过去的 100 多年里，中国管理思想经历了前所未有的变革，从幼稚走向成熟，从片面走向全面，从传承走向创新。中国现代管理思想按照时间划分，大致可以分为以下 3 个阶段：

（一）辛亥革命至新中国成立前的管理思想

第一次鸦片战争结束后，中国逐步沦为半殖民地半封建社会，资本主义商品流入中国，“中学为体，西学为用”的洋务运动悄然兴起，民族资本主义开始发展。随着中日甲午战争的失败，封建传统管理思想走向没落。以孙中山为代表的革命派试图通过资产阶级革命推翻清朝统治，发展民族资本主义经济，进而推动中国的政治与经济现代化发展。孙中山的管理思想主要侧重社会革命，其基本理念与主张包括“三民主义”“五权宪法”和“三大政策”。孙中山领导的辛亥革命开启了思想进步和民族觉醒的大门，是中国现代管理理论的开端。

辛亥革命结束了封建帝制，但未摆脱半殖民地半封建社会的本质。中华民国成立后，伴随着政治的动荡和复辟帝制的闹剧，思想界出现了复辟、复古的逆流，进而引发了知识分子对中国前途命运的担忧。随着宣传民主、科学的新文化启蒙运动的进一步兴起，马克思主义的输入与传播对中国社会政治思想和学术思想产生了积极影响，促进了与中国工人运动的结合，为中国共产党的诞生准备了阶级和思想基础，推动了中国现代管理思想的进步。

【知识链接 2-2】

孙中山的民主思想

"三民主义"是孙中山所倡导的民主革命纲领，是民主思想的精髓和高度概括。三民主义由民族主义、民权主义和民生主义组成。

"五权宪法"是孙中山于 1906 年 12 月在日本东京举行中国同盟会机关报《民报》创刊周年庆祝大会上提出的，即行政、立法、司法、考试、监察五权分立。孙中山在参考欧美资本主义国家立法、行政、司法三权分立的制度基础上，结合中国封建传统考试制度和御史监察制度，提出革命成功后的中华民国宪法将实行行政、立法、裁判、考试、监察五权分立制度。

"三大政策"是孙中山在苏联共产国际和中国共产党帮助下，于 1923 年年底召开中国国民党改组会议，确定的联俄、联共、扶助农工三大政策。

（二）新中国成立后至改革开放前的管理思想

新中国的成立，标志着新民主主义革命的结束和中国式社会主义革命的开始，结束了半殖民地半封建社会的屈辱历史。1949—1956 年是新民主主义向社会主义转变的过渡时期，这一时期的主导思想是逐步实现国家的社会主义工业化，逐步实现国家对农业、手工业和资本主义工商业的社会主义改造。1956 年毛泽东在《论十大关系》中提出："要把国内外一切积极因素调动起来，寻找一条适合我国情况的建设社会主义的路线。"这一时期，中国开始大规模引进和创新西方的科学管理理论，进行了符合中国特色的管理思想经验探索和创新，如大庆经验、工业七十条等。1953—1965 年，这一时期企业管理的特点是在全面引进苏联企业管理特点和方法，实行科学管理的基础上，探索适合我国生产力发展的企业管理道路。新中国成立至改革开放前，管理理论经历了由引进到艰难探索再到自主创新的发展历程，促进了工农业和整个国民经济的发展，以建设现代化和管理科学化为基本内容的中国现代管理理论逐步展开并随之深化。

【课堂讨论 2-2】

老一辈无产阶级革命家探索中国前途命运的艰难过程，给我们今天的青年一代建设社会主义现代化强国带来什么启示？

（三）改革开放至今的管理思想

1978 年党的十一届三中全会召开，开启了以经济建设为中心，推进政治、经济、文化等体制变革的改革开放。政治体制改革方面：实行党政分开，下放权力，改革人事制度，加强社会主义法制建设。邓小平认为，改革的关键在于解决我们如何领导现代化建设，包括权力过度集中的问题。经济体制改革方面：把党和国家工作的重心转移到社会主义经济建设上来，提出“调整、改革、整顿、提高”的八字方针，调整束缚生产力发展的不合理经济体制，增强社会主义经济生机和活力。

在过去的40多年中，中国现代管理思想发生了深刻的变化。1993年十四届三中全会以后，我国进入社会主义市场经济时期，企业管理发生根本性变革，“产权清晰，权责明确，政企分开，管理科学”的十六字方针被确定为现代企业制度的基本特征。企业管理思想和目标更加符合市场经济的要求，企业的体制机制更加健全，企业管理手段更加趋向现代化。

随着改革开放的深入，政治管理思想、经济管理思想、社会管理思想、文化管理思想、教育管理思想等随着时代的发展不断更新完善。信息技术和计算机网络的应用更是推动了社会组织的现代化，现代管理方法在各行各业广泛运用。以“以我为主、博采众长、融合提炼、自成一家”为原则的现代管理理念正在形成。

【知识链接2-3】

袁宝华的管理思想

袁宝华（1916—2019年），经济学家、中国管理科学的创始人和奠基人之一。他认为管理科学不能停留在西方现代管理理论的圈子内，学习外国的先进经验要采取“以我为主，博采众长，融合提炼，自成一家”的方针。他指出“人的研究是一切管理的核心问题”“企业家的首要任务是学习”，提出企业家要坚持进行“十大修养”，不断提高自身素质，做清正廉明的企业经营者，永葆创业青春。

任务二　西方管理思想认知

西方管理思想

课前导学任务单

项目名称	项目二　了解管理思想	
任务名称	任务二　西方管理思想认知	
任务导入	在人类社会发展的漫长历史长河中，西方管理思想呈现出了蓬勃发展的态势并进一步形成了系统化的管理理论。那么，早期文明古国的管理思想有哪些？具体内容都包含什么？文艺复兴和近代资本主义的管理思想都包括哪些？科学管理理论、一般管理理论、行政组织理论和人际关系理论的具体内容又包括哪些？这些理论都有什么影响	
任务目标	知识目标	1. 了解西方早期的管理思想发展体系。 2. 理解西方管理思想的阶段性发展内容和特点。 3. 掌握古典管理理论的主要观点和具体内容
	能力目标	1. 能够分析不同管理理论的区别和联系。 2. 能够提炼西方经典管理理论的核心并运用其指导管理实践
	素质目标	1. 培养思辨意识，厚植爱国主义情怀，客观看待西方管理思想，取其精华，去其糟粕。 2. 培养管理思维和管理智慧，提升管理素养
任务准备	1. 思考古典管理理论代表人物观点的异同点。 2. 将本任务知识要点以思维导图的方式提炼和归纳	

知识要点

一、西方早期管理思想

管理活动伴随着人类集体劳动而产生，有人类的集体劳动必然产生对集体劳动的管理，进而形成管理思想。管理思想经过系统化的管理实践，产生了管理理论。西方的管理思想，从起源上讲，大多产生于古罗马、古埃及、古巴比伦、古希腊等文明古国的管理实践，它们在社会管理、经营管理、军事管理等方面曾有过辉煌的成就。西方早期管理思想大致分为以下 3 个阶段：

（一）早期文明古国的管理思想

1. 古罗马管理思想

古罗马之所以强大，很大程度上归功于卓越的组织制度。古罗马人实行将中央集权控制与地方分权管理相结合的连续授权制度，并在军队中实行行政授权与军事控制相结合的集权型等级制度，将军队划分为“10 人编制队”，是现代管理制度的雏形。古罗马卓有成效的组织管理，强化了中央集权统治，实现了统治欧洲和北非的宏图大业。

2. 古埃及管理思想

在国家管理方面，古埃及建立了一套以法老为最高统治阶级的中央集权专制政权。法老掌握国家的行政、司法、军事大权，把地方官员的权力统归于中央。地方官员失去了独立性，只执行法老的命令。由此形成了一套自上而下的权力运行规则，有了较为严格的国家管理体制。在组织协作方面，古埃及建造了世界七大奇迹之一的金字塔，动用 10 余万人，耗时 20 年，耗用上万斤（1 斤=0.5 千克）重的大石料 230 多万块才得以完成。这表明，这样庞大的工程，离不开出色的组织工作和合理的分工协作。

3. 古巴比伦管理思想

公元前 2000 年左右，古巴比伦国王汉谟拉比颁布了一部法典——《汉谟拉比法典》。它是世界上现存的古代第一部比较完备的成文法典。法典全文用楔形文字铭刻。由于法典是用楔形文字刻在石柱上的，所以又叫“石柱法”。《汉谟拉比法典》除序言和结语外，共有条文 280 多条，内容涉及诉讼手续、损害赔偿、租佃关系、债权债务、财产继承等，对各种职业、各阶层的人员在权、责、利关系方面给予了明确的规定，它更接近于一部民法和刑法。在工资报酬方面，古巴比伦实行刺激工资制度，比如：纺织厂中工人的工资是以实物形式进行支付的，其数额取决于每个人的工作量，这是最早的计件工资制。

4. 古希腊管理思想

在公元前 370 年，古希腊学者瑟诺芬曾对劳动分工做了这样的论述：“在制鞋工厂中，一个人只以缝鞋底为业，另一个人进行剪裁，还有一个人制造鞋帮，再由一个人专门把各种部件组装起来。一个人只从事这样一种有限范围的工作，所遵循的原则是：一个从事高度专业化工作的人一定能把工作做到最好。”古希腊在生产方面已经有了劳动分工、专业化的管理思想，这对于提高当时工人的熟练程度和工作效率具有重要意义，这与后来科学管理理论的创始人泰勒注重生产效率的管理思想非常接近。

（二）中世纪及文艺复兴时期的管理思想

15 世纪，当时世界上最大的兵工厂——威尼斯兵工厂，占地 60 英亩（1 英亩=4 046.86 平方米），雇佣工人 1 000 余人。其主要管理思想包括：采用了类似于现代装配线的生产制度，即最早的流水作业。设立专门存储材料的仓库，准确核算材料价值，节约成本和时间，即早期的成本会计制度。划分操作员、计时员和管理人员分别负责不同的事项，即进行了管理分工。威尼斯兵工厂的运作模式是现代管理思想的最早实践。

15 世纪，现代会计之父——卢卡 · 帕乔利在《论算术、几何、比例和对称》（又称《数学大全》）一书中，重点论述了“复式簿记”，即现代复式记账法的雏形：会计工作中对每一项经济业务按相等金额在两个或两个以上有关账户相互对应的同时进行登记的记账方法。卢卡·帕乔利建立了世界上最早的簿记准则，这是对会计工作最早的系统论述，推动了现代会计的发展。

14—16 世纪的文艺复兴运动冲破了封建思想、封建制度和封建教会的束缚，是一次具有划时代意义的人类思想大解放，弘扬了人文主义精神，使自然科学、人文科学得到蓬勃发展，为资产阶级进行工业革命创造了条件，为近代科学的发展奠定了基础，为管理思想的进步开辟了新的境界。

（三）近代资本主义早期的管理思想

18 世纪到 19 世纪，西方国家进行了产业革命，欧洲成为世界经济的中心。随着资本主义的发展，机器化大生产和工厂制普遍出现，家庭手工业制的主导地位逐渐被工厂制所取代。工厂管理变得更加复杂，已有的知识经验和生产方式已经不能适应管理要求，一些思想家对此进行了探索，代表人物有亚当·斯密、罗伯特·欧文、查尔斯·巴贝奇等（见表 2-1）。

表 2-1　亚当·斯密、罗伯特·欧文、查尔斯·巴贝奇管理思想简介

代表人物	管理思想简介
亚当·斯密	亚当·斯密是英国古典政治学的建立者。他在 1776 年出版的《国民财富的性质和原因的研究》（简称《国富论》）中，分析了劳动分工的经济效益，提出生产合理化的概念，论证了资本主义制度比封建制度更能促进财富的增长。他认为，每个人都是利己的“经济人”，都在追求自身利益的最大化。他认为商品的价格应该由市场来决定，是经济自由主义的倡导者
罗伯特·欧文	罗伯特·欧文是英国空想社会主义者、杰出的企业家。他的管理思想是基于“人是环境的产物”这一观点展开的，他认为好的环境可以使人形成良好的品行，坏的环境则使人形成不好的品行。他在担任一家工厂的总经理时主动缩短工人的劳动时间，改善福利条件，提高工资，为工人创造尽可能舒适的工作环境；设立幼儿园和模范学校，创办医院，致力于以工厂为中心的社区化社会改革。他提出人本管理的思想，重视人在工业生产中所起的作用，被称为“现代人事管理之父”。这些超前的理念和实践为后来行为科学理论的产生奠定了基础
查尔斯·巴贝奇	查尔斯·巴贝奇是英国杰出的数学家、发明家，是科学管理的先驱者。他试图借用机器的力量来帮助人们整理和分析大量的信息，初次想到用机械来计算数学表，并制造了一台小型计算机。1832 年他发表了著作《论机械和制造业的经济》，进一步发展了亚当·斯密关于劳动分工的利益思想，分析了分工能提高劳动生产率的原因，具体包括：劳动分工节省了学习时间和材料消耗；节省了工序转移时间；使肌肉得到锻炼，不易引起疲劳；提高了技术熟练程度，加快了工作速度；有利于发现问题，及时改进工具和机器。在劳资关系方面，他强调劳资协作对于提高劳动生产率具有重要作用。巴贝奇在管理思想方面的贡献，为后来古典管理理论的形成提供了思想依据

【知识链接 2-4】

“经济人”假设

“经济人”又称“理性—经济人”“实利人”“唯利人”。这种假设最早是由英国经济学家亚当·斯密提出的。他认为人的行为动机的根源是经济诱因，人都要争取最大的经济利益，工作是为了取得经济报酬。为此，需要用金钱与权力、组织机构的操纵和控制，使员工服从并为之效力。这种假设起源于享乐主义，再经 19 世纪“合理主义”的影响而形成。此假设认为，人的一切行为都是为了最大限度地满足自己的利益，工作是为了获得经济报酬。

【课堂讨论 2-3】

比较中西方传统管理思想的异同。

二、管理理论的形成

随着资本主义工业的发展，古典管理理论伴随着管理实践的深入而产生和发展。从 19 世纪末到 20 世纪 30 年代，管理强调研究方法的理性和科学性，致力于将组织建设成为有效率的运行机器，这一时期是古典管理理论的形成阶段。古典管理理论包括泰勒所倡导的“科学管理理论”、法约尔提出的“一般管理理论”、韦伯提出的“行政组织理论”。古典管理理论的产生标志着管理作为一门科学已经形成。随着古典管理理论的深入实践，梅奥在总结“霍桑试验”的基础上形成了“人际关系理论”，开辟了管理理论的新阶段。

（一）科学管理理论

泰勒进行了 3 项著名的搬运生铁试验、铲子试验和金属切削试验，创立了科学管理理论，具体内容如表 2-2 所示。

表 2-2　泰勒的科学管理理论

要素	内容	
泰勒人物简介	泰勒出生于美国费城一个富有的律师家庭，当过学徒、机械工人、车间管理员、小组长、工长、技师、制图主任和总工程师。泰勒丰富的职业经历，使他有充分的机会去直接了解工人中存在的问题和工作态度，并看到了提高管理水平极大的可能性。泰勒对工人开展了一系列科学试验，一生大部分时间所关注的是如何提高生产效率。1911 年，泰勒发表了著作《科学管理原理》，标志着管理由经验上升为科学，奠定了科学管理的理论基础，正式形成科学管理理论。泰勒被后人称为“科学管理之父”	
科学管理理论的主要内容	1. 科学管理的中心问题是提高效率	泰勒认为，员工与雇主之所以出现矛盾，是因为双方没有明确日工作量是多少。要制定出有科学依据的工人的“合理日工作量”，就必须对工时和动作进行科学计算，据此规定出一个工人“合理的日工作量”，这就是所谓的工作定额原理。有了工作标准，效率提升了，工人多干多得，雇主多获得利润，实现了双赢

续表

<table>
<tr><th>要素</th><th colspan="2">内容</th></tr>
<tr><td rowspan="6">科学管理理论的主要内容</td><td>2. 能力与工作相适应的用人制度</td><td>泰勒认为，为了提高劳动生产率，必须科学地挑选“第一流的工人”，并对工人进行培训教育，使工人的能力与所承担的工作相匹配。“第一流的工人”是指具备相应能力并适合他所从事的工作，并且也愿意去从事该工作的人</td></tr>
<tr><td>3. 劳动方法的标准化</td><td>泰勒认为，要让工人掌握标准化的操作方法，必须用科学的方式对工人的操作方法、工具、劳动和休息时间等进行搭配，形成一种标准化的作业方式</td></tr>
<tr><td>4. 刺激性的差别计件工资制</td><td>泰勒认为，要调动工人的生产积极性，应当以标准定额为基础，以工人实际表现为依据，改变过去以估计和经验为依据的做法，实行有差别的刺激性的计件工资制度</td></tr>
<tr><td>5. 计划职能与执行职能相分离</td><td>泰勒认为，在合理分工的基础上，应明确管理人员和工人的职责，管理者负责制定科学的定额和标准化的操作方法，拟订计划并发布指示和命令，进行有效的控制。工人履行执行职能，严格按照计划定额、标准、操作方法与工具、领导指示等从事实际的操作活动，不得擅自改变工作计划，变原来的经验工作法为科学工作法</td></tr>
<tr><td>6. 建立职能工长制</td><td>泰勒认为，在传统的组织管理中，一个工长为了全面履行职责，需要具备专业技能、精力、判断力等全面的素质，一般人较难完成。建立职能工长制，将管理工作进行细分，使每个管理者只承担一项或两项管理职能。他设计出 8 个职能工长，代替原来的一个工长，其中 4 个在计划部门，4 个在车间，每个职能工长负责某一方面的工作，职责分工明确</td></tr>
<tr><td>7. 实行例外原则</td><td>泰勒认为，规模较大的企业管理必须遵循例外原则，即企业的高级管理人员把一般日常性事务授权给下级处理，自己只保留对例外事项的决策权和控制权，如重大的企业战略规划和重要的人员更替等。这种以例外原则为依据的管理控制原理，后来发展成为管理上的分权化原则和事业部制管理体制</td></tr>
<tr><td rowspan="2">对科学管理理论的评价</td><td>进步性</td><td>科学管理是一次讲求效率优先的具体实践，是开展调查研究的科学方法；第一次使管理从经验上升为科学，完成了科学史上一次质的飞跃</td></tr>
<tr><td>局限性</td><td>过度追求效率至上，忽视了人和社会的积极因素，把人看作是“经济人”；仅解决了个别具体作业效率问题，没有解决企业作为一个整体如何搞好经营和管理的问题</td></tr>
</table>

【知识链接 2-5】

泰勒 3 项著名的试验

1. 搬运生铁试验

当时每个工人一天平均搬运 12.5 吨生铁。泰勒对工人搬运生铁的动作、方法进行了研究，挑选了一个身强体壮的工人来做试验，并亲自指导。这个工人在第一天下午就搬运了 47.5 吨生铁，劳动效率大大提高。通过这项试验，泰勒制定出一套最优搬运方法、最优步行距离和最优工休间歇。

2. 铲子试验

泰勒在工作中发现，工人铲运原材料的数量与铲子的大小有关。经过试验，泰勒发现平均每铲重量为 21 磅时，铲掘工作量最大。因此，泰勒专门设计了 10 多种不同形状的铲子用于铲运不同的东西。此举使该厂平均每人每天的铲运量从 16 吨提高到 59 吨，工人的日工资从 1.15 美元提高到 1.88 美元，为后来的标准化工作提供了雏形。

3. 金属切削试验

过去切削加工没有标准的加工工艺规程，都是师傅带徒弟凭经验加工。泰勒对切削加工的方法进行了试验，研究出每个金属切削工人每日合适的工作量，并制定了各种操作加工的标准，要求工人按照这些标准或规程进行加工。此试验是工时研究的开端。

（二）一般管理理论

法约尔的一般管理理论如表 2-3 所示。

表 2-3　法约尔的一般管理理论

<table>
<tr><th>要素</th><th colspan="2">内容</th></tr>
<tr><td>人物简介</td><td colspan="2">法约尔，出生于法国一个中产阶级家庭，19 岁毕业取得矿业工程师资格，1860 年被任命为矿业工程师，1888 年被任命为公司总经理，担任总经理职务长达 30 余年。法约尔根据自己卓有成效的管理经验，于 1916 年完成了其重要的代表作《工业管理与一般管理》，被后人称为“现代经营管理之父”“管理过程理论之父”</td></tr>
<tr><td rowspan="2">一般管理理论的主要内容</td><td>1. 区分了经营与管理</td><td>法约尔认为，经营与管理是两个不同的概念，经营是指引导或指导一个组织趋向某一既定目标的活动，而管理只是经营活动中的一种。在此之前，不区分经营与管理，认为经营就是管理，管理就是经营。法约尔将经营活动分为技术活动、商业活动、财务活动、安全活动和会计活动 5 大类</td></tr>
<tr><td>2. 明确了管理的职能</td><td>法约尔指出，管理的职能包括计划、组织、指挥、协调和控制，计划是指预测未来和安排工作前的方案；组织是指建立企业所需的组织框架，人力、物力和财力资源的有效运转；指挥是指对下级给予的指导活动并确保任务的顺利完成；协调是指组织的各项工作统一起来，保持协调运转；控制是指为了确保实际工作与规定的计划相符而进行的活动</td></tr>
</table>

续表

要素	内容	
一般管理理论的主要内容	3. 提出了管理的14项原则	法约尔根据企业经营的管理实践，归纳总结出14项管理原则：劳动分工；职权与职责；纪律；统一指挥；统一领导；个人利益服从整体利益；人员报酬；集权与分权；良好的等级制度；秩序；公平；人员稳定；首创精神；团结精神
对一般管理理论的评价	进步性	法约尔将管理活动从经营活动中独立出来；所提出的管理五项职能为管理过程提供了现代概念体系；管理原则是管理行为的灯塔，为管理科学提供了理论构架；一般管理理论成为后来管理过程学派的理论基础
	局限性	法约尔所提出的管理原则缺乏系统性，操作层面存在困难；在一般管理理论概念的界定上缺乏清晰性

（三）行政组织理论

马克斯·韦伯的行政组织理论如表2-4所示。

表2-4 马克斯·韦伯的行政组织理论

要素	内容	
人物简介	马克斯·韦伯，出生于德国埃尔富特市一个中产阶级家庭，他曾代表德国前往凡尔赛会议进行谈判，参与了魏玛共和国宪法的起草设计。在管理思想方面的贡献主要体现在《社会和经济组织理论》一书中，他提出了理想的行政组织体系理论，也就是“官僚体制”。他认为建立一种高度结构化的、正式的、非人格化的理想行政组织体系是提高劳动生产率的最有效形式。马克斯·韦伯是现代社会学的三大奠基者之一、公共行政学的创始人、法律社会学和宗教社会学的开创者、比较文化研究先驱，后人称为“组织理论之父”。他所研究的领域极为广泛，横跨政治、经济、法律、历史、宗教、哲学和音乐，是一位真正“百科全书”式的人物	
行政组织理论的主要内容	1. 提出了行政组织机构的概念	19世纪后期，德国的工业化进程发展迅速，但生产力的发展仍受到封建制度的束缚。韦伯认为需要为新兴的资本主义企业提供一种高效率的、合乎理性的组织结构，这种组织结构的组织活动要通过职务或职位来管理，而不通过个人或世袭来运作，这一理论被称为理想的行政组织体系理论
	2. 阐述了权力论	韦伯认为，任何社会组织的管理都是以某种形式的权力为基础的，没有权力，组织就失去了其存在的条件，权力能够消除混乱，形成秩序，实现组织目标。根据韦伯对历史的考察后认为，当下被社会所接受的权力有3种：传统的权力、法定的权力和超凡的权力。传统的权力是指统治者依照传统形式的组织规则来治理臣民，依据历史沿袭下来的习俗、惯例、经验等权力。法定的权力是指建立在规章制度和行为规则的合法性基础之上的，被赋予行政命令的权力。超凡的权力是指来自对领袖人物个人魅力的崇拜，建立在某种信仰、忠诚和热爱基础上规定的权力

续表

<table>
<tr><th>要素</th><th colspan="2">内容</th></tr>
<tr><td>行政组织理论的主要内容</td><td>3. 概述了理想行政组织体系的特点</td><td>理想行政组织体系的特点包括：明确的职位分工；自上而下的等级系统；通过教育和训练来挑选组织成员；薪酬和升迁制度；遵守制度和纪律；组织成员之间的关系是一种不受个人情感影响的关系，以理性准则为指导</td></tr>
<tr><td>对行政组织理论的评价</td><td colspan="2">韦伯指出了法定的权力是由传统社会走向现代社会的必然产物，为社会发展提供了理性、高效的管理体制，行政组织理论是理想行政组织体系的基础</td></tr>
</table>

（四）人际关系理论

梅奥与霍桑试验如表 2-5 所示。

表 2-5　梅奥与霍桑试验

<table>
<tr><th>要素</th><th colspan="2">内容</th></tr>
<tr><td>人物简介</td><td colspan="2">梅奥，哈佛大学行为科学家、心理学家，美国艺术与科学院院士，人际关系理论的创始人，主要代表著作有《工业文明的人类问题》和《工业文明的社会问题》，奠定了人际关系理论的基础</td></tr>
<tr><td>霍桑试验</td><td colspan="2">1927 年冬，梅奥应邀参加了始于 1924 年在美国西方电器公司霍桑工厂进行的长达 9 年的霍桑试验，开始了一次使管理思想进程发生改变的尝试。霍桑试验的初衷是试图通过改善工作条件与环境等外在因素，来找到提高劳动生产率的途径。1924—1932 年，先后进行了 4 个阶段的试验：第一阶段是车间照明试验（1924—1927 年）；第二阶段是继电器装配工人小组试验（1927—1928 年）；第三阶段是大规模访谈研究（1928—1931 年）；第四阶段是接线板接线工作室试验（1931—1932 年）</td></tr>
<tr><td rowspan="4">人际关系理论的主要内容</td><td>1. 工人是“社会人”，而非“经济人”</td><td>古典管理理论将人看作是“经济人”，认为金钱是刺激生产积极性的唯一动力。霍桑试验表明，工人是“社会人”，工人生产效率的提高不仅受金钱的影响，还受社会和心理方面因素的影响</td></tr>
<tr><td>2. 企业中存在“非正式组织”</td><td>正式组织是指为了实现企业目标而明确规定各成员相互关系和职责范围的一种结构。梅奥认为，人是“社会人”，在任何一个组织里都存在着大量因共同情感而构成的社会关系体系，这就是非正式组织</td></tr>
<tr><td>3. 工人的工作态度和士气是影响工作效率的关键因素</td><td>梅奥认为，生产效率的高低主要取决于工人的士气，而工人的士气则取决于他们感受到各种需求的满足程度。管理者改善工作条件、制定科学的作业方法可以提高工人的劳动生产率</td></tr>
<tr><td>4. 新的领导能力在于提高工人的满意度</td><td>梅奥认为，提高生产效率的主要途径是提高工人的满意度，工人满意度越高，工作的积极性、主动性就越高，生产效率也就越高。新型的管理人员应该认真分析员工的需要，采取提高员工满意度的措施，以充分激励员工，达到提高劳动生产率的目的</td></tr>
</table>

续表

<table>
<tr><th>要素</th><th colspan="2">内容</th></tr>
<tr><td rowspan="2">对人际关系理论的评价</td><td>进步性</td><td>梅奥注意到非正式组织在管理中的重要作用，组织效率的提高依赖于人的满意度，开创了管理学开始研究人这一积极因素的新时代，为管理思想的发展开辟了新的领域</td></tr>
<tr><td>局限性</td><td>过分强调人情感因素的影响，否定了经济报酬、工作条件、外部监督、作业标准等的影响</td></tr>
</table>

任务三　管理思想的新发展

管理思想新发展

课前导学任务单

<table>
<tr><td>项目名称</td><td colspan="2">项目二　了解管理思想</td></tr>
<tr><td>任务名称</td><td colspan="2">任务三　管理思想的新发展</td></tr>
<tr><td>任务导入</td><td colspan="2">随着经济社会和科学技术的不断进步，管理理论蓬勃发展，并呈现出新的发展趋势。其中，较为重要的管理思想包括企业战略管理理论、企业再造理论、学习型组织理论、组织文化理论等。那么，这些新出现的管理理论的含义分别是什么？具体内容包括哪些？管理思想未来还将呈现出哪些趋势</td></tr>
<tr><td rowspan="3">任务目标</td><td>知识目标</td><td>1. 理解企业战略管理理论和组织文化理论。
2. 掌握学习型组织理论和企业再造理论。
3. 了解管理思想的未来发展趋势</td></tr>
<tr><td>能力目标</td><td>1. 能够运用新的管理理论分析和解决实际问题。
2. 培养自身核心能力，提高职场竞争力</td></tr>
<tr><td>素质目标</td><td>1. 培养前瞻意识、创新意识和管理智慧。
2. 树立终身学习意识，提高主观能动性。
3. 培养积极向上的价值观，提升职业素养</td></tr>
<tr><td>任务准备</td><td colspan="2">1. 收集身边优秀企业运用新出现的管理理论的案例。
2. 思考未来管理理论还将呈现出什么样的发展趋势。
3. 将本任务知识要点以思维导图的方式提炼和归纳</td></tr>
</table>

知识要点

第二次世界大战之后，世界科学技术日新月异，企业生产和组织规模急剧扩大，生产力迅速发展，为了更好地运用管理理论来指导不断发展的企业和社会，世界范围内对管理理论的研究呈现出蓬勃发展的局面。1961 年，美国管理学家哈罗德·孔茨发表《管理理论的丛林》，将管理理论的各个流派称为“管理理论丛林”。管理理论丛林的代表学派主要包括：管理过程学派、社会系统学派、决策理论学派、系统理论学派、社会技术系统学派、经验主义学派、权变理论学派、管理科学学派等。

20 世纪 80 年代以后，在知识经济和信息化的驱动下，管理手段出现了新变化，管理所面临的问题日益复杂。尽管管理理论丛林枝繁叶茂，但难以适应现代管理的需要，随着管理学者们的深入思考和探索，管理理论研究出现了一些新变化。其中比较突出的管理思想包括企业战略管理理论、企业再造理论、学习型组织理论、组织文化理论。

一、企业战略管理理论

企业战略管理理论是 20 世纪 50 年代起源于西方的一种新管理思潮，它是基于企业应连续不断地注视内外部事件与发展趋势，以便及时做出调整，是研究企业如何动态地适应内外环境变化的一种理论。企业战略管理理论的发展大致经历了 3 个阶段，如表 2-6 所示。

表 2-6　企业战略管理理论的发展阶段

阶段	理论	内容
第一阶段	经典战略管理理论	1976 年，安索夫在《从战略规则到战略管理》一书中提出“战略管理”一词，指出企业战略管理是企业根据内外环境因素的变化，拟定战略目标，并将日常业务决策同长期计划决策相结合而形成一系列经营管理业务的过程。以安德鲁斯和安索夫为代表的经典战略管理理论分析了企业组织的优势、劣势，环境给企业所提供的机会、威胁（即 SWOT 分析法），并在此基础上确定企业如何制定战略规划。经典战略管理理论为企业战略的制定提供了一整套基本的思路和程序，标志着现代战略管理理论体系的形成
第二阶段	以竞争定位为基础的战略管理理论	迈克尔·波特所著的《竞争战略》把战略管理的理论推向了高峰，他运用产业组织理论中的产业分析方法，提出了 5 种竞争力模型，他认为特定产业的竞争性质由 5 种力量决定，即行业内的竞争与合作，潜在进入者的威胁，替代品的威胁，购买者的议价能力，供应商的议价能力，如何通过 5 种竞争力量的分析确定企业的定位是企业取得良好业绩的关键。在对行业结构进行分析的基础上，波特提出了 3 种企业发展的基本战略，即成本领先战略、差异化战略和集中战略，这是企业获得竞争优势的 3 个基点
第三阶段	以企业核心竞争力为主要内容的战略管理理论	普拉哈拉德和哈默尔于 1990 年发表《企业核心竞争力》一文，提出企业战略管理的关键在于培育和发展企业的核心竞争能力。企业经营成功与否，取决于对市场趋势的预测和对变化中顾客需求的快速反应，企业的战略目标在于识别和开发竞争对手难以模仿的核心能力。企业核心能力已经成为新形势下企业竞争的基本战略

二、企业再造理论

20 世纪七八十年代以来，技术革命使企业的经营环境和运作方式发生了极大的变化，美国企业开始了大规模的企业重组革命，日本企业也开始进行第二次管理革命。原有的经营管理模式已无法适应快速变化的市场，企业只有进行一场根本性的创新与改革，才能适应竞争的需要。于是，20 世纪 90 年代初，西方发达国家兴起了一场“企业再造”革命。

1993 年，美国麻省理工学院教授迈克尔·哈默与詹姆斯·钱皮合著了《再造企业——管理革命的宣言书》，正式提出了企业再造理论。按照哈默与钱皮的定义，“企业再造理论”是指“为了飞越地改善成本、质量、服务、速度等重大的现代企业运营基准，对工作流程进行根本性重新考虑并彻底改革”。为了使企业能够适应新的竞争环境，必须摒弃以往陈旧的运营模式和工作方法，以工作流程为中心，重新设计企业的经营、管理和运营方式。

（一）企业流程再造的主要程序

（1）对原有工作流程进行全面梳理，发现存在的具体问题；

（2）设计新的流程改进方案，并进行评估；

（3）制定企业再造方案；

（4）组织实施并持续改善。

（二）企业流程再造的基本做法

（1）确定顾客的核心需求；

（2）决定改造的关键流程；

（3）拟定流程改造的学习目标和对象；

（4）重新设计流程；

（5）改变固有思维，塑造新的管理模式。

三、学习型组织理论

20 世纪 90 年代以来，信息技术突破性发展，知识经济时代进程加快，企业面临着剧烈的不确定外在环境变化，如何适应新的知识经济环境，增强自身的竞争能力，成为理论界和企业界关注的焦点。以美国麻省理工学院教授彼得·圣吉为代表的西方学者吸收了东西方管理文化的精髓，在《第五项修炼》一书中提出“学习型组织”的概念，奠定了未来的企业模式。

所谓“学习型组织”，就是通过不断的学习来变革组织本身的一种组织。未来真正出色的企业，将是能够设法使组织成员全身心投入并不断学习的组织。彼得·圣吉认为，要建立学习型组织，企业的领导者和全体员工都要进行五项修炼。具体包括：

（1）锻炼系统思考能力。强调要把企业看成一个整体的系统，培养纵观全局的思考能力，看清问题的本质，了解事情的因果关系。

（2）追求自我超越。强调组织成员应不断学习，全身心投入工作，努力做到精益求精，超越自我。

（3）改变心智模式。要求组织成员用新的眼光看待问题，改变长期累积的对事物认知的模式，不断学习和创新。

（4）建立共同愿景。强调培养组织成员主动而真诚的投入和奉献，为组织目标奋斗。

（5）开展团队学习。强化组织成员的团队向心力，激发群体智慧。

【知识链接 2-6】

《第五项修炼》：21 世纪的管理智慧

《第五项修炼》是彼得·圣吉博士在总结以往理论的基础上，通过对 4 000 多家企业调研而创立的一种具有巨大创新意义的理论，是一本开拓性地倡导学习型组织管理思想的著作。

1990 年《第五项修炼：学习型组织的艺术和实务》一书出版后，连续 3 年荣登全美最畅销书榜首，在世界各地掀起了一阵阵学习管理的热潮，并于 1992 年荣获世界企业学会最高荣誉“开拓者奖”。由于其创新价值，并由于其已在无数美国企业中得到了成功的应用，引起理论界及企业的浓厚兴趣，在短短几年中，被翻译成 30 余种语言风行全世界。它不仅带动了美国经济近 10 年的高速发展，并在全世界范围内引发了一场创建学习型组织的管理浪潮。

这本书被评为“世界上影响最深远的管理书籍”之一。而该书的作者彼得·圣吉被《经营战略》杂志誉为“20 世纪对商业战略影响最大的 24 个伟人之一”,《金融时报》评述他是“顶尖管理大师”,《商业周刊》将其列为“十大管理大师之一”。现在彼得·圣吉被誉为继彼得·杜拉克之后最具影响力的管理大师，被称为“‘学习型组织’理论之父”。

《第五项修炼》出版后迅速席卷全球，被各个行业的大小企业所认同。一些国际知名企业，如壳牌石油、福特汽车、克莱斯勒、摩托罗拉、苹果电脑等都随即以“五项修炼”作为操作方法，在企业内建立起了学习型组织。可以说,《第五项修炼》给组织管理带来了一个全新理念，而这些理念转化为实际管理制度与行为，就可能引起管理方式的大变革。

（资料来源：彼得·圣吉. 第五项修炼[M]. 郭进隆，译. 上海：上海三联书店出版社，1998）

【课堂讨论 2-4】

学习型组织理论给我们日常学习和工作带来什么启发？在班级日常管理中，如何应用学习型组织理论？

四、组织文化理论

20 世纪 80 年代初，日本经济的持续高速增长引起了全世界的瞩目。支撑日本经济增长的关键是企业的竞争力，而企业文化特征则是促使企业发展的重要因素。为总结日本支撑经济发展的管理经验，美国一些管理学者提出了组织文化的概念。作为一种管理理论，组织文化的核心内容是汲取传统文化精髓，结合先进的管理思想，为组织建立一套明确的价值观念和行为规范，并利用它帮助组织进行有效的管理。

1985 年，美国著名教授艾佳德·沙因的《组织文化与领导力》一书，强调任何一个组织都必须解决内外部环境的适应问题，要理解组织生活，了解组织发展的动力，就必须建立组织文化的概念。沙因作为企业文化与组织心理学领域的开创者与奠基人，在组织文化领域中率先提出关于文化本质的概念，其研究成果对企业开展文化建设具有重要指导意义。

沙因从组织中领导与文化的关系来阐述组织文化的重要性，他认为，组织文化可分为 3 个层次：一是人工制品，是指组织外显的文化产品，能够看得见、听得到、摸得着，容易被客户所感知，但却不易被理解，包括办公建筑、标识、组织产品等；二是信仰与价值，是指在实践中获得成功，被组织成员普遍认可的领导者意志和价值观，包括制度、目标、战略等；三是基本隐性假设与价值，是指领导者与组织成员在长期实践中形成的共同价值观和信念，包括共同愿景、组织精神等。沙因对组织文化的论述，为企业尊重员工价值、树立共同价值观、重视员工需求的多样性、构建积极进取的企业文化提供了工具。

五、管理思想的未来发展趋势

20 世纪 90 年代以来，知识化、全球化的浪潮席卷世界，当今世界正经历着百年未有之大变局。随着时间的推移，急剧变化的社会环境将为管理思想带来不可估量的冲击，使管理思想呈现以下发展趋势。

（一）人性化趋势

人性化管理强调要重视人的因素，加强对人需要的研究，充分挖掘人的潜能，激发人的积极性和能动性，实现人力资源的优化配置。以人为中心、管理人性化是现代企业管理的发展态势。

（二）信息化趋势

随着网络经济的深化和电子商务的发展，信息成为企业发展的重要资源。丰富而准确的信息，是正确、迅速决策的前提。在瞬息万变的时代，要求管理者将获取有效信息作为自己的首要任务，合理利用有效信息促进企业科学决策。企业管理面临着信息化的挑战，有效信息的管理将成为企业竞争制胜的关键。

（三）战略化趋势

企业要适应激烈的全球化市场竞争，必须结合企业的特点，在彻底了解其自身所处内部条件和外部环境的基础上，制定企业发展的战略规划，将企业管理的重点由解决眼前的技术性问题转向解决事关企业长远发展的战略性问题。企业如果没有科学的战略目标，只顾眼前利益，走一步看一步，不仅不能持续发展，更难以在竞争中取胜。

（四）虚拟化趋势

随着社会环境的变化，组织结构由固定的组织系统向虚拟的组织结构发展。虚拟组织结构，只保留少数核心成员，精简机构，减少层次并赋予组织成员更大的自主权，打破企业有形的界限，构建网络组织，通过网络将不同地方的人员联结起来，紧密合作，完成重大复杂项目。伴随着信息技术的不断进步，组织机构将日趋虚拟化。

【课堂讨论 2-5】

结合实际思考，未来管理思想还将呈现怎样的发展趋势？

知识巩固与技能提升　　　　同步测试

项目三

PART THREE

计　划

项目导入

安踏：体育营销的品牌乾坤

安踏集团是一家专门从事设计、生产、销售运动鞋服、配饰等运动装备的综合性、多品牌的体育用品集团。30 多年来，安踏经历了一次次重大决策，从一个偏僻的乡镇制鞋作坊发展成长为行业龙头企业。

安踏结缘体育赛事是从 1995 年赞助第 67 届男、女子世界举重锦标赛开始的。当时，刚刚创立 4 年的安踏已经明确了体育营销的发展之路，找准了自身的品牌定位——体育用品生产经营者和现代体育精神传播者。2009 年 6 月，安踏正式签约中国奥委会；2009 年，安踏与国家体育总局水上运动管理中心签订战略合作协议；2021 年，安踏与中国国家游泳队达成战略合作。

安踏不仅通过自有品牌延伸，建立核心品牌谱系；同时，依托市场和运营管理优势，通过并购引进国外知名体育运动品牌，打造全场景、全品类体育运动品牌矩阵，覆盖不同层次的消费群体，占领更多细分市场。安踏将自有品牌与收购品牌分别进行延伸，形成专业、时尚、户外 3 大体育运动品牌群，并实行区别定位和区隔运营，深耕不同的细分市场，实现了品牌之间的差异化互补，有效提升了自身品牌的整体竞争力。同时，各品牌群的主力品牌带动小品牌一起发展，通过精准定位、整合资源、协同联动，实现对不同运动场景和不同消费群体的全覆盖。

此外，安踏借助科技赋能品牌升级。通过建立 6 大研发创新平台，产学研融合，构建产业共同体，数字化助力品牌营销等措施，创新升级产品。安踏始终秉持“科技引领、专业为本、品牌向上”的发展战略，以科技创新打造核心竞争力的“底层结构”，使其在产品研发方面始终保持行业领先优势。

（资料来源：裴瑾，张景云. 安踏：体育营销的品牌乾坤[J]. 企业管理，2022（8）：54-57）

请思考：

什么是决策？决策对于组织的发展来说具有什么样的重要意义？制定决策受到哪些因素的影响？一项可行的决策是怎样制定出来的？

学习目标

知识目标	技能目标	素质目标
1. 认识决策的含义、内容和重要性。 2. 理解决策的类型、影响因素、原则和过程。 3. 掌握定性和定量决策方法。 4. 理解目标的作用、分类和依据。 5. 理解计划的类型、体系、内容、原则和过程。 6. 掌握制订计划的方法	1. 能够运用决策的基本理论知识对实际问题进行科学决策。 2. 能够运用定性和定量的方法进行分析决策。 3. 能够制定符合 SMART 原则的目标。 4. 能够使用常见的方法制订计划	1. 培养求真务实、不懈奋斗的人生态度。 2. 激发主观能动性，强化自我管理意识。 3. 培养科学决策的态度。 4. 强化理论联系实际的意识

思维导图

- 项目三 计划
  - 任务一 决策认知
    - 知识点
      - 初识决策
      - 决策的类型
      - 决策的影响因素
      - 决策的原则
      - 决策的过程
    - 技能点
      - 通过调研活动认知决策
  - 任务二 实用的决策方法
    - 知识点
      - 定性决策方法：头脑风暴法、德尔菲法、名义小组法、发散思维法
      - 定量决策方法：确定型、风险型、不确定型
    - 技能点
      - 用决策方法解决实际问题
  - 任务三 确定目标的要点
    - 知识点
      - 认识目标
      - 目标的SMART原则
      - 目标的分类
      - 制定目标
    - 技能点
      - 制定符合SMART原则的目标
  - 任务四 制订一份可行的计划
    - 知识点
      - 初识计划
      - 计划的类型
      - 计划的内容
      - 计划的原则和过程
    - 技能点
      - 制订促销计划
  - 任务五 实用的计划方法
    - 知识点
      - 滚动计划法
      - 甘特图
      - 目标管理法
    - 技能点
      - 用甘特图制订计划

任务一　决策认知

决策认知

课前导学任务单

项目名称	项目三　计划	
任务名称	任务一　决策认知	
任务导入	决策是计划职能的重要内容，影响着组织的运行和发展。决策不是简单地做决定。只有对决策有全面的认知，才能为制定决策打下基础。那么，究竟什么是决策？决策的类型有哪些？如何制定决策？制定决策受到哪些因素的制约和影响	
任务目标	知识目标	1. 了解决策的含义、特点和重要性。 2. 理解决策的类型、影响因素和原则。 3. 掌握制定决策的过程
	能力目标	1. 初步具备决策的能力。 2. 能够运用决策的基本理论知识进行科学决策
	素质目标	1. 树立遵循客观规律、科学决策的意识。 2. 培养系统思考、求真务实的职业素养
任务准备	1. 收集身边有关不同类型的决策案例。 2. 思考如何运用所学知识更加科学合理地制定决策。 3. 将本任务知识要点以思维导图的方式提炼和归纳	

知识要点

计划职能是管理学 4 大基本职能中的首要职能，具体包含做出决策和制订计划两方面内容。做出决策与制订计划密切相关。做出决策是制订计划的前提，而制订计划是决策的具体执行。决策确定了目标，为制订具体的计划提供了标准和依据，制订计划则为组织目标的实现提供了保障。在管理实践中，做出决策是每个管理者都需要面对的现实问题。好的决策可以为组织未来的发展指明方向，为具体活动的开展提供行动指南，甚至在关键时候可以救活一个企业；而失败的决策轻则使组织蒙受损失，重则可能使组织破灭。因此，掌握决策的相关知识对于管理实践来说至关重要。

一、初识决策

（一）决策的含义

决策是指组织或个人为了解决问题，实现既定目标，在采取具体行动之前，基于对实际情况的分析和思考，制订两个及以上的备选方案，并在其中选择一个满意方案的分析判断过程。

（二）决策的特点

在管理实践中，决策主要体现出以下特点：

1. 目的性

决策的出发点和归宿都是为了解决问题，实现组织或个人的既定目标。没有问题则无需决策，没有目标则表明决策无效。因此，决策具有目的性。

2. 过程性

决策是一个多阶段、多环节的分析判断过程，是一个提出问题、分析问题和解决问题的系统工程。决策质量的高低，决策是否能有效实现目标，取决于决策中的每一个步骤，而不是最终拍板定夺的这一刻。

3. 选择性

决策需要制订两个及以上的方案供管理者分析判断，本质上是一个做出选择的过程。制订多个备选方案也反映了组织成员在考虑问题时能够多角度、全方位进行综合考量，能够提高决策的有效性。

4. 满意性

决策所选择出的方案并非“最优”方案，而是“最满意”方案，即该方案是最适合当下情境，能够切实解决问题的方案。

5. 动态性

决策贯穿于整个管理过程的始终，并不是一劳永逸的事情。组织所面临的内外部环境是不断发生变化的，组织需要根据变化及时做出调整。因此，决策没有真正的起点，也没有真正的终点，而是一个循环往复的过程，组织在前进中不断做出新的决策，又在决策中不断前进，达到与内外部环境的动态平衡。

6. 可行性

决策的方案要具有可操作性，否则，再美好的设想永远也只是空中楼阁。可行性要求在做出决策时，综合考量组织的内外部资源与整合程度，确保决策选择的方案能够真正落地执行。

（三）决策的重要性

（1）科学决策是现代管理实践的核心，贯穿于管理活动的始终。

（2）决策是决定管理工作成败的关键因素。

（3）决策事关组织目标的实现，乃至整个组织的存亡。

【课堂讨论 3-1】

为什么决策要选择出的方案是“最满意”而不是“最优”？

二、决策的类型

（一）按照决策的影响程度和重要范围划分

1. 战略决策

战略决策是指关系组织的生存和发展，涉及全局性、长远性、方向性的决策，一般由组织的高层管理者做出。战略决策通常解决复杂的、综合性的问题，例如，组织的发展战略、经营方针、5 年发展规划、专利研发等。战略决策具有地位重、影响深、范围广等特点，决定着组织的发展前景，甚至会影响企业的长远发展。

2. 战术决策

战术决策，又称管理决策，是指为了保证组织战略目标实现而细分地解决局部问题的决策，一般由组织的中层管理者做出。与战略决策相比，战术决策相对具体，例如，生产设备的采购、销售计划、人员配置等。战术决策为战略决策服务，虽然不会直接影响组织的成败，但对于组织实现目标、提高工作效率等方面来说有关键作用。

3. 业务决策

业务决策又称执行决策，是指解决日常工作和业务中具体的问题所进行的决策，通常由基层管理者做出。业务决策的目的主要是提高日常工作的效率，确保工作任务能够按时按质按量完成。业务决策影响范围较小，只对日常具体的工作任务产生作用。

（二）按照决策的重复程度划分

1. 程序性决策

程序性决策，又称常规性决策，是指针对常规的、例行发生的问题进行的决策。程序性决策通常包括考勤管理、工资单的处理、常见病诊断和治疗、过季商品的处理等。由于程序性决策是已经多次重复出现的问题，所以通常可以根据已有的经验、方法和模式进行处理。

2. 非程序性决策

非程序性决策所针对的问题通常是偶然发生的或首次出现的，不能依靠已有的经验和方法来处理。例如，新产品的引进、突发疾病的处理等。由于没有可借鉴的经验，所以非程序性决策所面临的问题通常是很棘手、极具挑战性的，需要管理者综合运用各项技能进行处理，对管理者来说是重大的挑战。

【课堂讨论 3-2】

非程序性决策和程序性决策之间有什么关系？

（三）按照决策的主体划分

1. 个人决策

个人决策是指管理者凭借个人能力、经验和智慧便可进行的决策。通常来说，个人决策效率高、速度快、时效性强，适用于常规性和日常性事务。但个人决策难免带有主观性和片面性，有时考虑问题不够全面，因此在管理实践中要注意结合其他因素合理使用。

2. 集体决策

集体决策是指组织内部成员共同参与所进行的决策。集体决策可以集思广益，吸纳更多人的意见，考虑问题更加全面，决策的合理性大大提高。但由于参与人数较多，集体决策有时会陷入过度民主的困境，易出现决策效率低下、意见较难统一、责任划分不清等问题。

【知识链接 3-1】

为什么群体决策比个人决策更容易冒险？

1961 年麻省理工学院史托纳研究发现，群体决策比个人决策更加冒险。这主要是由 3 个方面的因素决定的：一是责任分散的作用，群体中每个人承担的责任较轻，责任不明确，因而易使决策走极端；二是少数人的作用，由于存在少数水平较低但又比较有权势的人控制的情况，群体中成员的水平得不到发挥，所以容易让群体做出少数人所主张的决定，导致决策失败；三是社会比较的作用，因为害怕他人认为自己懦弱，群体成员常提出比个人单独决策时更具冒险性的方案，促使群体决策冒险转移现象出现。

（张云河．管理学基础[M]. 4 版．北京：中国人民大学出版社，2022）

（四）按照决策的科学性划分

1. 科学决策

科学决策是指通过理性思考和分析，依据科学建模、客观数据和指标等做出的决策，具有客观、可衡量、有依据等特点。

2. 经验决策

经验决策主要是根据管理者过去的经验、个人阅历、直觉等对新产生的问题进行分析判断所做出的决策。经验决策容易受到管理者个人素质和管理水平高低的影响。

（五）按照决策的确定性划分

1. 确定型决策

确定型决策是指各种方案未来呈现的结果状态只有一种，是确定的，且这种状态出现的概率可以计算，是一种肯定状态下的决策。

2. 风险型决策

风险型决策是指各种方案未来呈现的状态结果有多种，虽然不确定是哪一种，但这些结果出现的概率是可以测量和预测的。例如，某图书经销商为了提高利润，提出了两种备选方案，一种是继续扩大现有图书的销售，另一种是进军其他领域进行销售。无论是哪种方案，都会受到市场需求高、中、低 3 种状态的影响，且发生的概率可以计算。但无论做出哪种决策，均会产生相应的风险。

3. 不确定型决策

不确定型决策是指各种方案未来的状态结果有多种，各种状态结果可以预测，但出现的概率是未知的。相比风险型决策来说，不确定型决策的不可预测性和未知性更大。

三、决策的影响因素

决策不可能在真空中进行，任何决策都会受到一定的条件和因素的影响。通常来说，影响决策的因素包括环境因素、组织因素、决策者的个人因素和决策问题本身。

（一）环境因素

组织的生存和发展必须依托于一定的环境，组织内外部环境的变化均会影响管理者做出的决策。一方面，对于外部环境来说，新政策的出台、竞争者的出现、市场环境的变化、人们生活水平的提高等因素，均会对决策造成影响；另一方面，组织内部人员、结构的调整，经营方针的改变等，也会对决策产生影响。

（二）组织因素

组织因素影响决策主要是通过组织文化实现的。如果组织文化趋于保守、怀旧，则组织成员的行为方式、思维模式等就会受到相应的影响，所做出的决策就会趋于保守，更多依靠过去的经验和已有的标准进行决策。如果组织文化是创新、开放的，则整个组织的氛围就会截然不同，组织成员更敢于尝试新鲜事物，通过新方法解决问题，为组织发展源源不断注入动力。

（三）决策者的个人因素

决策者对于决策来说至关重要。决策者的个人认知、知识水平、业务素质、价值观念、战略眼光、领导能力、对待风险的能力和抗压能力等，都会对决策产生实质性的影响。例如，敢于冒险，对风险把控能力较强的管理者，所做出的决策通常来说较为激进，反之，决策则更趋于保守。

（四）决策问题本身

所要解决的问题本身对于管理者做出决策来说也至关重要。如果问题本身较为紧迫或重要，则需要管理者及时响应，快速做出决策。如果问题本身较为常规，则可采用常规方法或依靠已有经验解决，管理者做出决策的时间相对来说会更充分。

四、决策的原则

决策不能凭借个人主观意愿进行，而应当遵循一定的原则。决策的原则主要包括科学性原则、目的性原则、可行性原则、效益性原则、方向性原则、系统性原则、民主性原则等。

（一）科学性原则

科学性原则是指决策要遵循一定的客观规律，按照事物发展的本身规律，不要反其道而行之。随着现代社会的发展、网络技术的进步，很多科学的决策原理、思想和决策模型不断涌现。这就要求管理者在做出决策的过程中，要从过去的纯靠经验上升到科学性的高度，合理利用决策工具，提高决策的客观性和科学性。

（二）目的性原则

目的性原则是指决策要以解决问题为导向，瞄准目标进行。决策是为了促使组织达成目标不断前进的，因此，明确问题，确定目标，是决策的重要目的。

（三）可行性原则

可行性原则是指决策所选择的方案一定要能够落地实施，否则，再理想的决策都是没有意义的。可以通过将理论和实践相结合，借鉴他人的经验教训，合理预测等方式寻求可以达成决策目标的所有方案，分析利弊，最后加以选择，以此来提高决策的可行性。

（四）效益性原则

效益性原则是指决策所选择的方案要考虑组织的经济效益和社会效益。经济效益是指以较小的成本投入获得较大的经济成果。经济效益对于一个组织来说至关重要，尤其是营利性组织。与此同时，组织还需要兼顾决策的社会效益。保护环境、合理利用资源、为当地社区做贡献、承担起社会责任等，都是组织在做出决策的过程中应当考虑的。

（五）方向性原则

方向性原则是指决策所选择的方案要能够指导组织成员朝着清晰、明确、具体方向迈进。尤其是战略性决策，一旦做出后，短时期内不宜有大的改动，以免造成组织内部混乱，影响决策的有效性。

（六）系统性原则

系统性原则是指管理者在做出决策时，要从整体上考虑问题，以系统的眼光看问题。要能通过问题这个点联系到其前因后果，优化决策方案。任何问题都不是孤立的，决策者需要综合考量问题，围绕问题系统协调各相关要素之间的关系，以更好地达成决策目标。

（七）民主性原则

虽然在实际决策的过程中不可能每一次都能表达全体成员的意志，但决策的过程中要尽可能多听取组织成员的意见和建议，充分发挥民主作风，激发集体的积极性和创造性，集思广益。

【课堂讨论 3-3】

猿猴与蜈蚣

在热带雨林中，虎啸猿啼，草木丛生，各种动物在树枝上、草丛间玩耍，上蹿下跳，十分活跃，一切都生机盎然，是那么理想、幸福。但天有不测风云，暴雨袭来，不久洪水就淹没了森林的大部分，大小动物拼命向最高处奔去。待大家聚到高处，洪水还在暴涨，于是大家推选最聪明的猿猴主持召开会议。大家为如何脱险议论纷纷，一时不知所措。

猿猴说："看谁能游泳？"大家很快推选出青蛙、水蛇等 4 大水手。猿猴灵机一动说："不行！只会游泳，跑得不快，不能迅速报信求救。"大家一致赞成，但谁是水陆都行的能手呢？猿猴脑子快，瞥了一眼看到了蜈蚣：它会水，腿又多，一定跑得快。猿猴自鸣得意地断然做出决定：马上让蜈蚣出发。大家心情坦然地继续开会。当天已漆黑散会时，大家发现蜈蚣还没有走，因为脚太多，穿鞋成了最费时间的事。于是大家对猿猴的错误决策十分愤慨，群起而攻之。

请思考：这个故事说明了什么道理？在做决策的时候需要注意什么问题？

五、决策的过程

决策是一个提出问题、分析问题和解决问题的遵循科学决策的动态过程。因此，决策的过程主要包含以下步骤（见图 3-1）。

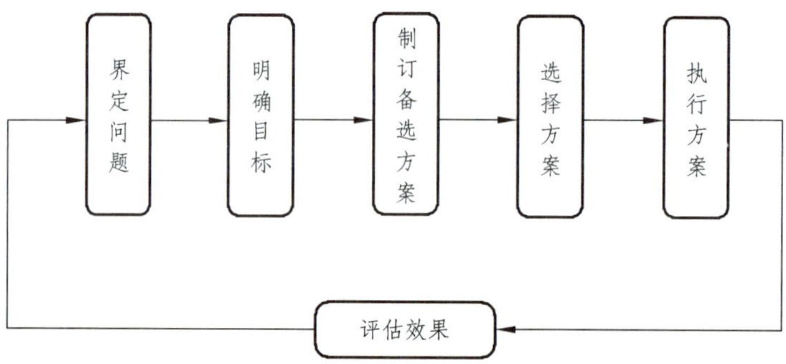

图 3-1　决策的过程

（一）界定问题

决策的第一步是界定问题，即问题是什么。这是后续步骤展开的前提。问题并不总是表象所展现出来的那样，一眼就能看出来症结所在。有时候需要管理者拨开层层迷雾，通过分析判断才能准确识别问题。因此，界定问题是一个搜集信息、处理信息、分析判断的过程。对于初始问题的界定将直接影响决策的整个过程。问题界定不清晰，则无法找到相应的对策，问题界定不准确，将一错百错。因此，界定问题至关重要。在界定问题的过程中，管理者要注意比较现状和期望之间的差异，客观理性分析问题；同时，要对问题进行实际调研和考察，确保问题的真实性和客观性。

（二）明确目标

决策的第二步是明确目标，即应该做什么。在识别和确认问题后，要解决的问题自然而然地就成为行动的导向，这便是决策要达到的目标。管理者需要将问题进一步细化和分解，确保决策要达到的目标是具体的、明确的。此外，目标还应该有主次之分，以便在执行决策的过程中，合理配置资源。同时，围绕目标，管理者还应该制定决策过程中要遵循的原则和标准，为制订备选方案和效果评估奠定基础。

（三）制订备选方案

决策的第三步是制订备选方案，即准备做什么。为了解决问题，达到目标，管理者需要综合考虑组织资源和实际情况，拟定两个及以上的备选方案。制订备选方案要在系统和整体的思维上进行，备选方案要具备可行性、客观性、针对性和创造性。

（四）选择方案

决策的第四步是选择方案，即决定做什么。对于每一个备选方案，管理者应该分析和评估其优缺点，将不同的方案进行比较，从这些方案中选择出最满意，而不是最好的方案。

（五）执行方案

决策的第五步是执行方案，即实际做什么。一旦选择了方案，就要将方案落地执行，通过实际行动来解决问题，否则，再完美的方案都只是纸上谈兵。在执行方案的过程中，要编制工作进度表，建立责任制，将责任落实到人；同时，畅通沟通机制，及时将信息上传下达，提高工作推进的效率，确保决策的有效性。

（六）评估效果

决策的最后一步是进行效果评估，即分析评价决策效果。决策效果到底如何，决策执行过程中是否出现了偏差，是否产生了新的问题等，都需要在执行方案后进行分析评价。只有对决策效果进行了分析评估，才能知道实际情况和预期目标的吻合程度有多高，决策方案是否合理，有哪些经验教训需要总结，未来工作该如何继续开展。因此，决策并不是执行方案完成后就立即结束，而是需要进行效果评估。

【课堂讨论 3-4】

根据决策的步骤，你能想出一个关于决策的例子吗?

任务二　实用的决策方法

实用的决策方法

课前导学任务单

项目名称	项目三　计划	
任务名称	任务二　实用的决策方法	
任务导入	为了更好地进行决策，人们需要借助科学的决策方法，以此来提高决策的客观性和可行性。通常来说，决策的方法可以分为定性决策方法和定量决策方法。那么，常见的定性决策方法包括哪些？如何运用这些方法解决实际问题？常见的定量决策方法有哪些？分别解决什么类型的问题	
任务目标	知识目标	1. 掌握头脑风暴法和德尔菲法。 2. 了解名义小组法和发散思维法。 3. 掌握确定型决策和风险型决策的方法。 4. 理解不确定型决策的方法
	能力目标	能够分辨不同类型的问题并采用恰当的决策方法
	素质目标	1. 培养风险意识和责任担当。 2. 培养科学决策的职业态度
任务准备	1. 观察自己平时都遇到什么样的决策难题？ 2. 了解身边的管理者通常采用什么样的方法进行决策。 3. 将本任务知识要点以思维导图的方式提炼和归纳	

知识要点

为了提高决策的有效性，保证组织目标的实现，必须科学地运用决策方法。常见的决策方法有两类：定性决策方法和定量决策方法。

一、定性决策方法

定性决策方法又称主观决策法，是指在决策过程中，主要依靠专家或组织成员的智慧、经验、创造力等对问题进行分析、判断，最终做出决策。定性分析法简单易行，经济方便，在管理实践中应用得较为普遍。常见的定性决策方法包括头脑风暴法、德尔菲法、名义小组法、发散思维法等。

（一）头脑风暴法

头脑风暴法最早由美国学者亚历克斯·奥斯本提出。该方法最初主要应用于以提高产品或作业的价值为目的的价值工程工作小组人员讨论交流活动。工作小组人员在正常融洽和不受任何限制的气氛中以会议形式进行讨论、座谈，打破常规，积极思考，畅所欲言，充分发表看法。经过一系列的发展和更新迭代，如今，头脑风暴法已经成为管理学定性决策方法中最常使用的一种方法，适用于不同情景。

头脑风暴法一般由 5 ~ 15 人组成，在 30 ~ 60 分钟内对要进行决策的问题自由发表看法，畅所欲言地交流意见。头脑风暴法在实施过程中，要注意以下几个问题：

1. 禁止批评现有的观点

批评现有观点不仅不能起到激发思维活力、创新想法的目的，反而可能陷入没有必要的争端和内耗中，以致占用了大量的时间和宝贵的脑力资源。因此，在会议过程中不仅不要对他人观点进行批评，也不要暗示某个观点没有意义，对某个观点的建议可以等到头脑风暴法结束之后。会议过程中，参会人员要注意营造积极融洽的沟通氛围。

2. 鼓励狂热和夸张的观点

头脑风暴法的目的是就某一问题提出合理的解决方案，或者在工作陷入困境时寻找突破口。因此，狂热和夸张的观点有助于人们得到启发，最终找到合理恰当的解决对策。但在实践中，人们往往担心自己提出的观点会被别人认为是“错误”或者“愚蠢”的，不敢真实地发表自己的看法，久而久之，就会打击创新思维和参与积极性。因此，在头脑风暴开展过程中，在不违背原则的前提下，要鼓励狂热和夸张的观点，使他人能够从中得到启发。

3. 注重观点的数量

头脑风暴法强调的是畅所欲言，尽可能多地提出解决问题的观点，在众多观点中，可能就会逐渐浮现最终解决问题的合理路径。如果过于纠结于每个观点的质量，就会耗费大量的时间和精力，不利于问题的解决。因此，使用头脑风暴法，要在规定时间内尽可能多地产生大量的观点，以便在会议结束复盘总结时，找出对策，从而解决问题。

4. 提倡巧妙利用和改善他人观点

头脑风暴法并不是完全的天马行空，毫无章法。巧妙吸收利用他人的观点，受他人启发，提出新的观点或补充原有观点，是该方法的正确思路。在刚开始的时候，人们的思路往往较为局限，而在讨论过程中，认真听取他人想法，在此基础上进行扩充或合理改进，能够激发自己的想象力和创造力，为大量观点的产生奠定基础。

5. 每个人的观点都有同等价值

参与讨论的人员在讨论过程中不存在上下级关系，大家的目标是瞄准问题，尽可能多地提出解决方案。因此，每个人的视角都是独特的，每个人的观点都是有价值的。人们只需要在参会过程中畅所欲言，相互启发和激励，碰撞思维的火花，不断提出观点即可。

【课堂讨论 3-5】

假设你们班要在迎新晚会上表演一个节目，导演组要求节目价值导向积极，内容符合晚会主题要求，从内容和形式方面都要进行创新。你们打算表演一个什么样的节目？请用头脑风暴法进行决策。

（二）德尔菲法

德尔菲法，也称专家调查法，由美国兰德公司于 1946 年创始实行，其本质上是一种反馈匿名函询法。具体来说，德尔菲法是指依据系统的程序，采用匿名发表意见的方式，即团队成员之间不得互相讨论，不发生横向联系，只能与调查人员联系，反复地填写问卷，经过几轮征询，专家小组的意见趋于集中，最后做出符合未来发展趋势的预测意见。

德尔菲法的实施流程主要是针对所要讨论的问题，首先要选择 20 ~ 30 名专家，调查者与专家之间建立联系，将相关背景资料和问题整理好后发放给各位专家征询意见；然后收集专家的意见，整理后再次分发给各位专家，进行第二轮征询；经过大约三至四轮反馈，最终使专家意见比较一致，得出相应结论（见图 3-2）。

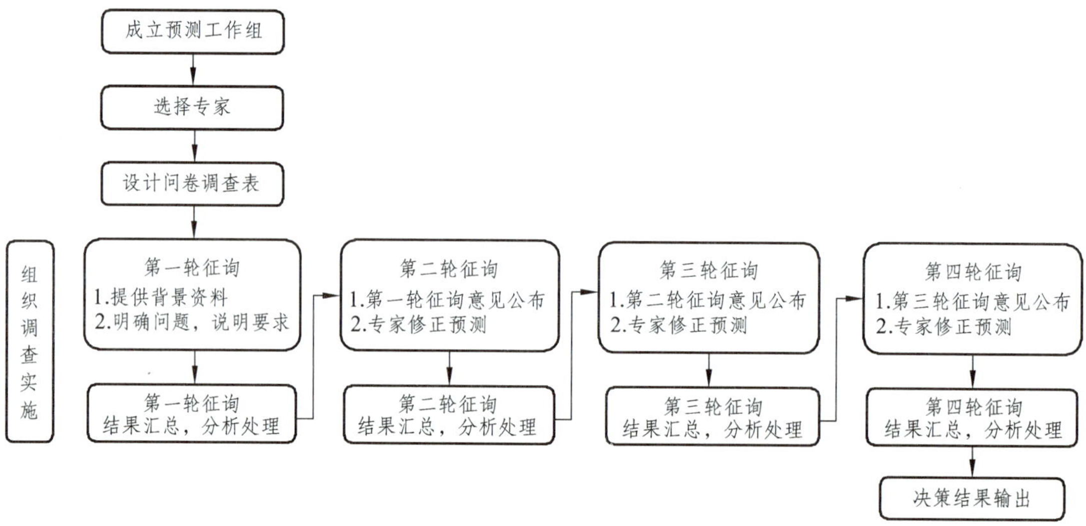

图 3-2　德尔菲法

德尔菲法的优点：首先，吸取和综合了众多专家的意见，避免个人预测的片面性；其次，不采用集体讨论的方法，而是匿名进行，由专家独立做出判断，避免了从众行为，也避免了专家在一起开会的麻烦，节省成本，提高效率；最后，经过多轮预测，最终结论具有较高的可信度。

但在实施德尔菲法的过程中要注意，专家的挑选要具有代表性，问题设计要合理、要聚焦，不要让专家一次性回答过多的问题。此外，向专家提供的资料和信息要相对充分，从而提高其预测和判断的准确性。

【知识链接 3-2】

德尔菲法实践

某公司近日研发出了一种新产品，公司决定批量生产后投入市场，以尽快获得利润。但市场上还没有类似产品的销量可供参考，因此公司无法立刻投入生产。于是，该公司决定用德尔菲法进行决策，对该产品的销量进行预测。

公司首先成立了专家小组，邀请了业务经理、市场专家、销售人员、客户代表等与产品销售有关的人员。公司给专家们提供了产品的详细介绍和一些相应的背景资料，要求大家预测该产品的最低销量、最高销量和最可能的销量，同时说明自己做出判断的主要理由和依据。公司将专家们的意见收集起来，整理归纳后返回给各位专家，然后要求他们参考他人的意见对自己第一次的预测进行修正。于是专家们进行了第二次预测，做出了不同程度的修正。决策重复进行。到了第四次预测时，所有专家都不再修改自己的意见。公司经过整理得出了预测结果，最低销量为 15 万件，最高销量为 45 万件，最可能的销量为 27 万件。公司通过德尔菲法，得出了产品销量的参考值，为产品投入生产提供了可靠的依据。

（三）名义小组法

在群体决策中，如果大家对于问题的理解不一致，分歧较为严重时，可采用名义小组法。在名义小组技术下，小组成员相互之间事先不交流，各自进行独立思考，尽可能发挥个人的创造力和想象力。

名义小组法的步骤：首先，管理者召集参与人员，说明要解决的问题；其次，参与人员根据个人理解独立写下对问题的思考和想法。在记录自己想法的过程中，相互之间不进行讨论；再次，管理者组织参与人员阐述自己的方案和意见；最后，参与人员对上述方案进行投票，根据投票结果，赞成人数最多的方案为选定方案。管理者根据选择出的方案最终决定是接受还是拒绝这一方案。

（四）发散思维法

发散思维法又称辐射思维法，是一种鼓励人们摆脱传统思维方式的局限，从不同的角度去思考问题，提出新的解决方案的一种决策方法。在传统思维中，人们习惯于按照标准的步骤来解决问题，如判断问题、明确目标、提出方案、选择方案、评估决策效果等。而发散思维法鼓励人们从一个目标或思维起点出发，沿着不同方向，顺应各个角度，提出各种设想，寻找各种途径，创新思维、转变思路，解决具体问题。

发散思维法有如下几种形式：

材料发散法——以某个物品尽可能多的材料，以其为发散点，设想它的多种用途。

功能发散法——从某事物的功能出发，构想出获得该功能的各种可能性。

结构发散法——以某事物的结构为发散点，设想出利用该结构的各种可能性。

形态发散法——以事物的形态为发散点，设想出利用某种形态的各种可能性。

组合发散法——以某事物为发散点，尽可能多地把它与别的事物组合成新事物。

方法发散法——以某种方法为发散点，设想出利用方法的各种可能性。

因果发散法——以某个事物发展的结果为发散点，推测出造成该结果的各种原因，或者由原因推测出可能产生的各种结果。

二、定量决策方法

定量决策方法是一种量化的决策方案，通过建立数学模型或运用数学公式，计算和求解出数学结果，以此来帮助决策者解决问题。对决策问题的量化分析能够提高决策的客观性和准确性。通常来说，定量决策方法主要解决 3 类问题：确定型决策、风险型决策和不确定型决策。

（一）确定型决策

确定型决策所针对的问题是只存在一种自然状态的问题，其结果是确定的，且损益值可以被计算出来。常见的确定型决策方法包括线性规划法、盈亏平衡法、非线性规划法等。

1. 线性规划法

线性规划法是在线性等式或不等式的约束条件下，求解目标函数的最大或最小值，以实现资源的优化配置和利润最大化的方法。其中，目标函数是指决策者要达到的最大经济效益的数学表达公式，通常用极大值或极小值表示；约束条件是指实现目标的资源和条件的限制因素，通常用一组等式或不等式来表示。

线性规划法通常用 5 个步骤求解：

（1）确定影响目标大小的变量，设置未知数。

（2）用设置好的未知数建立目标函数。

（3）找出实现目标的约束条件，列出一组方程式。

（4）求解方程式，得出未知数的具体数值，得出最优解。

（5）将其代回目标函数中，得到最优组合下的目标利润。

【例 3-1】T 集团是我国著名的生产型企业。其中，洗衣机分公司卖得最好的两种洗衣机分别是滚筒式洗衣机和波轮式洗衣机。假设两种洗衣机的制造流程类似，但利润不同，生产数据如表 3-1 所示。管理者比较疑惑的是，每种洗衣机应当各生产多少才能使利润最大化？

表 3-1　T 集团洗衣机分公司有关材料

部门	生产每件产品所需的小时数		每月生产能力/小时
	滚筒式	波轮式	
制造	4	8	1 300
装配	4	4	900
每件产品利润/元	600	400	—

求解：

（1）确定影响目标大小的变量，设置未知数。

在本例中，设目标利润为 G，影响目标利润的变量是滚筒式洗衣机的数量和波轮式洗衣机的数量，分别设为 X 和 Y。

（2）用设置好的未知数建立目标函数。

$$G = 600X + 400Y$$

（3）找出实现目标的约束条件，列出一组方程式。

在本例中，两种产品在每一道工序上的总时间不能超过该部门的月生产能力，即每月可工作的最长时间，因此，根据条件列出的方程式为：

$$\text{制造工序：} 4X + 8Y \leqslant 1300$$

$$\text{装配工序：} 4X + 4Y \leqslant 900$$

（4）求解方程式，求出未知数的具体数值，进而得出最优解。

将上述方程式求解后，得出 $X_{max}=125$，$Y_{max}=100$。

（5）将其带回目标函数中，得到最优组合下的目标利润。

此时，目标利润 $G = 600 \times 125+400 \times 100=115\ 000$（元）。即当生产滚筒式洗衣机 125 件，波轮式洗衣机 100 件时，洗衣机分公司的利润最大，为 115 000 元。

2. 盈亏平衡法

盈亏平衡法又称量本利分析法，是研究生产经营一种产品达到不盈不亏时的产量的决策方法。盈亏平衡法的核心思想是根据成本的两个组成部分，即固定成本和变动成本与产量之间的关系进行分析的方法。根据分析和计算，找到既不盈利也不亏损的状态，即盈亏平衡点，并求解盈亏平衡点下的产量。

固定成本是指成本总额在一定时期和一定业务范围内，不随产量变动，保持不变的成本，如厂房租金、管理人员工资等。变动成本是指随着产量变化而呈正比例变化的费用，也就是说，产量增多，成本也会随之增多，产量减少，成本也会随之减少，如包装费、原材料费、计件工资等。总成本由固定成本和变动成本组成。

销售收入、固定成本、变动成本、产量之间的关系如图 3-3 所示，由此便可得到盈亏平衡点。

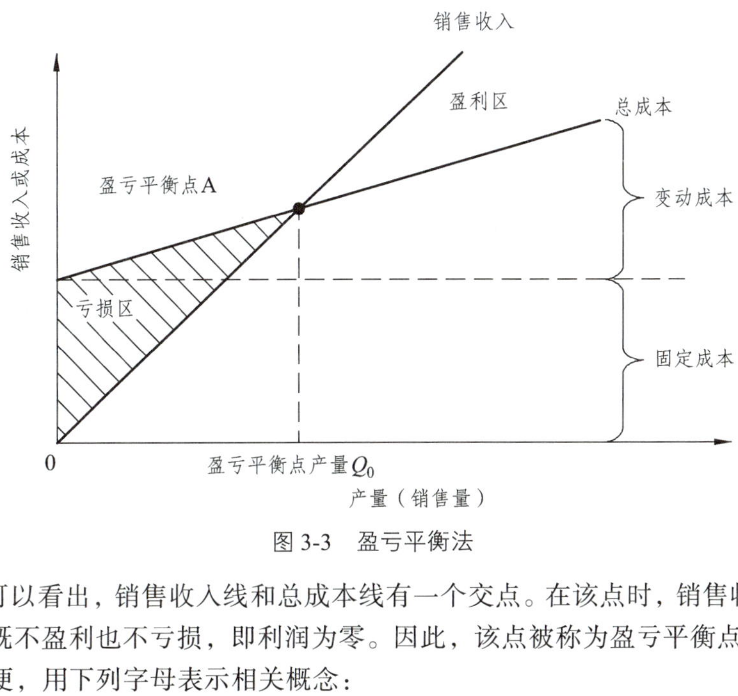

图 3-3　盈亏平衡法

从图 3-3 可以看出，销售收入线和总成本线有一个交点。在该点时，销售收入和总成本相等，此时企业既不盈利也不亏损，即利润为零。因此，该点被称为盈亏平衡点，也叫保本点。

为表达简便，用下列字母表示相关概念：

I——销售利润；

P——产品销售价格；

F——固定成本；

C_v——单件产品变动价格；

Q——销售数量；

S——销售收入。

盈亏平衡分析的基本模型为：利润=收入-成本。用字母替换表示后可得到：

$$I = S-(C_v \times Q + F)$$

$$I = P \times Q-(C_v \times Q + F)$$

$$I = (P-C_v)Q-F$$

由于盈亏平衡点的利润为零，企业此时既不盈利也不亏损，所以可以得到盈亏平衡点下的产量，用 Q_0 表示：

$$0 = (P-C_v)Q_0-F$$

$$Q_0 = F/(P-C_v)$$

当企业销售量> Q_0 时，企业盈利；当企业销售量< Q_0 时，企业亏损。

盈亏平衡法的应用主要有以下几个方面：

（1）判断销量一定时，企业的盈亏状态。

【例 3-2】某玻璃厂想新引进一条生产线，以此扩大生产规模，提高利润。假设该生产线年固定成本为 20 万元，单件产品的变动成本为 50 元，每件产品预计售价为 100 元。该产品市场需求量很大，企业生产的产品均可以销售出去。但即将引进的生产线生产能力一般，为年产 3 200 件。若在这种情况下引进该生产线，方案是否可取？请决策。

解：第一步，计算盈亏平衡点的产量 Q_0：

$$Q_0 = F/(P-C_v)=200\ 000/(100-50)=4000\text{（件）}$$

第二步，分析判断。由计算可知，当该生产线生产 4 000 件产品时，企业才能保本。而该生产线的实际生产能力只有 3 200 件，小于盈亏平衡的产量。因此，如果在此情况下引进生产线，企业会面临亏损。因此，该方案不可取。

（2）确定企业想要实现某一目标利润时的销售量。

由于企业在盈利区设定了一个目标利润，此时利润就不为 0，而是为企业设定的目标利润 G。此时可以得到：

$$G = S-(C_v \times Q + F)$$

$$G = P \times Q-(C_v \times Q + F)$$

$$G = (P-C_v)Q-F$$

因此，目标利润下的产量为：

$$Q = (F + G)/(P-Cv)$$

（3）判断企业的经营安全状态。

企业的经营安全状态可以用经营安全率来表示。经营安全率的公式为：

$$\text{经营安全率}=(Q_1-Q_0)/Q_1$$

式中，Q_0——盈亏平衡点的销量；

Q_1——实际或新方案的销量。

经营安全率越接近 1，企业经营越安全；越接近零，企业经营越不安全（见表 3-2）。

表 3-2 企业经营安全状态判定数据

经营安全率	>0.3	0.3 ~ 0.25	0.25 ~ 0.15	0.15 ~ 0.1	<0.1
安全状况	安全	较安全	不太好	要警惕	危险

（二）风险型决策

风险型决策是指决策者对未来可能出现何种自然状态不确定，但每种状态出现的概率可以估算出来。无论选用哪一种方案，均要承担一定的风险。

风险型决策常用的方法是决策树法。这是一种图解方式，模拟树枝的生长情况进行决策。决策树由决策节点和分支构成，□表示决策节点，○表示自然状态节点，也即概率分叉点，△表示损益值（见图 3-4）。

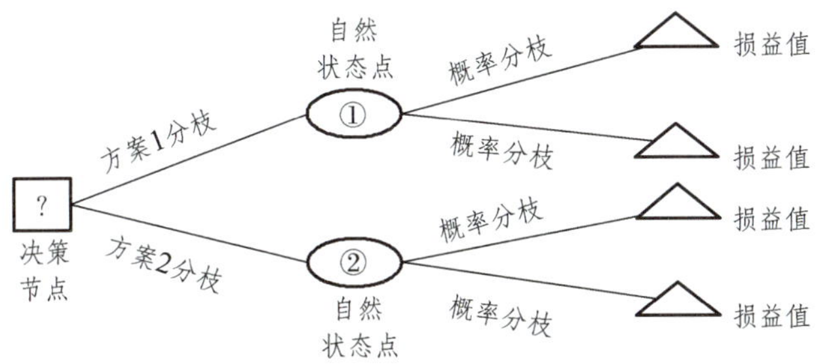

图 3-4 决策树

【例 3-3】假设某企业拟新建工厂，以扩大生产规模，提高利润。根据市场预测，新厂建成后产品销量好的概率为 0.7，销量差的概率为 0.3。现有两个方案供企业选择：

方案 1：新建大厂，需要投资 500 万元。根据预测，销量好时，每年可获利 180 万元，销量差时，每年会损失 50 万元。

方案 2：新建小厂，需要投资 200 万元。根据预测，销量好时，每年可获利 80 万元，销量差时，每年仍可获利 15 万元。

两种方案下，工厂建成后，使用期限均为 10 年。但无论选择哪种方案，决策者均需要承担相应的风险。那么应该选择哪一个方案？

解：第一步，画出决策树（见图 3-5）。

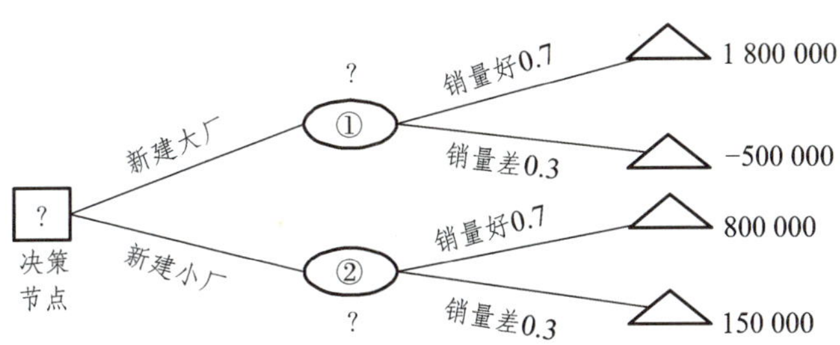

图 3-5 决策树示例

第二步，计算各方案的期望值。

方案 1（状态节点①）的期望值为：

$$E_1=[180 \times 0.7+(-50) \times 0.3] \times 10-500=610\text{（万元）}$$

方案 2（状态节点②）的期望值为：

$$E_2=[80 \times 0.7+15 \times 0.3] \times 10-200=405\text{（万元）}$$

第三步，确定决策方案（见图 3-6）。

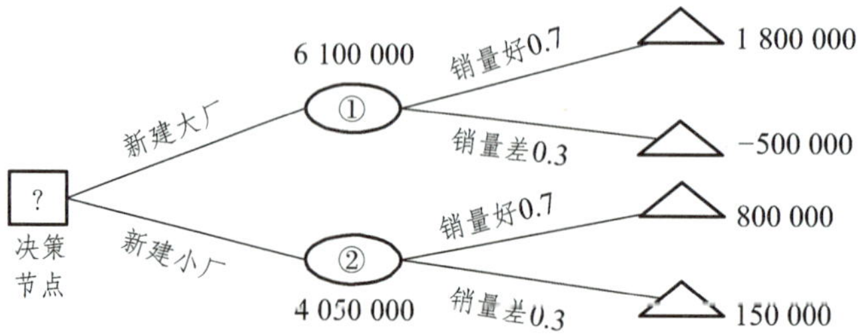

图 3-6　利用决策树进行决策

在比较两种方案时，若是考虑收益，则选取最大期望值，若是考虑损失，则选取最小期望值。

在本例中，根据计算出的期望值分析，新建大厂的期望值为 6 100 000，新建小厂的期望值为 4 050 000，因此，本题选择新建大厂的方案比较好。

（三）不确定型决策

不确定型决策是指决策者对于未来的自然状态无法做出明确估计，即在未来自然状态完全不能确定的情况下进行的决策。此外，不确定型决策无法事先估计或预测将来可能出现的情况的概率。因此，在此类型的决策中，由于无法估计方案实施后的结果，决策在很大程度上取决于决策者的主观判断、实际经验以及对于风险的态度。常用的不确定型决策方法有：乐观法、悲观法、后悔值法、折中法、平均值法。下面结合实例进行说明。

【例 3-4】一企业欲扩大生产能力，提高市场份额，以获得更大的利润。经研究，有 3 种方案可以满足要求：

（1）新建生产线，提高生产能力；

（2）改建原有生产线，提高产量；

（3）通过外包协作扩大生产能力。

虽然该企业生产的产品的市场需求量无法明确估计，但不同情况下的收益可以大概估计出（见表 3-3）。

表 3-3　3 种方案有关数据

方案	损益值		
	畅销	一般	滞销
方案 1：新建生产线	100	40	-20
方案 2：改建生产线	60	35	-10
方案 3：外包协作	40	20	15

1. 乐观法

乐观决策法也叫“大中取大”法，适用于对风险持乐观态度、敢于冒险的决策者。这种方法要求决策者找出每个方案在各种自然状态下的最大收益值进行比较，取其中最大者，所对应的方案即为合理方案（见表 3-4）。

表 3-4　乐观法下的决策损益值

方案	损益值			最大收益值
	畅销	一般	滞销	
方案 1：新建生产线	100	40	−20	100
方案 2：改建生产线	60	35	−10	60
方案 3：外包协作	40	20	15	40

根据表 3-4 可以得出，3 种方案中，方案 1 的收益值最大，为 100。因此，根据乐观法的要求，应选择方案 1：新建生产线。

2. 悲观法

悲观决策法也叫“小中取大”法，适用于对风险持悲观保守态度、厌恶风险的决策者。这种方法要求决策者找出每个方案在各种自然状态下的最小收益值进行比较，取其中最大者，所对应的方案即为合理方案（见表 3-5）。

表 3-5　悲观法下的决策损益值

方案	损益值			最小收益值
	畅销	一般	滞销	
方案 1：新建生产线	100	40	−20	−20
方案 2：改建生产线	60	35	−10	−10
方案 3：外包协作	40	20	15	15

根据表 3-5 可以得出，3 种方案中，方案 3 的收益值最大，为 15。因此，根据悲观法的要求，应选择方案 3：外包协作。

3. 后悔值法

后悔值法是指从后悔值最小的角度进行决策。每种自然状态下，最大收益和实际选取方案的收益值之间的差值就是后悔值。此方法要求先找出各方案的最大后悔值，再选择所有方案的最大后悔值中数值最小的方案作为合理方案（见表 3-6）。

表 3-6　后悔值法下的决策损益值

方案	损益值			最大后悔值
	畅销	一般	滞销	
方案 1：新建生产线	100−100=0	40−40=0	15−(−20)=35	35
方案 2：改建生产线	100−60=40	40−35=5	15−(−10)=25	40
方案 3：外包协作	100−40=60	40−20=20	15−15=0	60

根据表 3-6 可以得出，3 种方案中，方案 1 的后悔值最小，为 35。因此，根据后悔值法的要求，应选择方案 1：新建生产线。

4. 折中法

折中法又称“乐观系数法”，是悲观法和乐观法的折中。根据对实际情况是悲观还是乐观的判断，决策者会给定一个乐观系数 α。若 $\alpha=1$，则认定为情况完全乐观；若 $\alpha=0$，则认定为情况完全悲观。一般情况下，$0<\alpha<1$。采用该方法进行决策时，计算公式为：

$$E_i=\alpha \times Q_{\max}+(1-\alpha) \times Q_{\min}$$

式中，E_i——第 i 方案的期望值收益；

$Q_{\max}$——第 i 方案的最大收益值；

$Q_{\min}$——第 i 方案的最小收益值；

α——乐观系数。

乐观系数的大小，由决策者根据具体情况而定。期望值最大的方案即为合理方案。

在本例中，假设决策者给定的乐观系数 α 为 0.6，则悲观系数为 0.4。那么：

$$E_1=100 \times 0.6+(-20) \times 0.4=52$$

$$E_2=60 \times 0.6+(-10) \times 0.4=32$$

$$E_3=40 \times 0.6+15 \times 0.4=30$$

根据计算可知，方案 1 的期望值最大，因此，折中法下，应选择方案 1：新建生产线。

这种方法的优点是考虑问题不绝对化，把最好和最坏的情况均予以考虑。

5. 平均值法

平均值法即计算每种方案下，不同自然状态损益值的平均值。计算出的平均值最大所对应的方案即为合理方案（见表 3-7）。

表 3-7　平均值法下的决策损益值

方案	损益值			平均收益值
	畅销	一般	滞销	
方案 1：新建生产线	100	40	−20	40
方案 2：改建生产线	60	35	−10	28.33
方案 3：外包协作	40	20	15	25

根据表 3-7，3 种方案中，平均值最大的为方案 1。因此，应选择方案 1：新建生产线。

任务三　确定目标的要点

确定目标

课前导学任务单

项目名称	项目三　计划	
任务名称	任务三　确定目标的要点	
任务导入	目标对于组织和个人的发展具有重要的导向作用，能够激活内生动力，提高可持续发展能力。那么，什么是目标？目标的具体作用有哪些？如何制定科学合理的目标	
任务目标	知识目标	1. 了解目标的含义和作用。 2. 掌握制定目标的 SMART 原则 3. 理解制定目标的依据、原则和步骤
	能力目标	1. 能够制定符合 SMART 原则的目标。 2. 能够运用制定目标的相关知识为组织和个人制定目标
	素质目标	1. 坚定理想信念，强化使命感和责任感。 2. 培养艰苦奋斗，求真务实的职业态度。 3. 激发主观能动性，强化自我管理意识
任务准备	1. 梳理自己本学期或某一阶段要实现的目标有哪些。 2. 了解身边的个人或企业如何制定目标。 3. 将本任务知识要点以思维导图的方式提炼和归纳	

知识要点

管理学家们曾经做过这样一个步行实验，把人们分成甲、乙、丙 3 组，让他们沿着公路步行，分别向 10 千米外的 3 个村子行进。

甲组不知道去的村庄叫什么名字，也不知道它有多远，只被告知跟着向导走就行了。这个组刚走了两三千米时就有人叫苦了，走到一半时，有些人几乎愤怒了。他们抱怨为什么要大家走那么远，何时才能到达。有的人甚至坐在路边，不愿再走了。越往后人的情绪越低，七零八落，溃不成军。

乙组知道去哪个村庄，也知道它有多远，但是路边没有里程碑，人们只能凭经验估计大致要走两小时。这个组走到一半时才有人叫苦，大多数人想知道他们已经走了多远，比较有经验的人说："大概刚刚走了一半的路程。"于是大家又簇拥着向前走。当走到 3/4 的路程时，大家又振作起来，加快了脚步。

丙组最幸运。大家不仅知道所去的是哪个村子，它有多远，而且路边每千米就有一块里程碑。人们一边走一边留心看里程碑。每看到一个里程碑，大家便有一阵小小的快乐。这个组的情绪一直高涨。走了七八千米以后，大家确实都有些累了，但他们不仅不叫苦，反而开始大声唱歌、说笑，以消除疲劳。最后的两三千米，他们越走情绪越高，反而加快了速度。因为他们知道，要去的村子就在眼前。

【课堂讨论 3-6】

步行试验给了你什么样的启发？

一、认识目标

（一）目标的含义

目标是对某项活动结果的预期设想，是个人、部门或组织所期望达到的成就和结果，是人们行为的导向。人们的行为总是为了实现某种目标。目标具有现实性、主观性、方向性、社会性和实践性。

（二）目标的作用

任何人、任何组织做事情都需要目标。目标让人看到奋斗的希望，使人具有奋斗的动力。具体而言，对于组织来说，目标主要有以下作用：

1. 指明方向

目标表明了整个组织的宗旨、方向和意义，有助于协调和统一组织成员的整体行动方向，使组织成员齐心聚力共同前进。

2. 激励作用

目标是一种激励组织成员的力量源泉。组织成员只有明确了行动目标后，内在潜力和动力才会被激发出来，尽力而为，为组织发展做出贡献。而组织成员在达到目标后，也会产生极大的成就感和获得感。

3. 凝聚作用

组织是由组织成员组成的有机整体。组织发展离不开组织成员的团结力和集体荣誉感。明确目标，个人目标与组织目标一致，能够增加组织成员的认同感和凝聚力，激发其工作热情和创造性；否则，组织会成为一盘散沙。

4. 考核作用

目标是组织运营的出发点，也是进行绩效考核的标准和依据。明确的目标为组织成员的行为和行动方向提供了准绳，而不是凭借主观判断随意行事。通过考核，找到实际的工作结果和目标之间的差距，有助于组织改进工作，提高管理成效。

【课堂讨论 3-7】

目标对于个人来说也十分重要。具体而言，这种重要性体现在哪些方面？请举例说明。

二、目标的 SMART 原则

从管理学的角度来看，目标有其特殊的属性，通常被称为 SMART 原则。

S——具体明确（Specific），即目标要表达清晰，指令明确，具备可行性。

M——可衡量的（Measurable），即目标要尽可能量化，可以度量或测量，提高其执行效率。

A——可达成的（Achievable），即目标一定是可以实现的，而不是空中楼阁。难度适中，既不是太简单，也不是难度极高无法实现，而是有难度但通过努力可以实现的。

R——相关联的（Relevant），即在总目标下分解的目标相互之间是有联系的，整体来说都是为了总目标的实现，服务于总目标。

T——有时限的（Time Bond），即规定目标的完成日期，提高目标的执行力度，避免随意或过度拖延导致目标无法实现。

三、目标的分类

（一）按照时间跨度长短划分

1. 短期目标

短期目标通常指期望在 1 年内达到的目标。短期目标通常全面且具体。短期目标是中期目标和长期目标的具体化、现实化和可操作化，是清晰程度最高的目标。

2. 中期目标

中期目标是指期望在 2 ~ 5 年内达到的目标。中期目标在目标体系中会受到长期目标所制约，是达成长期目标的一种中间目标。

3. 长期目标

长期目标是指期望在 5 ~ 10 年或更长的时间内达到的一些目标。长期目标通常是组织通过实施特定战略所期望的结果，是一种方向性的、概念性的、宏观化的目标。

（二）按照管理层次划分

1. 总目标

总目标是指组织发展的整体目标、经营方向、总体战略。总目标通常由组织的高层管理人员做出，根据组织所面临的内外部环境、组织历史表现、市场发展趋势等制定。

2. 部门目标

部门目标是总目标经过分解后的第二级目标。总目标经过分解后，将责任和任务清单落实到每个部门，便形成了部门目标。

3. 业务单元目标

业务单元目标是部门目标的进一步分解。部门目标的实现离不开业务单元目标的支持。只有将业务单元目标分块分项落实，部门目标的整体实现才有保障。

4. 个人工作目标

个人工作目标是业务单元目标分解后将具体任务落实到个人的目标。只有将具体工作任务和目标分解落实到人，才能明确工作责任，提高工作效率。由此在组织内部便形成了一个由上往下逐层分解，再由下往上逐步完成的目标体系。个人工作目标的实现是组织总目标实现的根本保证。

（三）按照目标的性质划分

1. 数量化目标

数量化目标是指用具体数字表明的目标。它使目标更加明确和具体，具有较强的指导意义，如月生产量、季度销售额、年销售量、利润或利润率等。

2. 进度目标

进度目标是指根据工作任务截止时间，倒排工作进度，在规定时间内完成相应工作。通常用在职能部门或行政工作方面。例如，×年×月×日以前完成×工作总结；×年×月以前完成招聘工作。

3. 改善目标

改善目标是针对某项具体工作任务而言的。通过设定改善目标，改进工作质量，提高工作效率。例如，普及电子化办公，降低年度耗材 10%；提高产品合格率至 99%以上。

四、制定目标

（一）制定目标的依据

目标不是凭空想象，直观臆断制定的，而是要依据一定的客观事实来制定。具体来说，目标的制定要结合以下实际情况：

（1）从组织宗旨出发，结合组织现有资源和内外部环境的变化。

（2）根据前一阶段尚未完成的目标和任务，使目标制定有延续性。

（3）根据新出现的问题和未来发展趋势制定目标。

（4）通过与同行业及国内外先进水平比较的差距制定目标。

（5）根据上级部门的要求、部署和安排，以及政策的调整等制定目标。

（二）制定目标的原则

制定目标的原则通常包括以下几个方面：

1. 全局性

制定目标要从组织全局出发，系统性、整体性考虑组织未来的发展战略和方向。

2. 层次性

总目标制定后，要将其逐层分解，并根据重要和紧急程度进行排序，突出重点。同时，各分目标要与总目标协调一致。

3. 可行性

所制定的目标必须是能够落地实现的，否则，再理想的目标也只会变为空中楼阁。组织在制定目标前需要进行周密的调研工作，充分认识组织所处的环境，制定合理可行的目标。

4. 具体性

在总目标之下，分解出的目标应该是具体的、可量化的、指标性的，尽可能将目标用数量进行表示，从而提高目标的可视性和可行性。

5. 稳定性

制定目标后，要保持一段时间的稳定，不能朝令夕改，否则会造成组织内部混乱。但并不是说制定目标后就一成不变，组织需要根据实际环境的变化定期复盘和调整。

（三）制定目标的步骤

制定目标是一项系统工程，需要考虑组织的方方面面。通常来说，制定目标包括以下 5 个步骤（见图 3-7）。

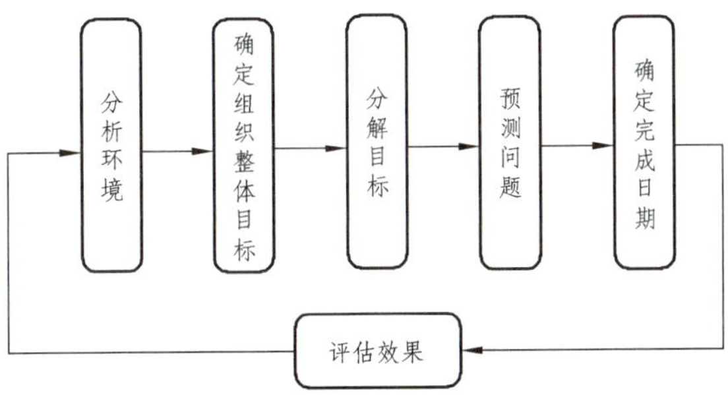

图 3-7　制定目标的步骤

1. 分析环境

分析组织所处的内外部环境，包括宏观环境和微观环境。只有清楚知道组织现在所处的环境和所掌握的资源，才能做到知己知彼，准确定位，知晓竞争对手的情况，为制定目标打下基础。

2. 确定组织整体目标

组织的整体目标要符合组织的发展定位，根据组织实际情况制定合理可行的整体目标。

3. 分解目标

总体目标之下，要对目标进行分解。这一步要注意的是，分解后的具体目标要符合 SMART 原则，避免目标不聚焦、难以量化和目标太多的情况出现。

4. 预测问题

在实现目标的过程中，必然会出现相应的问题和障碍，如资源短缺、时间紧张等。为了保证目标能够实现，管理者要具备风险意识，对目标实现过程中可能出现的问题进行提前预测，制订相应的应急预案和解决方案，做到有备无患，提高目标实现的效率，加快目标实现的进程。

5. 确定完成日期

制定目标的关键之一是确定其完成日期。制定目标后，要将完成日期书面确定下来，提高实现目标的紧迫感。如果目标的完成日期没有明确，不仅在日后会引起混乱和争论，也无法开展目标检查和绩效考核工作，使制定目标的前序工作付之东流。

6. 评估效果

制定目标后，需要落地执行，否则，再美好的设想、再宏伟的目标，都无法最终实现。因此，在做完上述 5 个步骤后，需要评估目标完成的效果，及时纠正和修订不合理的地方，提高目标实现的可能性。

任务四　制订一份可行的计划

制订计划

课前导学任务单

项目名称	项目三　计划	
任务名称	任务四　制订一份可行的计划	
任务导入	决策使组织和个人明确目标。为了提高目标的达成度，需要制订一份可行的计划。那么，什么是计划？计划的内容包括哪些？如何做才能制订出一份可行的计划	
任务目标	知识目标	1. 了解计划的含义、性质、重要性和类型。 2. 理解计划的内容。 3. 掌握计划的原则和过程
	能力目标	1. 培养资源整合的能力。 2. 能够运用所学知识制订符合实际要求的计划
	素质目标	1. 培养科学管理、求真务实的职业精神。 2. 培养敬业、诚信的职业素养，提高责任感
任务准备	1. 了解身边企业和个人如何制订计划，提高目标完成度。 2. 思考如何运用所学知识，为自己实现目标制订计划。 3. 将本任务知识要点以思维导图的方式提炼和归纳	

知识要点

在组织管理中，计划是目标实现的蓝图。管理学大师哈德罗·孔茨认为，计划工作就是预先决定做什么，如何做和谁去做，在我们所处的地点和要到达的地方之间铺路架桥。虽然计划不能完全准确地预测未来，但如果没有计划，组织的工作往往没有头绪。因此，计划明确了实现目标所需的资源配置、时间进度、任务安排、措施保障等，在管理学中具有重要地位，扮演着不可或缺的角色。

一、初识计划

（一）计划的含义

计划是组织为了落实决策，实现目标，通过编制行动计划、执行和监督，以优化资源配置，达到预期目标的过程。计划为人们的行为提供了行动指南和工作依据，为决策目标的顺利实现提供了切实保证。

（二）计划的性质

1. 目的性

计划旨在实现某种目标。决策为组织发展确立了方向和目标，而如何实现目标，如何将行动统一起来朝着目标的方向迈进，就是计划要解决的问题。良好的计划能够进一步明晰前进的方向和力度，为最终目标的实现奠定坚实的基础。因此，计划具有较强的目的性。

2. 普遍性

任何层次、任何形式的管理，以及每个组织和个人都涉及计划。以组织内部为例，一个组织在确定总目标后，各级管理人员为了使本部门、本层级的各项工作顺利进行，实现组织总目标，都需要制订相应的工作计划。

3. 首位性

计划是具体行动落实的前提。从管理过程来看，计划工作排在其他工作之前，有了清晰明确的工作计划，组织才有通向未来目标的明确道路，人们的行为才能有条不紊。计划是管理职能中其他 3 项职能的基础，贯穿于管理活动的全过程。

4. 效率性

计划的最终目的是实现组织目标，而实现组织目标的过程中涉及资源的优化配置，这就需要从众多的方案中选择出最优方案，以便能够合理利用资源，提高工作效率。计划的效率主要从时间性和经济性两个方面来考虑。良好的计划能够使组织以最小的时间和经济代价，实现最大的目标。

【课堂讨论 3-8】

有人认为，计划由高层管理人员做出就可以了，与其他人没什么关系。其他人员只需要负责执行计划即可。你认同这样的观点吗？为什么？

（三）计划的重要性

1. 统一行动方向

计划为各级各部门员工指明了组织发展的方向，使人们可以瞄准既定目标进而采取行动。目标一致，则行动也会朝着统一的方向迈进。

2. 减少工作失误

通过计划，人们可以预先做好各项工作安排，合理预测未来可能出现的各项问题，提前制订备选方案，从而在变化来临时能临危不乱，从容应对，减少失误。

3. 开展控制工作

计划为组织活动提供了行动的指南，开展工作的指标、步骤和依据，是后续环节开展的标准和依据，也是行使控制职能的基础。

4. 提高效益

计划有助于组织成员找到实现目标的最佳途径，降低走弯路的概率，提高工作效率，降低组织各项工作的成本，有助于组织提高经济效益和社会效益。

二、计划的类型

计划的种类有很多，按照不同的标准可以划分为不同的类型（见表 3-8）。

表 3-8　计划的类型

分类标准	计划的类型
时间长短	长期计划、中期计划、短期计划
对象范围	综合性计划、专业性计划
职能空间	人事计划、财务计划、业务计划
综合程度	战略性计划、战术性计划
程序化程度	程序性计划、非程序性计划
表现形式	使命、战略、愿景、政策、规则、预算

【课堂讨论 3-9】

1. 计划是决策的延续。计划的部分分类可以与决策的分类相对应，具体有哪些？

2. 使命和愿景是计划的表现形式。哪些公司的使命和愿景比较有代表性？对于公司的发展来说有什么意义和价值？

三、计划的内容

计划是一项系统性工程，为了确保决策目标的实现，要考虑方方面面的因素。通常来说，计划的内容主要包括 7 个方面，可以概括为“4W2H1E”。

（1）What（什么）：计划的目的。计划工作首先要明确此次的工作任务是什么，应该达到什么程度，最终要实现的目标是什么。

（2）Who（谁）：谁来做。计划的落地执行需要依靠人来完成。谁来做就成为关键。选择合适的人员，进行合理的分工，是计划落地执行，最终实现决策目标的关键和保障。

（3）Where（何处）：计划的实施场所。计划的执行离不开环境的支持，其中之一便是场地保证。计划重在实践，因此，针对不同类型的计划，需要依附的实施场所也不一样。例如，销售计划需要根据实际选择合适的渠道，线上或线下或两者结合。选择计划的实施场所需要综合考虑计划执行的时间效益和经济效益。

（4）When（何时）：计划实施的时间范围。计划执行需要设定一定的时间范围，否则无法按期实现决策目标。根据决策目标的不同，设定相应的时间期限，根据时间期限倒排工作计划，提高行动魄力和执行力，保证目标顺利实现。

（5）How（如何）：执行计划的方法和途径。正如沟通需要借助一定的媒介，如语言、文字等，计划实施也需要借助相应的方法和途径。通过哪些途径可以保证目标的实现，哪些方法有利于推进计划工作的进程，都是需要考虑的内容。

（6）How Much（多少）：执行计划的预算。一项工作计划或方案在执行过程中，必然涉及经费使用问题。哪些工作环节需要使用经费，每项经费预算具体是多少，都需要在计划工作中进行明确。这是为组织节约成本，提高经济效益的重要体现。

（7）Effect（效果）：预测计划实施后的效果。虽然计划所针对的事情还没有实际发生，但可以通过提前预测来合理检验计划工作的准备情况。提前预测此次计划产生的效果和可能出现的问题，有助于人们提前规避一些风险，及时调整工作思路和方向，确保计划执行过程能顺利进行，最终实现决策目标。

四、计划的原则和过程

（一）计划的原则

1. 系统原则

系统原则是指在制订计划的过程中，要充分考虑组织所面临的内外部条件，从整体上对决策目标进行考量，在统筹规划、全面考虑的基础上，为目标的实现制订相应的工作计划。

2. 重点原则

重点原则是指计划工作要有所侧重。虽然决策目标分解后会产生若干小目标，每个目标都有相应的实施计划，但组织的各项资源是有限的，要根据工作的轻重缓急程度对目标进行优先排序，分清主次，重点保证影响全局的主要目标首先实现。

3. 弹性原则

弹性原则是指在制订计划的过程中，要留有一定的调整余地，以应对突发情况。即使是再严谨再周密的计划，也会遇到临时状况，也会受到不确定因素的影响。因此，为了保证实施计划的整个过程能够顺利进行，减少差错，降低成本，在制订计划的时候就应留有一定的调整余地。

4. 补短板原则

补短板原则也就是通常所说的“木桶理论”。在制订计划的过程中，不可避免地会涉及阻碍计划实施的问题，因此，管理者需要认真分析组织的各项资源和条件，找出影响计划实施的主要限制因素，提前采取有针对性的措施尽可能消除其带来的负面影响。

（二）计划的过程

计划工作虽然可大可小，可繁可简，但都需要遵循一定的程序或步骤。计划工作通常包括以下几个步骤：

1. 明确目标

明确目标是计划工作开展的前提。计划是目标和行动的桥梁，因此，在制订计划之前，首先应该明确此次计划工作所针对的目标是什么。为了提高计划的可行性，通常来说，一项计划只针对一个总目标。目标太多会引起混乱，降低计划的有效性。总目标设定应该是明确的、具有挑战性的。

2. 情况分析

情况分析是指管理者围绕要实现的决策目标，分析组织现有的各项资源，所处的内外部环境，所具备的优劣势，为计划工作的具体开展打下基础。组织只有清楚地知晓自身所面临的各种情况，才能够合理制订计划方案。

3. 制订计划实施方案

在充分了解组织所面临的内外部环境的前提下，管理者应围绕要实现的目标，着手制订计划实施的方案，通常来说应制订两个及以上方案，每个方案有各自的侧重点和解决问题的思路。计划实施的方案应充分发扬民主精神，听取组织成员的意见。根据意见整合制订出可行的计划实施方案。在制订方案的过程中，还应该具备风险意识，提前预测可能出现的问题和风险，在方案中明确应急措施。

4. 评估与选择方案

这一步主要是评估每个方案的优缺点，衡量各自的总体效益，并将评估结果进行比较，从中选择出一个最合适的方案。无论选择哪个方案，其余的方案都应该进行细化和完善，以备不时之需。

5. 实施计划

计划一定要落地执行，否则，再完善的计划也只是空中楼阁。这一步，管理者要注意统一组织成员的思想和行动，激发组织成员的内生动力，提高计划实施的效率和成果。

6. 监督和控制

计划实施的过程中，可能会出现预料之中和之外的各种问题。这就需要管理者对计划实施的过程进行全程监督，采取措施及时纠偏，确保将风险控制在可控范围内，从而及时解决所出现的问题。

【课堂讨论 3-10】

有人说，计划赶不上变化快，因此没有必要制订计划。对此，你怎么看？

任务五　实用的计划方法

实用的计划方法

课前导学任务单

项目名称	项目三　计划	
任务名称	任务五　实用的计划方法	
任务导入	制订计划的方法有很多，常见的计划方法包括滚动计划法、甘特图和目标管理等。针对不同类型的问题，选择合适的计划方法，能够提高组织和个人的执行力，进而提高目标的达成度。那么，这些计划方法分别指的是什么？有怎样的内涵？适用于怎样的情境	
任务目标	知识目标	1. 理解滚动计划法的知识要点。 2. 掌握甘特图的使用方法。 3. 理解目标管理的知识要点
	能力目标	1. 能够辨析不同类型的问题并选择合适的计划方法。 2. 能够运用常见的计划方法制订相应的计划。 3. 提高自我管理能力和执行力
	素质目标	1. 激发内驱力，提高主观能动性。 2. 培养求真务实，不懈奋斗的职业精神。 3. 培养爱国情怀、家校情怀
任务准备	1. 了解国家、社会、学校各类发展规划的制定方法和内容。 2. 将本任务知识要点以思维导图的方式提炼和归纳	

知识要点

编制计划的方法有很多，这里重点介绍 3 种：滚动计划法、甘特图、目标管理法。

一、滚动计划法

滚动计划法是一种动态的计划编制方法，以 3 ~ 5 年为一个周期，按照“远粗近细”的原则，根据计划执行情况和市场环境的变化情况，调整和修订未来的计划，并逐期往后移动（见图 3-8）。

对于距离现在越远的计划，编制得较为粗略，通常是概括性的、方向性的，以便后期能根据实际情况进行调整，而对于距离现在越近的计划，则要制订得较为详细、具体，具有可操作性。

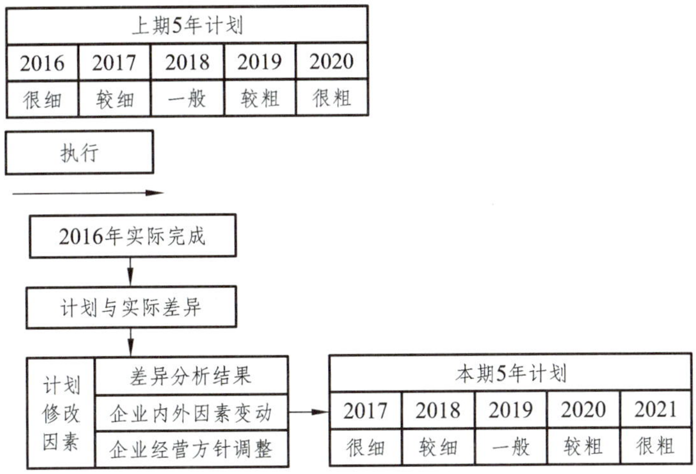

图 3-8　滚动计划法

滚动计划法的优点主要表现为：

（1）使长期计划、中期计划和短期计划有机结合起来，各部分计划相互衔接，有助于提高计划的有效性。

（2）逐期往后移动，使每一轮的计划都在上一轮计划的基础上延续，有助于提高计划的连贯性，以及组织长期目标的实现。

（3）使近期计划贴合实际，长期计划方向平稳，有助于提高组织的可持续发展能力。

（4）组织可根据自身内外部环境的变化和计划的实际执行情况及时调整计划，有助于增加计划的弹性，提高组织的适应能力。

二、甘特图

甘特图又称为横道图、条状图，是以提出者亨利·甘特先生的名字命名的。甘特图通过条状图来显示项目、进度和其他时间相关的系统进展的内在关系随着时间进展的情况。通常来说，甘特图的横轴表示时间进度计划，纵轴表示具体活动安排以及活动之间的内在联系。例如，以某资格考试备考为例，用甘特图做的计划如图 3-9 所示。

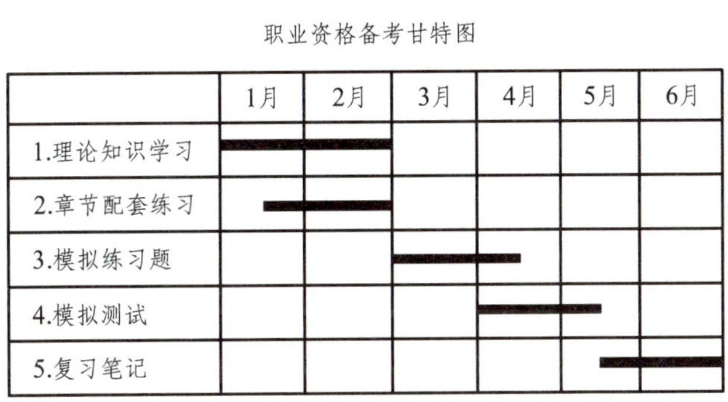

图 3-9　甘特图示例

通过甘特图，使用者可以清晰地弄清一项任务具体要做哪些方面的工作，每个环节何时开工何时结束，环节与环节之间有什么样的影响和联系。甘特图对于工作开展具有重要的实践意义，因而被广泛使用。

三、目标管理法

目标管理法（Management by Objectives，MBO）是由美国管理学家彼得·德鲁克提出来的，如今已成为使用较普遍的一种现代管理方法。目标管理法围绕的底层逻辑是，任何组织都有其存在的目的或使命。完成这些目的或使命的必经途径就是通过不断设立相应的目标并加以实现。

（一）目标管理法的概念

目标管理法也称成果管理，是指由组织的管理者和员工共同参与制定目标，并把目标具体分解至组织各个部门、各个层次、各个成员，最终实现组织总体目标的一种管理方法。所设定的目标必须是具体的、可行的、客观的、可衡量的。目标管理以目标为导向，以人为中心，以成果为标准。

（二）目标管理法的实施步骤

首先要确定目标。这一步由员工和部门经理协商完成，这也是后续进行绩效考核的依据。其次，员工和部门经理协商制订实施计划。再次，部门经理对实施过程进行监督检查。最后，部门经理针对实施过程中出现的问题进行分析，及时调整目标，帮助员工改进执行情况。目标管理的实施步骤如图 3-10 所示。

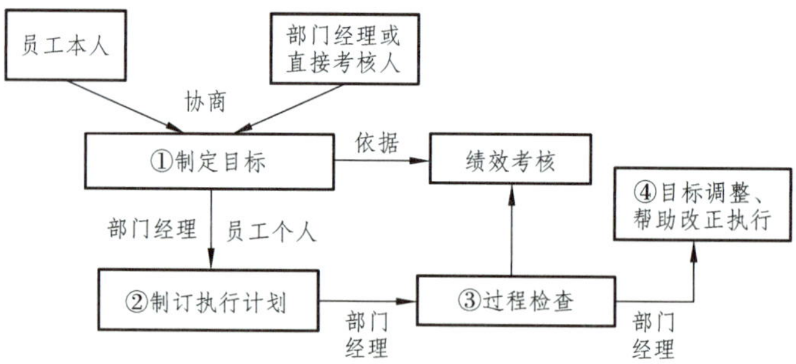

图 3-10　目标管理法的实施步骤

在制定目标的过程中，目标需要逐层分解，形成一个层次体系（见图 3-11）。

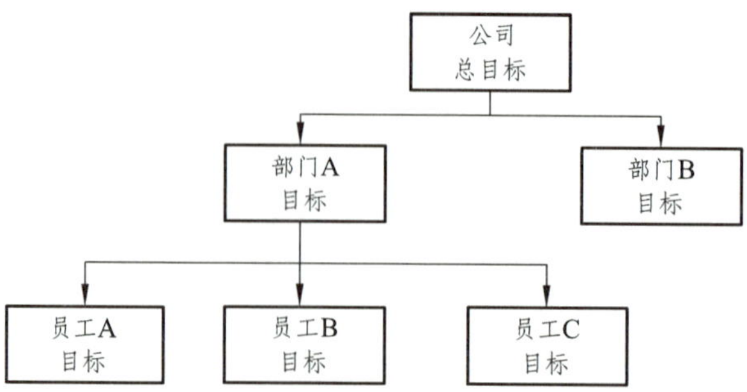

图 3-11　目标分解示意图

（三）目标管理的特点

1. 重视人的因素

目标管理在各个阶段都很重视上下级之间的沟通，强调员工的参与，是一种参与的、民主的、自我控制的管理制度。通过管理者与员工协商制定目标，个人需求与组织目标得到了有效的结合。上下级之间的关系是平等和相互尊重的。

2. 以结果为导向

目标管理非常重视结果，以制定目标为起点，以目标完成情况的考核为终结。工作成果是评定目标完成程度的标准，也是人事考核和奖评的依据。实行目标管理后，评判组织成员的工作表现情况就由之前的凭借印象和主观判断，转变为凭借实际的工作成果和工作贡献程度。所以，目标管理在很大程度上激发了个人的主观能动性。

3. 强调授权

目标管理促使管理者将权力下放给组织成员。总体目标的完成离不开员工自下而上逐层完成细分目标。而下级员工完成个人的工作目标有赖于上级管理者授予相应的权力，以便其能更好地发挥自主权。如果下级员工没有任何自主权利，事事都要向上级请示和汇报，工作效率便会大打折扣，工作进度也会被严重耽误。因此，授权是提高目标管理成效的关键。

4. 建立目标链条与体系

目标管理在实施的过程中，要将组织的整体目标逐级分解，转换为各部门、各员工的细分目标，即从组织目标到经营单元目标，再到部门目标，最后到个人目标。在目标分解过程中，对权、责、利三者之间的关系进行了明确。分解的目标方向一致，环环相扣，相互配合，形成协调统一的目标体系。

（四）目标管理的优点

1. 明确任务

由于目标管理对目标进行了分解，组织成员从上到下都有明确的目标，组织成员间也进行了合理的分工，每个人的任务都很具体清晰，权、责、利之间的关系得到了规范，所以，整个组织能够井然有序地运行，组织成员也能够在明确的任务指引下开展工作。

2. 形成激励

实施目标管理使组织成员能够亲自参与目标的制定，这极大地激发了他们的责任意识。亲自参与提高了组织成员对于目标的认同感，而责任意识能够有效地提高成员的积极性、主动性和创造性。此外，目标本身也具有较强的激励和引导功能，组织成员在实现目标后从心理上会产生满足感和自豪感，这会激励着他们继续去实现新的目标，从而提高工作的主观能动性。

3. 有效管理

目标管理对目标进行逐层分解，确保了组织的目标链条连续完整，使组织上下对目标都能有清晰连贯的理解。由于目标管理以事实结果为导向，在具体实施过程中，目标从下往上逐层完成，每一层次的员工在完成时不会受到太过严苛的束缚，可选择合适的方式和手段，完成目标的空间和自由度较高，有效地提高了组织的管理成效。

4. 自我管理

实施目标管理能够有效引导组织成员主动思考自身目标是什么，不再是被动地等着安排工作和执行指令。在完成的过程中需要思考如何更有效地完成目标，而不是随波逐流，从而有效地引导和规范员工的思想、自身行为，形成有效的自我管理。

5. 有效控制

实施目标管理，对目标进行分解后，并不是直接等着目标逐层从下往上完成，而是要经常进行检查、比对目标、及时纠正偏差。目标会成为考核的依据和标准。因此，目标管理本身也是一种控制方式。

（五）目标管理的缺点

1. 强调短期目标

由于实行目标管理时，所制定的目标通常需要非常具体明确，易于分解，能够对行为进行有效引导，所以，通常都是一些短期目标。长期目标比较抽象，难以分解和具象化。如果组织发展过于陷入短期目标，对于长远发展来说会产生不利影响。

2. 目标设置困难

并不是所有的目标都可以非常明确清楚地进行分解，尤其涉及合作的时候。在合作中，很难清晰地量化每个人该做多少工作。如果组织成员过于计较自己的工作量，则难以开展工作。因此，对所有目标都进行量化分解并不现实。

3. 无法权变

在实施的过程中，一旦确定了目标就不会轻易改变，否则组织运行会陷入混乱，从而导致组织缺乏弹性，以致对变化的响应有滞后性，无法通过权变来适应组织内外部环境的改变。

4. 增加管理成本

实施目标管理需要花费相应的时间和精力，反复协商的过程、监督控制等都会耗费一定的人工成本，加之上述问题的存在，便增加了组织的管理成本。管理者实行目标管理的过程中要注意因地制宜，尽可能规避问题和风险，发挥其优势。

【课堂讨论 3-11】

如何将目标管理运用在自身的学习和生活中？请结合自身实际举例说明。

【知识链接 3-3】

向华为学习

华为技术有限公司（以下简称“华为”），成立于 1987 年，总部位于广东省深圳市，是一家全球领先的信息与通信技术（ICT）解决方案供应商，专注于 ICT 领域，坚持稳健经营、持续创新、开放合作，在电信运营商、企业、终端和云计算等领域构筑了端到端的解决方案优势，为运营商客户、企业客户和消费者提供有竞争力的ICT解决方案、产品和服务，并致力于实现未来信息社会、构建更美好的全联接世界。多年来，华为运用目标管理将公司运营得井井有条，在很多方面值得我们借鉴。

一、先有目标再工作

国内一些企业的员工，经常一大早就来到办公桌前埋头苦干。虽然这种工作态度值得肯定，但是这样工作的效率不一定高。之前，华为也遇到过类似的问题，员工工作都非常努力，还经常加班，但工作结果与预期的目标相差甚远，这不得不引起企业管理者的深思。他们深入调查后发现，大多数华为员工都是坚定的指令接受者，接受任务后就埋头苦干，却很少思考自己的工作目标究竟是什么。因此，他们往往不清楚何时应该完成什么样的任务，任务完成的程度如何以及有没有合理的操作手段，等等。就是这种毫无目的性的工作方式导致员工工作混乱，甚至会选择错误的工作方法、擅自改变工作目标，做了很多无用功。

针对这种情况，任正非提出了“先瞄准目标，再开枪”，也就是永远不能“先干起来再说”。因此，员工个人也应有自己的工作目标，而且这个目标应该与企业目标一致，从而明白自己目前做什么才能满足企业的发展需要。

华为公司在培训员工的时候，让每一名员工在开始工作之前必须弄清楚5件事：做什么？如何做？做多少？在哪儿做？为什么做？明白这5点，是员工做好工作的前提，从而引导员工正确工作。

二、目标要切实可行

企业中绝大多数员工还是希望自己能够做得更多、更好，从而证明自己。但从现实来讲，在制定目标的时候，他们总会对目标缺乏基本的判断，只知道自己想要什么，而不知道自己究竟能够做什么。虽然我们说目标要高于现实，但不能超出范围，否则目标就变成空中楼阁。正因如此，华为公司在进行目标管理，为员工制定目标之前，总是会先进行一番调查，同时做好可行性研究，了解目标工作的难度，了解员工是否能够完成目标。任正非也说过，任何目标必须是可执行的，任何缺乏执行性或者无法达到的目标，都毫无用处。在华为内部，很少会有人提出不切实际的计划，公司也绝对不赞成、不鼓励员工提出此类计划。在他们看来，目标不是越大越好。一旦遥不可及，这个计划反而会变成负担。

三、工作目标要明确、要量化

目标管理的原则要求目标必须是可度量的。而华为员工都有明确且可执行的工作目标，都明白各自的工作任务。在执行目标时，他们通常会根据具体的工作流程，按照基本的流程设定相对独立的工作步骤或者工作单元，指定3个量化指标：时量、数量、质量。比如对于产品的数量、检查次数等直接可量化的目标，完全可以从数量角度去衡量，而无法直接量化的指标可以从质量、时量的角度去考虑。比如人员投诉率、服务及时性可以反映出员工对职能部门的满意程度；文件的通过率可以反映出文件起草的好坏。

上述3个量化指标，既是布置工作的要求，也是衡量工作效果的指标。它们贯穿于整个工作的全过程。有了这3个指标，才能确保员工工作执行到位。比如华为公司在进行考勤统计时，他们会要求“3小时内完成15 000人的考勤统计，形成考勤表，并及时上报行政主管”。在这个工作目标中，就包含了3个量化指标：时量是3个小时；数量是15 000人的考勤统计；质量是形成考勤表，上报行政主管。任何一个量未完成或者缺失，都会影响目标的实现。

这种工作方法有效保证了员工的工作目标不会过多地偏离现实，更不会变得遥不可及。

四、目标要一步一个脚印

华为在发展的过程中，虽然采用的是“群狼战术”，但它并不是暴发户式的增长，而是通过一小步一小步地走，一步一个脚印扎扎实实走出来的。比如 20 世纪 90 年代，任正非提出“农村包围城市”，使华为慢慢在城市站稳脚跟。接着华为瞄准国内市场，等在国内市场占据了大部分市场份额后，又将目光转向海外市场。而在拓展海外市场时，华为先从俄罗斯入手，然后是非洲、欧美等。华为一步步走来，每个目标都很明确，而且是逐步实现每个目标，并没有进行跳跃式发展，确保了华为保持在总体战略目标方向上稳步前进。

华为的发展有迹可循，而且一直以来都在循序渐进，它的扩张绝对不是一天两天就能完成的，它所有的目标也不是一天两天就能实现的。这种逐步扩张壮大的方式在日常工作中也得以体现：华为的每个员工平时都严格按照“制定目标→执行→完成主标→制定新目标”的方式进行工作。

以华为市场部员工为例，市场销售人员通常会接到任务，要求第一年完成多少销售额，第二年增加多少，第三年增加更多，到第五年要确保市场份额占到了多少，第十年的市场份额又增加了多少。这些都会纳入工作计划，成为工作的核心。此外，在华为的会议上，无论是领导还是员工都会提出一个短期计划和中期计划，这些计划通常都是相对稳健的。每个人都知道自己在短期内应该做什么，接下来应该做什么，以此来推进自己的工作。

华为公司通常会制订一个 5 年计划和 10 年计划，而对于公司部门以及团队内部之间，目标与计划则控制在两三年以内。因为短期目标和短期计划的存在能够有效保证管理者以及员工不会冒进，不会采取“大跃进”的方式进行工作。

华为人常常将公司的发展比作跑马拉松，一般的跑步者在跑步过程中很容易因为路程太远而放弃，如果跑步者能够将目的地进行切割和分化，将路程中的大树、房子河流等作为标志。那么当跑步者每通过一个标志时，就会产生一种实现目标的成就感，从而产生更多的动力。所以，低着头硬撑的人往往难以坚持到最后，而在沿途上做好标记并随时进行观察的人，则能够更好地完成长跑计划。

（资料来源：刘俊宏，刘静，谢晓冲，文智丽. 管理学基础[M]. 成都：西南财经大学出版社，2022）

请思考：

1. 华为的目标管理运用到了本项目中所学的哪些知识？
2. 其目标管理实践中，有哪些值得学习和借鉴的地方？请举例说明。
3. 你如何将其运用到自身的学习和未来的工作中？

知识巩固与技能提升　　　　同步测试

项目四

PART FOUR

组　织

项目导入

三钢集团：扁平化管控模式

三钢集团前身为始建于1958年的福建省三明钢铁厂，是我国规划建设的钢铁行业“十八罗汉”之一，2000年3月经福建省政府批准改制为福建省三钢（集团）有限责任公司。三钢集团是以钢铁制造业为主，多元产业并举的跨行业、跨区域、跨所有制大型企业集团，旗下拥有三明本部、泉州闽光、罗源闽光、漳州闽光4个钢铁生产基地及42个各级权属企业，其中全资和控股子公司18个（含上市公司三钢闽光），其他各级权属企业24个。

随着企业规模不断发展壮大，管理层级多、管理链条长、管理幅度宽影响运营管理效率的问题开始显现。三钢集团以“国企改革三年行动”为契机，聚焦影响企业运营管理效率的问题，探索国资控股企业集团“1253”扁平化管控模式，优化产业布局和结构，提升企业运营管理效率，促进集团各业务板块高质高效发展。2021年，三钢集团实现营业收入642亿元、利润总额67亿元，同比分别增长19.82%、55.57%，入选“国有重点企业管理标杆创建行动标杆企业”名单；排名“2022中国企业500强”第356位，较2021年跃升15位。

三钢集团进一步梳理分析产权管理现状及存在问题，归纳出集团权属企业管理结构存在的3个方面的突出问题。一是管理层级多、管理链条长。集团管理层级多达五级，导致管理架构重叠、中间环节多、管理链条长，影响企业管理效能、资源配置效率、市场反应速度和经营效益。二是行业分布广，管理幅度过宽。集团各级权属企业业务涉及钢铁制造、钢材深加工、环保资源、文旅、金融、商贸、仓储物流等多个行业，管理幅度过宽容易导致管理混乱甚至失控，同时也存在业务交叉重叠、同业竞争等问题。三是企业类型复杂，管理难度大。集团旗下有全资、绝对控股、相对控股、参股等多种类型的子企业，不同类型子企业所适用的国资监管及产权交易政策不同，增加了管理难度。

根据《国企改革三年行动方案（2020—2022年）》《福建省国企改革三年行动实施方案（2020—2022年）》《关于开展所出资企业压缩管理层级工作的通知》等有关文件精神，三钢集团结合自身实际，基于集约化、扁平化、专业化的原则，制定了《福建省三钢（集团）有限责任公司扁平化改革实施方案》（以下简称“实施方案”），明确了改革总体目标和具体任务，设计了改革总体框架及实施路径。

明确改革总体目标：全面系统清理整合集团所属企业，通过股权转让、资源整合、清理退出等方式，减少管理层级，形成产权关系清晰、管理层次精简、主业突出、竞争力强的现代企业集团管控体系，促进集团各业务板块高质高效发展。

改革具体任务分两步实施：2020 年度清算注销低效企业 1 户；通过吸收合并，减少法人单位 1 户；通过股权转让等方式，提升 2 户企业管理层级；通过整合重组，提升 1 户企业管理层级。2020 年年底前，将集团法人管理层级控制在 3 级以内（特殊行业和特殊情况企业可适当放宽至 4 级），法人单位户数减少 10%。2021 年年底前，完成对“厂办大集体”企业等历史遗留问题的处置和非主业低效企业的清理退出，进一步调整优化集团产业布局和结构。

设计改革总体框架：坚持问题导向、目标导向、结果导向，聚焦集团权属企业管理结构存在的问题，围绕实施方案确定的改革总体目标和具体任务，设计“1253”（1 个核心、2 个衡量标准、5 类影响因素、3 种改革路径）改革总体框架，形成压缩管理层级清单，做到既谋全局又抓重点，全力推动各项改革措施落地、落实、落细，努力通过“瘦身”实现“健体”，通过提质实现增效。

（资料来源：黎立璋，徐苗苗．三钢集团“1253”扁平化管控模式[J]．企业管理，2022（10）：68-72）

请思考：

什么是组织结构的扁平化？组织变革的内容包括哪些？一项完整的组织变革需要经过哪几个步骤？

学习目标

知识目标	技能目标	素质目标
1．了解组织、组织设计的含义、内容和原则。 2．掌握常见组织设计的基本形式。 3．了解组织变革的含义、内容、障碍和程序。 4．掌握组织文化的概念、塑造，了解组织的社会责任。 5．了解人员配备的含义、人员选聘的途径、人员培训的内容。 6．掌握人员考评的内容和方法	1．能够模拟组织工作的基本过程。 2．能够初步设计常见的组织结构。 3．能够运用所学组织文化分析现实企业的文化管理。 4．能够按照不同的工作岗位设计选聘、培训和考核的方法及流程	1．培养运用管理方法分析、解决实际问题的能力。 2．培养团结合作、团队互助的意识。 3．初步培养分析组织结构、协调职权关系、制定组织规范的能力。 4．塑造正确的择业观、科学的职业理想

思维导图

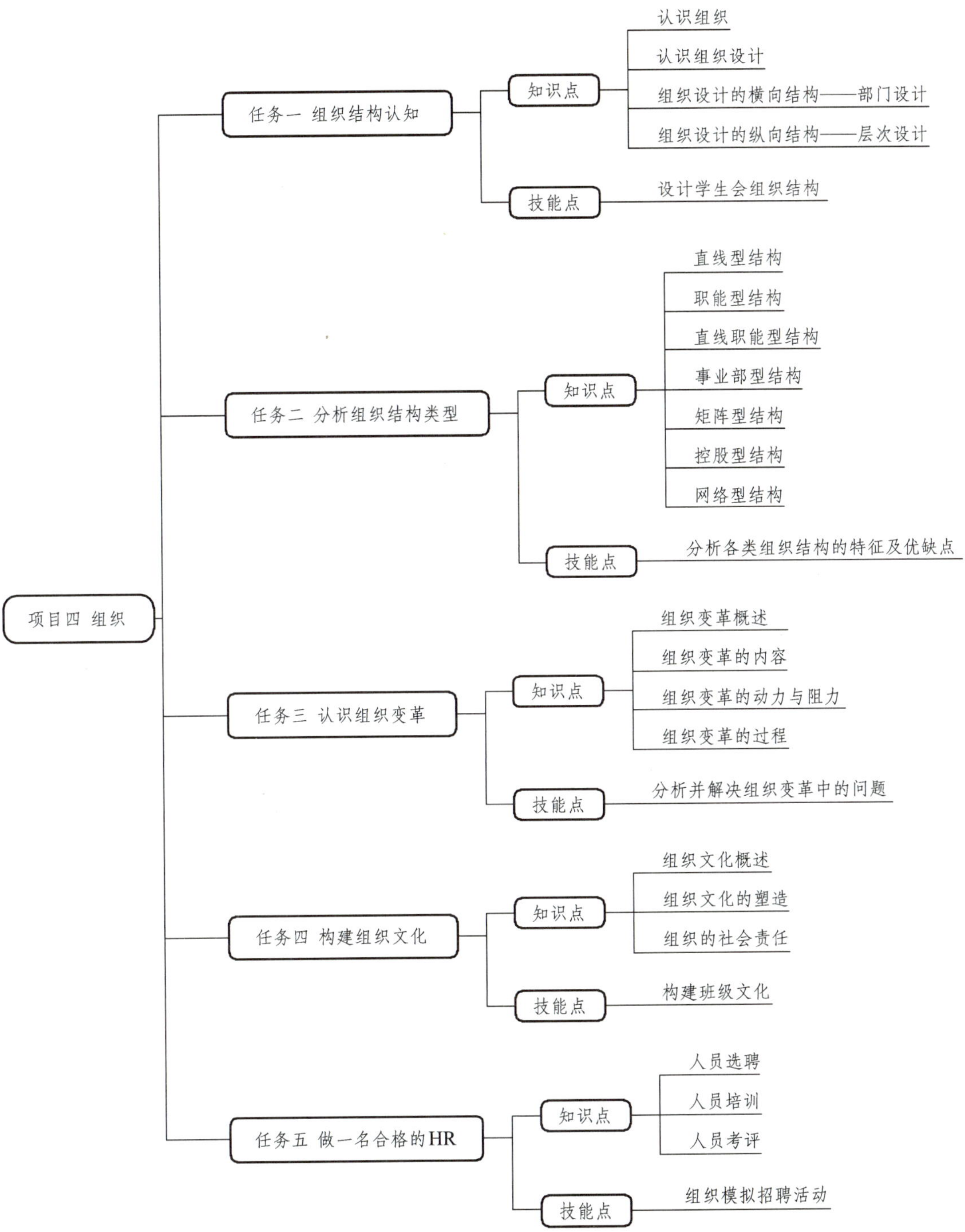
项目四 组织
任务一 组织结构认知
知识点
认识组织
认识组织设计
组织设计的横向结构——部门设计
组织设计的纵向结构——层次设计
技能点
设计学生会组织结构
任务二 分析组织结构类型
知识点
直线型结构
职能型结构
直线职能型结构
事业部型结构
矩阵型结构
控股型结构
网络型结构
技能点
分析各类组织结构的特征及优缺点
任务三 认识组织变革
知识点
组织变革概述
组织变革的内容
组织变革的动力与阻力
组织变革的过程
技能点
分析并解决组织变革中的问题
任务四 构建组织文化
知识点
组织文化概述
组织文化的塑造
组织的社会责任
技能点
构建班级文化
任务五 做一名合格的HR
知识点
人员选聘
人员培训
人员考评
技能点
组织模拟招聘活动

任务一　组织结构认知

认识组织结构

课前导学任务单

<table>
<tr><td>项目名称</td><td colspan="2">项目四　组织</td></tr>
<tr><td>任务名称</td><td colspan="2">任务一　组织结构认知</td></tr>
<tr><td>任务导入</td><td colspan="2">现代管理之父彼得·德鲁克认为，组织的目的是使平凡的人做出不平凡的事。组织设计是为了使人们最有效率地工作并实现预期目标而进行明确责任、授予权力和建立关系的过程。组织可以从静态和动态两个方面来进行解释。那么，什么是组织？组织的类型有哪些？组织的作用包括哪几个方面？如何进行组织设计？什么是组织设计的横向结构和纵向结构</td></tr>
<tr><td rowspan="3">任务目标</td><td>知识目标</td><td>1. 理解组织的含义、类型和作用。
2. 掌握组织设计的含义、原则和流程。
3. 掌握组织横向结构设计和纵向结构设计</td></tr>
<tr><td>能力目标</td><td>1. 能够为组织进行横向结构设计。
2. 能够分析组织的纵向结构</td></tr>
<tr><td>素质目标</td><td>1. 培养规则意识和思辨意识。
2. 树立科学发展观，提高使命感和责任感</td></tr>
<tr><td>任务准备</td><td colspan="2">1. 观察身边企业的横向结构设计。
2. 了解扁平式结构与高耸式结构的优缺点。
3. 将本任务知识要点以思维导图的方式提炼和归纳</td></tr>
</table>

知识要点

一、认识组织

（一）组织的含义

关于组织的含义，不同时期的管理思想家们都做了不同的论述。例如，著名的系统组织理论创始人切斯特·巴纳德认为，由于生理的、物质的、心理的、社会的限制，人们为了达到个人和共同的目标，就必须进行合作，于是形成了群体，群体发展为组织，即组织是人们有意识地协调两个或两个以上的人，为实现某种共同目标而形成的协作系统。管理学家路易斯·艾伦认为，组织是为了能够使人们最有效率地工作并实现目标而进行明确责任、授予权力和建立关系的过程。管理学家布朗（A. Brown）认为，组织就是为了推进内部各成员的活动，确定最好、最有效果的经营目的，最后规定各成员所应承担的任务及成员间的相互关系。

组织可以从静态和动态两个方面进行解释，如表 4-1 表示。

表 4-1　静态与动态意义上的组织

状态	内容	特点
从静态方面看	组织是为了实现人们某些特定的目标，由不同层次的权力和承担不同责任的人所组成的团体或集体。人们相互合作、合理分工，如企业、学校、军队、政府等实体组织	（1）任何一个组织都必须具有目标。通过目标的树立，明确组织前进的方向，制定组织发展的战略。目标是组织存在的前提，如医院的目标是人人健康，救死扶伤；学校的目标是为党育人、为国育才。 （2）组织必须具有不同程度的分工与协作。组织的本质在于协作，组织成员通过分工协作，共同配合，发挥群体的力量，从而产生高效率的运作方式。企业经营目标的实现是材料采购、生产销售、人事财务等多部门相互配合、分工协作的结果，没有分工与协作的集体不能称为组织。 （3）组织要有不同层次的权力与责任。组织成员进行分工与协作以后，需要按照部门和岗位明确不同层次的权力与责任。只有权力没有责任将导致权力的滥用，只有责任没有权力将导致工作无法开展。有权力与责任的保障，才能促进组织目标的实现
从动态方面看	组织是指为有效实现活动或组织目标，建立组织结构，完善组织制度，配备组织人员，构建组织文化，并使之协调运转的过程	（1）设计组织结构。根据组织目标，建立一套符合组织自身特点的结构框架，确定合理的组织管理幅度和管理层次，是组织有效运行的前提。 （2）合理分配职权。合理分配部门和人员岗位职权，确定相互协作关系，构建组织成员相互合作，发挥各自才能的职权关系，消除冲突，进行适度分权和合理授权。 （3）选拔配备人员。高效的人员队伍是组织正常运转的关键，为各部门的各岗位配备合适的人员，是组织人力资源发展的需要，包括人员选聘、员工培训、员工考评等。 （4）组织变革与文化建设。根据组织所处内外部环境的变化，及时调整组织结构，对组织进行再思考和再设计，确保不断创新。同时，加强组织文化建设，激发组织发展动力

【课堂讨论 4-1】

根据上述组织的含义思考，家庭是一个组织吗？

（二）组织的类型

在现实生活中，组织可以按照不同的标准进行分类。不同类型的组织，其特点和功能也不相同。按组织的性质划分，可把组织分为政治组织、经济组织、文化组织、军事组织、教育组织和宗教组织；按组织的人数划分，可把组织分为大型组织、中型组织和小型组织；按组织的形成方式划分，可把组织分为正式组织和非正式组织。

1. 正式组织

正式组织是为了实现共同组织目标，人为地、有意识地筹划并设计产生的法定组织结构。正式组织具有明确而具体的制度、规范和规则；具有明确的组织目标和发展愿景，组织成员有明确的职责范围和相互关系规范，通过制度规范对组织成员个人进行约束，从而促进个人与组织目标的一致。在日常生活中，我们接触到的大多数组织都是正式组织，如学校里的班级、工厂里的车间、各级政府组织等。

正式组织的优点：组织结构明确，决策流程化、规范化，组织行为预见性强；缺点：适应环境变化能力弱，组织结构容易僵化，运行成本较高，变革难。

2. 非正式组织

非正式组织是在满足组织成员特定的心理或情感需要过程中自发形成的团体，其中蕴含着深厚的友谊与情感因素。这类组织没有明确的目标，没有较为正式的组织结构，组织形式较为灵活，不受正式组织规定的层次、部门、职责等限制，没有成文的规章制度，但也会自发形成一定的关系结构和一些不成文的规范。例如，因共同爱好结合在一起的球友、牌友等。

非正式组织的优点：非正式组织混合在正式组织中，组织成员具有较强的自我意识，工作积极性高，组织沟通良好，能促进组织目标的实现；缺点：传播小道消息，释放消极情绪，形成角色冲突，影响整体组织目标的实现。

非正式组织无法消灭，因而要正视非正式组织的存在，因势利导，趋利避害，加强沟通，最大限度地发挥非正式组织利于组织目标实现的积极因素。正式组织与非正式组织举例如图 4-1 所示。

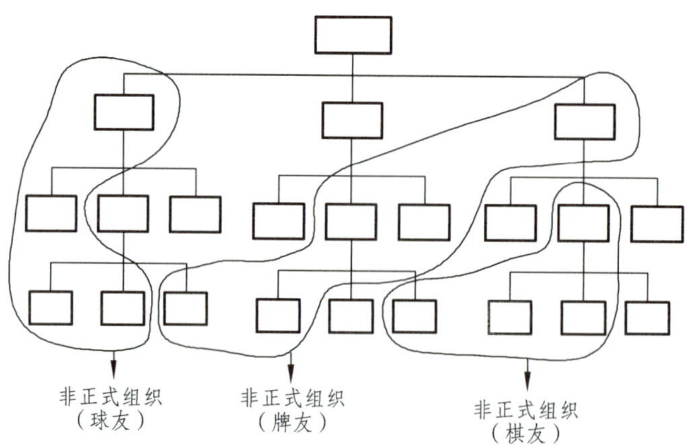

图 4-1　正式组织与非正式组织举例

【课堂讨论 4-2】

班级中存在哪些非正式组织？非正式组织在促进班级目标实现的过程中有哪些积极因素？如何对有消极影响的非正式组织进行管理？

（三）组织的作用

组织是人类社会最常见、最普遍的现象，组织工作做得好，可以形成团体力量的放大和汇聚效应。通常来说，组织的作用主要有以下几个方面：

第一，组织是帮助人类社会超越个体发展能力的重要支撑。组织通过将分散的个体汇聚成为集体，用“拧成一股绳”的力量去完成任务，克服个人力量的局限性，将组织整体作用放大，实现组织作用整体大于个体之和。

第二，组织是实现管理目标的重要保证。通过分工，组织成员的权、责、利关系更加明确，有利于充分发挥员工各自特长；通过协作，成员相互配合，围绕组织目标不断努力，形成团体力量。

第三，组织是连接管理层与员工、企业与环境的桥梁。组织通过组织结构设计、权力与责任划分及信息沟通等协调手段来满足员工的需要，调动员工的积极性，保证组织目标的实现。同时，组织作为一个整体需要不断适应内外部环境的变化，及时做出有利于组织目标实现的变革。

二、认识组织设计

（一）组织设计的含义

组织设计是指为了实现组织目标，对组织结构、管理层次、部门、职务职权等要素进行设计或合理划分的过程。具体来说，组织设计就是将工作任务划分为若干性质不同的业务工作，将业务工作组合成若干部门，在部门内部形成层次并配置相应职责与权限，以及相互间分工协作和信息沟通的各项活动。

进行组织设计，应充分考虑以下因素：

1. 组织的性质和任务

如行政机关、学校、企业在发展任务、宗旨等方面上不同，应结合组织特点，合理设置组织结构。

2. 组织规模的大小

如小型企业和大型企业在业务和人员数量上有着明显的差异。小企业，业务简单，往往无正式的组织结构，随着规模的扩大，才建立完善的组织结构。

3. 组织的技术特点

任何组织的投入，都需要通过技术将其转化为产出，技术水平不仅会影响组织活动的效果和效率，也会影响组织活动的内容划分、职务设计和对人员素质的要求。同一企业，采用了不同的组织技术，组织结构就会存在差别，组织技术越复杂，组织结构的管理层次越多，人员也随之增加；组织技术越进步，组织结构越趋向于简单化，组织层次越少，效率越高。

4. 组织所处的环境

企业所面临的内外环境发生了较大变化，就需要根据组织所处条件的改变及时进行变革。企业所处环境较为安稳，在机构设计、权责分工等方面则可以适当稳定。

组织设计必须根据组织的目标、任务、规模、技术和内外环境因素的变化，以及自身的复杂化、规范化、集权化程度进行设计和规划。一直适用的组织结构是不存在的，只有不断变革，才能确保组织结构的功能性和协调性达到最优状态。

（二）组织设计的原则

管理者在进行组织设计的过程中，应该遵循一些基本设计原则，才能使所建立的组织结构适应组织发展的需求，促进组织目标的实现。经过长期的理论研究和管理实践，将组织设计的原则总结如下：

1. 目标统一原则

这是组织设计的出发点和归宿点，任何一个组织都有其特定的组织目标，组织设计作为一种手段，其设计和组织形式的选择都必须有利于组织目标的实现。组织目标要从上到下进行层层分解，组织成员要知晓自己在总目标实现过程中应完成的工作任务，将细分目标从下往上汇总成组织目标。这样的组织结构才是一个有机整体，才能为组织目标的实现奠定基础。

2. 统一指挥原则

统一指挥要求一个下属只应接受一个上级的命令和指挥，防止多头领导，政出多门。在工作中，实行统一指挥，建立严格的工作责任制，每个下级可以清晰地知道自己的汇报路线，可以确保迅速而有效的执行能力，提高组织效率。

3. 分工与协作原则

组织设计要按照专业化的原则设计部门和确定归属，要有利于组织单元之间的协作。从实现组织目标的方向出发，本着提高效率的原则进行成员分工，使组织中的每个部门和成员各司其职，各尽其责。

4. 权责利对等原则

权力是责任的基础，责任是权力的约束，责任和权力不可分割。在进行组织设计时，要明确规定每个部门和每个职位的职责范围，要赋予其职责范围内的管理权限，还必须有相应的利益激励。如果有责无权，则无法完成其工作；如果有权无责，便会产生权力的滥用，滋生腐败。

5. 管理幅度原则

管理幅度是指一个上级有效领导的直接下级的数量。管理幅度过大或过小都会影响组织管理的有效性，管理幅度过大，会造成监督控制不力，使组织陷入失控状态；管理幅度过小，会造成管理人员配置过多，影响组织效率。在进行组织设计时，要合理确定管理幅度的大小，确保能对其实现有效控制。

6. 因事设职与因人设职相结合原则

为了确保组织目标的实现，必须将组织活动的每一项任务落实到具体的部门和岗位，确保“事事有人做”。在进行组织设计时，根据岗位要求，选择最符合要求而不是最优秀的员工，这样才能最大限度地发挥员工的潜力和价值。另外，组织中的工作任务是需要一定的人员来完成的，因事设职不是忽视人的因素，组织设计必须考虑人员的配置情况，要保证有能力的人有机会去胜任有关工作，并能获得不断发展，实现人尽其用。

7. 稳定性与适应性相结合原则

组织的高效运行需要稳定的组织结构，组织越稳定，发展越快，因此保持组织的相对稳定十分重要。但组织本身是不断发展的，不是一成不变的，是随着组织所处内外部环境的变化不断调整的。因此，组织设计既要保证组织的相对稳定，又要在组织目标或环境变化的情况下及时进行调整，不断提高组织结构的适应性，保证给组织带来持续发展的动力和活力。

（三）组织设计的流程

组织设计是一个系统、全面、动态的工作过程，其中包含了目标、内容、结构、制度、人员和反馈等方面，科学地进行组织设计，需要经过以下 8 个环节：

1. 确定组织目标

组织目标是进行组织设计的出发点，要结合组织的性质和宗旨，根据组织的发展战略和特点，确定组织设计的原则、方针和维度。例如，在组织管理方式的选择上，是实行集权式还是分权式；在管理结构的选择上，是采取高层结构还是扁平结构。

2. 明确业务内容

根据组织目标的要求，明确各项目活动的范围和工作业务量，将经营目标、管理职能、层次结构分解到各业务工作中去，进行业务流程的总体设计，优化业务流程，提高组织效率。

3. 设计组织框架

根据确定的业务工作量，对承担管理职能和业务工作的管理层次、部门、岗位及权责进行设计。按照承担的业务活动，设置组织结构，形成层次化、结构化的组织结构，具体表现为组织系统图。

4. 规定职责与权限

为保证组织结构的有效运行，在进行管理层次、部门和岗位设计的基础上，规定相应部门和岗位履行组织职能或完成工作使命所需承担的责任；并根据管理职责，赋予相应的权力，确保权责相符。例如，一般用部门职责或岗位职责等文件形式进行表达。

5. 设计联系方式

设计联系方式即对横向的部门之间和纵向的管理层次之间进行信息沟通、协调的设计。例如，对信息发送者、接收者和信息传递的路线、内容进行规定，确保信息沟通和协作的有效进行。组织联系方式的设计，要将信息传递的方式规范化、制度化，防止信息处理无人负责。

6. 建立管理规范

建立有关组织结构的各项规章制度，对业务工作程序、执行操作的工作标准和应当采取的工作方法进行设计。例如，拟定绩效奖励办法、人员考评制度和员工培训制度等。

7. 人员配备与训练

为保证组织的正常运行，需要根据组织的岗位需求、任职人员的条件、技能要求配备恰当的管理人员、员工，并加强对组织人员的培训，使其适应组织结构各要素的运作方式，让他们了解组织的管理制度、工作程序，掌握所需的技术。

8. 反馈与修正

组织在运行过程中，随着内外部环境的变化，要及时对出现的新情况、新问题进行反馈，定期或不定期地对原有组织设计进行调整，使其不断完善。

三、组织设计的横向结构——部门设计

伴随着组织规模的不断扩大和日趋复杂，组织的工作种类越来越多，对组织业务和管理工作进行分析归类、设计横向的组织结构，就是组织的部门化。部门化的目的在于使组织中各项任务分工合理、职责分明、有效协作。

常见的组织部门化类型有职能部门化、业务部门化、地区部门化、过程部门化、顾客部门化。

（一）职能部门化

职能部门化是根据组织的管理职能和各项业务工作来划分和设置部门的，是普遍采用的一种部门划分方法，如财务部、销售部、人力资源部和行政部（见图 4-2）。

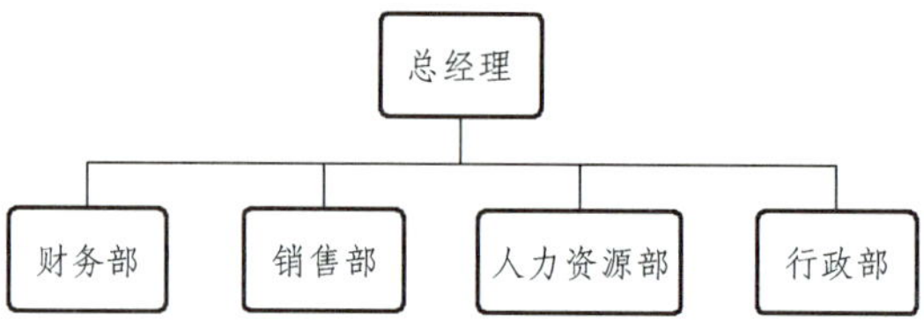

图 4-2　职能部门化

（二）业务部门化

业务部门化是根据组织向社会提供的产品来划分部门的。如果一项产品生产较为重要，使该产品可以通过单独设立一个部门来进行生产，就能取得一个产品经营的成功，生产这个产品的组织单位就成为一个部门。它适用于生产经营规模大、产品和业务种类多样化的大型组织，如某公司的空调部、洗衣机部、冰箱部和电视部（见图 4-3）。

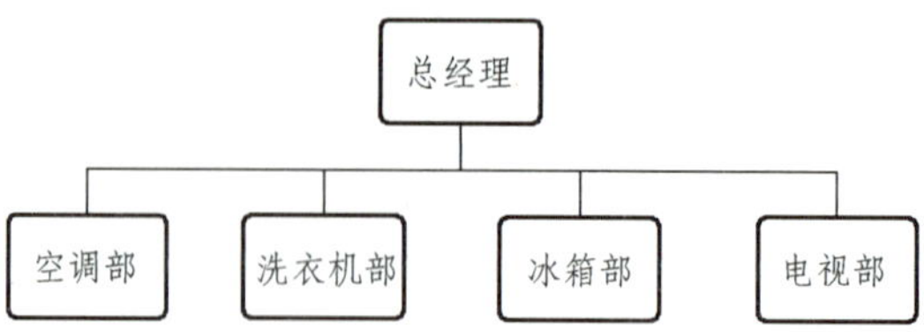

图 4-3　业务部门化

（三）地区部门化

地区部门化是指按照地理因素进行工作的组合和部门的划分。对于业务空间范围较广的组织来说，地区的政治、经济、文化存在差异，这些因素会影响当地的业务经营。把特定区域的业务活动集中起来形成一个部门，所有业务活动都归一个经理主管，有利于根据当地的

特点开展业务，调动积极性，发挥其优势，如华中分公司、华南分公司、华北分公司和西南分公司（见图 4-4）。

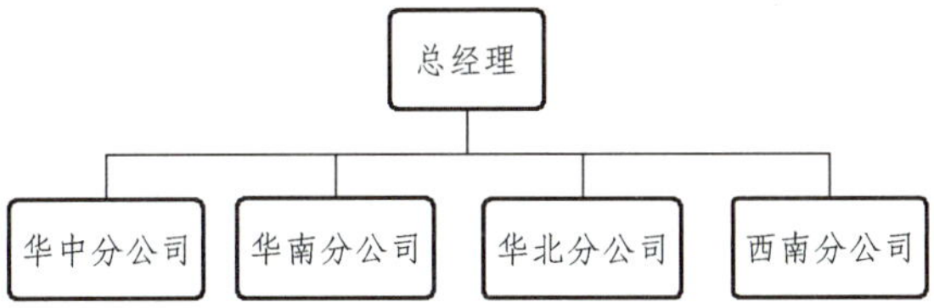

图 4-4　地区部门化

（四）过程部门化

过程部门化是指按照产品或者业务流程来进行部门划分，使各项工作活动沿着处理产品的工艺流程来组织。过程部门化有利于组织按照标准化技术和流程来生产，可以提高组织效率，如汽车的生产要经过冲压、焊装、涂装和总装等流程（见图 4-5）。

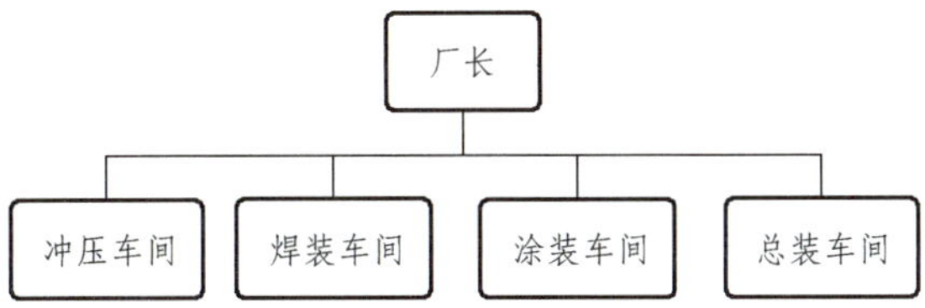

图 4-5　过程部门化

（五）顾客部门化

顾客部门化是指组织活动以共同的服务对象为依据，根据不同顾客群体来进行部门划分。随着市场竞争的激烈化，传统的市场竞争观念正在转变，以顾客需求为导向的理念正逐渐成为大多数企业的核心理念之一。以顾客需求划分部门有利于企业按需生产、按需促销，发挥核心优势，提高竞争力，如儿童用品部、老年人用品部、女士用品部和男士用品部（见图 4-6）。

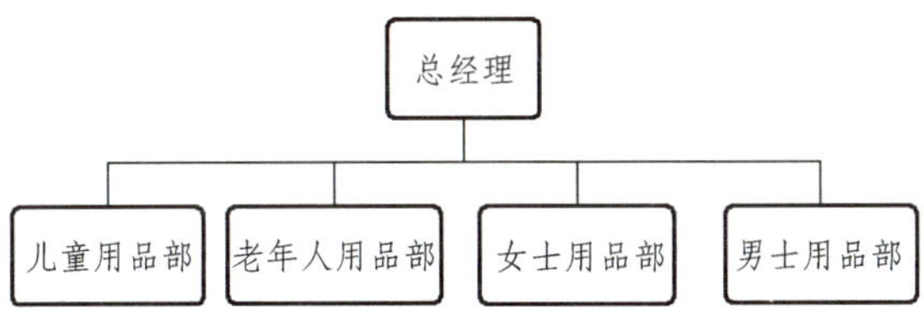

图 4-6　顾客部门化

四、组织设计的纵向结构——层次设计

纵向结构设计主要解决的问题是如何科学合理地设计管理幅度与管理层次。

（一）管理幅度与管理层次

1. 管理幅度

管理幅度，又称控制幅度，是指上级管理者能够有效领导和直接指挥下属人员的数量。组织的管理幅度决定了组织中管理人员的数量和管理层次的数目。由于管理者时间和精力有限，不可能一个人完成管理工作，需要有一定数量的人分担其管理工作。确定合理的管理幅度，是纵向组织结构设计的关键。

影响有效管理幅度的因素有：

（1）管理者与其下属的工作能力。管理者工作能力强、自身素质高、管理经验丰富，对下属提出的工作建议能给予很好的指导，缩短与下属接触所占用的时间，这样可以适当加大管理幅度。同样，下属人员有较强的工作能力、训练有素，能准确领会上级的意图和执行上级的命令，减少向上级请示所占用的时间，也可以采用较大的管理幅度。

（2）工作的内容和性质。管理者面临的工作任务较重，情况较为复杂，决策工作量大，用于指导和协调下属的时间少，则应缩小管理幅度。而下属从事的工作内容和性质相近，管理者对下属的指挥和监督就较为容易，则管理幅度可以加大。

（3）计划制订的完善程度。组织计划制订得越清晰完善，工作目标越明确，下级理解和执行就越容易，管理者花费指导和协调的时间就越少，管理幅度则可以加大。反之，如果计划制订得不够清晰，目标不够明确，管理幅度就要缩小。

（4）工作环境的变化情况。组织需要根据内外部环境的变化不断进行组织变革，当组织处于变革期，环境变化快，遇到问题多，管理者对下属的指导和精力的耗费就多，不宜采用较大的管理幅度。当组织处于成熟发展期，环境较为稳定，则可以适当加大管理幅度。

2. 管理层次

管理层次，又称组织层次，是指从最高一级管理组织到最低一级管理组织的组织层级数量。组织管理层次的多少，取决于组织规模和任务量的大小。规模大、任务量多的组织，管理层次就应适当增加，规模小、任务量少的组织，管理层次就应适当减少。

3. 管理幅度与管理层次的关系

管理层次的多少取决于组织规模和管理幅度的大小。在组织规模一定的情况下，管理幅度越大，管理层次就越少；反之，管理幅度越小，管理层次就越多（见图 4-7）。

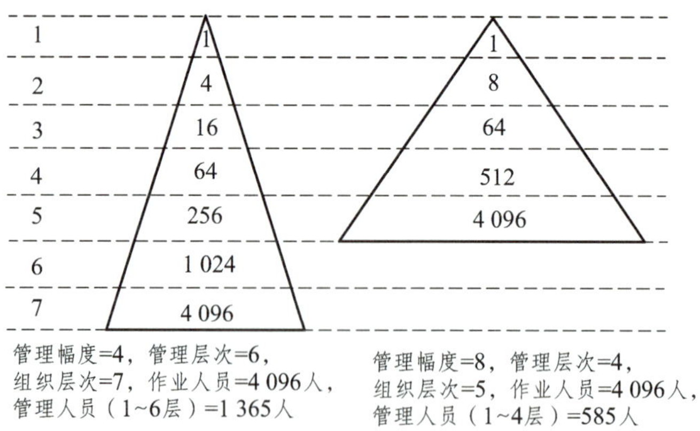

图 4-7　管理幅度与管理层次的关系

（二）扁平式结构与高耸式结构

由于管理层次与管理幅度呈反比，形成了两种基本的组织结构类型：扁平式结构与高耸式结构。扁平式结构，是一种管理层次少而管理幅度大的组织结构；高耸式结构，也称锥形式组织结构，是一种管理层次多而管理幅度小的组织结构（见图 4-8）。

图 4-8　扁平式结构与高耸式结构

扁平式结构与高耸式结构的优缺点如表 4-2 所示。

表 4-2　扁平式结构与高耸式结构的优缺点

优缺点	扁平式结构	高耸式结构
优点	（1）管理层次少，减少了中间层，缩短了上下级之间的距离，密切了上下级关系。 （2）信息传播速度快，信息失真度低。 （3）较大的管理幅度减少了上级对下级的控制，有利于发挥下属的主动性和积极性。 （4）节约管理费用	（1）较小的管理幅度能够使管理人员对下级进行充分而详尽的指导，上下级便于协调。 （2）管理较为严密。 （3）权责关系明确。 （4）组织稳定性高
缺点	（1）较大的管理幅度不利于上级对下级进行充分而有效的监督和指导。 （2）同级横向之间的沟通与协调难度大，管理人员的负担较重，对管理人员的要求高	（1）管理层次过多会影响信息传递的速度，容易出现信息失真，工作的协调性较差，管理费用增加。 （2）过多的管理层次使计划和控制工作变得复杂

企业在进行组织结构选择时，要结合扁平式结构与高耸式结构的特点，尽量发挥其优势，规避其劣势，并根据企业的实际情况进行设计，使管理幅度和管理层次尽量均衡，以便以较低的管理成本实现组织的高效运行。在现代企业管理中，组织结构的扁平化是一种趋势。

任务二　分析组织结构类型

组织结构类型

课前导学任务单

项目名称	项目四　组织	
任务名称	任务二　分析组织结构类型	
任务导入	组织结构是组织设计的结果，常见的组织结构类型包括：直线型、职能型、直线职能型、事业部型、矩阵型等。那么，每一种组织结构的特征、优点、缺点及适用对象分别是什么？如何分辨不同的组织结构类型？各组织结构之间有什么区别和联系	
任务目标	知识目标	1. 了解常见的组织结构类型。 2. 理解各组织结构类型的特征、优缺点和适用对象
	能力目标	1. 能够区分不同的组织结构类型。 2. 能够运用所学知识分析不同组织结构类型。 3. 能够为组织结构设计提出合理建议
	素质目标	1. 培养大局意识、前瞻意识和思辨意识。 2. 培养守正创新和与时俱进的职业态度
任务准备	1. 收集不同组织结构类型的案例。 2. 思考不同的组织结构类型对企业发展的影响。 3. 将本任务知识要点以思维导图的方式提炼和归纳	

知识要点

组织结构是组织设计的结果。由于每个组织所处的环境和所拥有的资源条件存在差异，所以组织结构必然有差别。随着社会生产力的发展和社会环境的变化，组织结构也在不断发展和完善。常见的组织结构类型包括：直线型、职能型、直线职能型、事业部型、矩阵型、控股型和网络型。

一、直线型结构

（一）特征

直线型结构产生于手工业作坊，是一种最早、最简单的组织形式。组织中的指挥系统是按照纵向垂直进行排列的，每个下级只接受一个上级指挥，也只向一个直接上级报告；没有专门的职能部门，仅需少数助手协助最高管理者；权力集中，责任分明，贯彻统一指挥原则。其结构如图 4-9 所示。

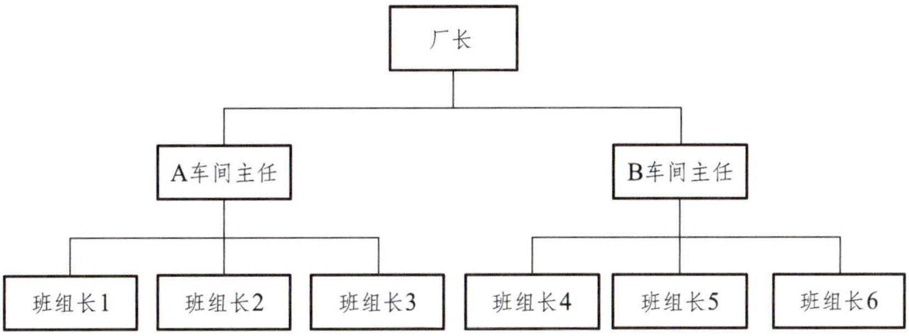

图 4-9　直线型结构

（二）优点

组织结构简单，命令指挥系统较为单一，联系密切，决策迅速，办事效率高，容易维持组织纪律和秩序，管理成本低。

（三）缺点

权力集中于一人，对最高管理者依赖性较大，管理负担重且管理粗放，容易产生决策失误；各部门只关心本部门的工作，横向联系与协调差；不利于培养综合、全面的管理者。

（四）适用对象

直线型结构适用于生产规模小、组织成员不多、产品结构单一的小型组织。

二、职能型结构

（一）特征

职能型结构最早是由泰勒以职能工长制的形式提出并实践的，是一种以职能分工为基础的分级管理结构。组织内除直线主管外，还设立了一些职能部门，承担职能业务。各职能部门有权在自己业务范围内向下级单位下达命令和指示，下级直线主管除接受上级直线主管的领导外，还必须接受上级职能部门的指挥和领导。其结构如图 4-10 所示。

（二）优点

能够发挥职能部门的专业化管理作用，有利于加强对下级工作的指导，促进管理的专业化分工，减轻直线主管的负担，提高管理的成效；能够适应现代组织生产技术复杂化和管理工作精细化的要求。

（三）缺点

由于增加职能部门形成了专业化分工，妨碍了组织的集中领导和统一指挥，容易出现多头领导，政出多门；不利于明确划分直线人员和职能部门的职责权限，职能部门过分强调本部门的重要性而忽视了组织的整体目标，容易造成管理上的混乱。

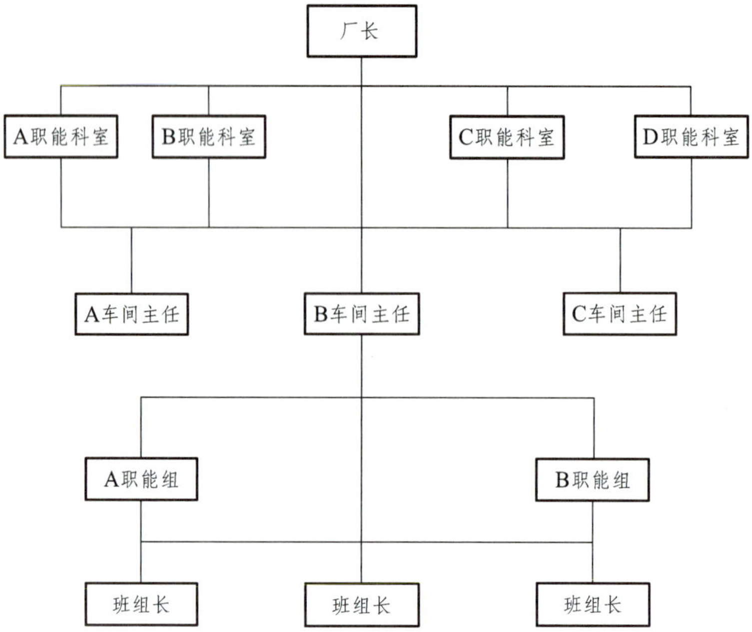

图 4-10　职能型结构

（四）适用对象

职能型结构适用于单一类型产品或少数几类产品的中小型组织。

三、直线职能型结构

（一）特征

直线职能型结构是一种以直线制为基础，在各直线主管之下设置相应业务指导职能部门的组织结构形式。它吸收了直线型和职能型结构的优点，以直线部门为骨干，担负实现组织目标所需要完成的直线作业，如生产、销售；职能部门起到辅助参谋的作用，无权直接指挥下级部门。直线职能型结构是现代组织中最常见、最普遍的一种组织结构形式。其结构如图 4-11 所示。

（二）优点

组织结构稳定，职责明确，工作效率提高；既能保证集中统一指挥，又能发挥职能部门业务专业化水平。

（三）缺点

当职能部门与直线部门目标不一致时，容易产生矛盾，增加管理者协调的难度；职能部门权力过大容易干扰直线指挥的命令；各部门自成体系，横向之间联系差，容易产生脱节和矛盾。

（四）适用对象

直线职能型结构适用于环境比较稳定的中小型组织。我国大多数企业采用此种组织结构。

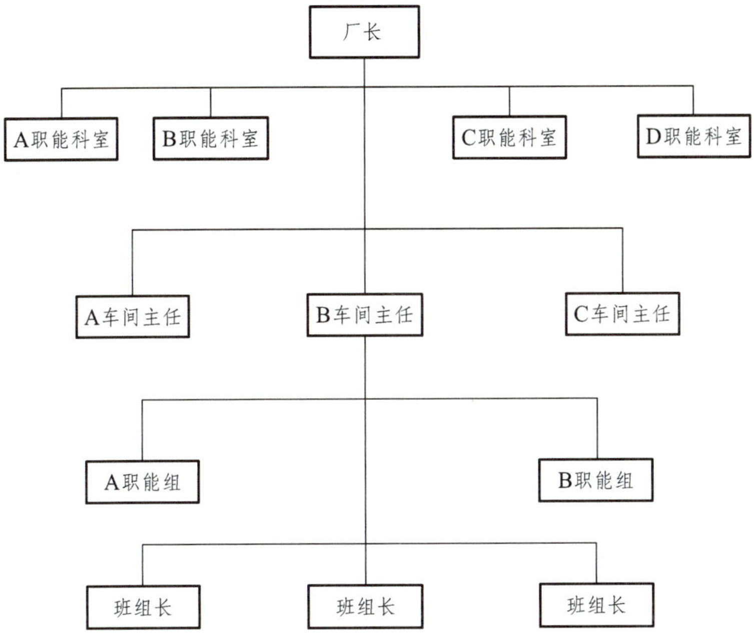

图 4-11　直线职能型结构

四、事业部型结构

（一）特征

事业部型结构最早由通用汽车公司总裁艾尔弗雷德·斯隆于 1924 年提出，是一种分权制的组织形式。它是在组织统一领导下，按地区、产品类别分成若干事业部，事业部实行单独核算，独立经营，负责产品设计、原料采购、产品制造、产品销售等工作。总公司仅保留人事决策、预算控制、重要人事任免和重大问题的决策权，同时运用利润等指标对事业部进行考核与管理。其结构如图 4-12 所示。

（二）优点

事业部型结构将专业化的管理与集中领导有机结合，提高了管理的灵活性和适应性，有利于发挥各事业部的积极性、主动性，能较好地适应市场环境；有利于最高层管理者摆脱日常管理事务，集中精力做好战略决策和长远规划；有利于组织专业化生产，降低生产成本，提高生产效率；有利于培养综合性管理人才。

（三）缺点

各事业部独立的经济运行方式容易产生本位主义，激烈的竞争易造成相互内耗的局面；由分权带来一系列问题，如架空总公司、削弱对事业部的控制、整体性较差等；职能机构重复设置，管理人员增多；对事业部管理人员要求较高，需经验丰富、综合素质强，如不具备相关管理素质，容易造成事业部管理困难。

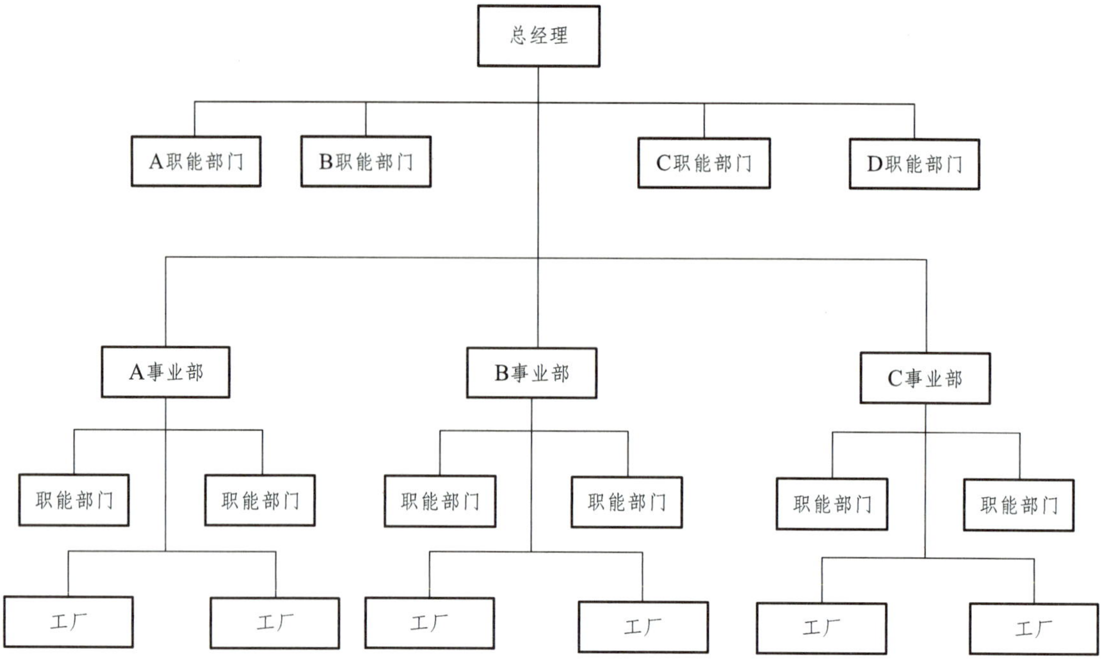

图 4-12　事业部型结构

（四）适用对象

事业部型结构适用于规模大、品种繁多、技术复杂的大型组织。

五、矩阵型结构

（一）特征

矩阵型结构最早出现于 20 世纪 50 年代末，被用于完成某些特殊任务，是由专门从事某项工作的小组形式发展而来的一种组织结构。它由纵向的职能管理系统和横向的项目系统共同构成一个纵横交错的矩阵结构。横向系统的项目组成员从各职能部门抽调，项目组成员既接受本职能部门的领导，又接受项目组的领导，项目组完成工作任务后，人员则回到原职能部门，是非长期固定的组织结构。矩阵型结构打破了传统的一个员工只有一个上级的统一原则，一个员工根据不同的项目组情况，属于两个或两个以上的部门。其结构如图 4-13 所示。

（二）优点

组织结构形成了一种横纵结合的联系，加强了各职能部门之间的配合与交流；不同专业的人员因共同的组织目标而结合在一起，有利于发挥各自优势，改善工作效率；组建的项目组具有灵活、机动的特点，可根据任务快速组建，又可以在完成任务后进行撤销，从而节约成本。

（三）缺点

组织关系较为复杂，实行双重领导，破坏了统一指挥原则；不利于分清责任，工作中容易出现推诿扯皮的现象；组织成员是临时抽调的，稳定性较差，容易造成组织成员临时工作的观念，影响工作效率。

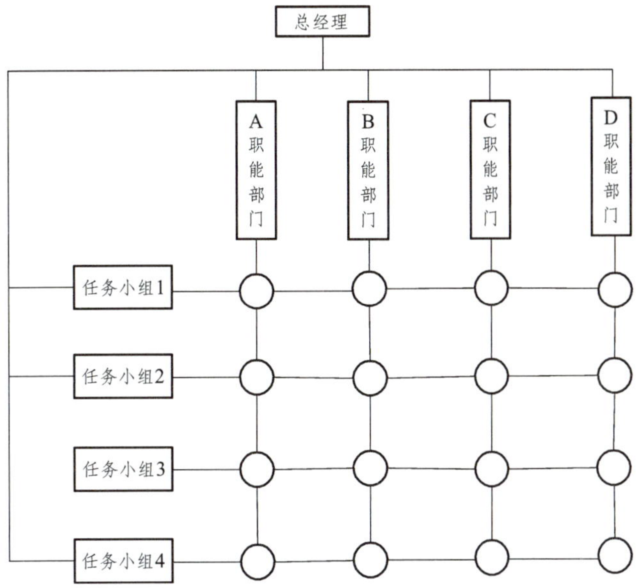

图 4-13　矩阵型结构

（四）适用对象

矩阵型结构适用于重大工程、单项重大事务，变动性较大或临时性工作，如设计、研究、基建等组织。

【课堂讨论 4-3】

我们日常接触到的学校、医院采用的是上述哪种组织结构？

六、控股型结构

（一）特征

控股型结构是在非相关领域开展多元化经营的企业所采用的一种组织结构形式。由于经营业务的非相关性或弱相关，大公司对这些业务经营单位不进行直接的管理和控制，代之以持有该类业务公司的股份，从而进行控制。母公司持有子公司或关联公司部分或全部股份，下属子公司和关联公司对具体业务拥有自主经营权，且保留独立法人资格。母公司、子公司和关联公司共同构成以母公司为核心的企业集团。其结构如图 4-14 所示。

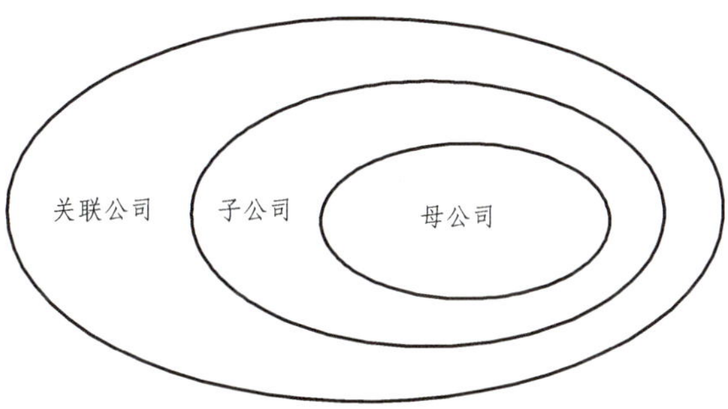

图 4-14　控股型结构

（二）优点

控股型结构是建立在企业间资本参与关系的基础上的。母公司与它所持股的企业单位之间不是上下级的行政管理关系，无须承担子公司的债务责任，降低了经营管理的风险，增强了企业之间联合和参与竞争的实力。子公司独立核算、自主经营、自负盈亏，能提高子公司的责任感和经营的积极性。

（三）缺点

母公司对子公司的协调、控制较为间接，管理成本增加，企业决策较慢，缺乏各公司之间的战略联系。母公司和子公司各为独立纳税单位，税负高。

（四）适用对象

控股型结构适用于采用股份制且实行跨领域多种经营的大型集团公司。

七、网络型结构

（一）特征

网络型结构是利用现代信息技术手段建立和发展起来的一种新型组织结构，通过一个中央核心机构来进行运作，以契约关系的建立和维持为基础，将企业部分或全部工作通过承包合作的形式交给不同的企业负责，公司只保留极少的人员，主要工作是制定政策和协调与各承包商之间的关系。其结构如图 4-15 所示。

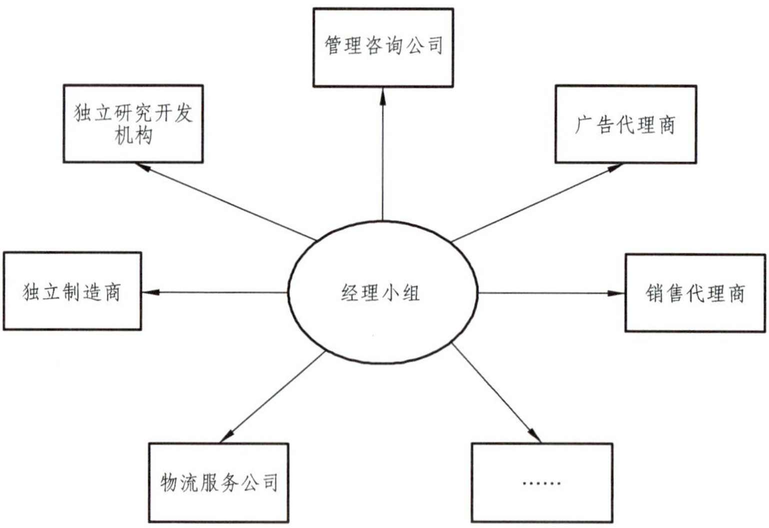

图 4-15　网络型结构

（二）优点

对于组织内部而言，保留了组织本身最专业、最擅长以及最具竞争力的优势部分，简化了组织机构和管理层次。组织机构具有较大灵活性和适应性，只需雇佣少量人员，能降低管理成本，提高管理效益。对于组织外部而言，组织可对外寻求优质资源，把专门的业务外包出去，能实现全世界供应与销售环节的整合。

（三）缺点

网络型结构容易导致缺乏控制力和忠诚度，对承包商的约束力不足，易出现质量等问题，让公司处于被动局面。外部合作组织都是临时的，随意性较大，容易导致组织解体。

（四）适用对象

网络型结构适用于产品设计、售后服务等对时尚反应迅速以及具有敏锐商业眼光的企业和需要大量低廉劳动力的企业，如玩具、服装制造等。

【知识链接 4-1】

组织研究的两条基础原则

1919—1920 年，斯隆撰写了关于通用汽车公司的组织研究报告。该研究报告是针对通用汽车公司的各事业部尾大不掉的问题而提出的。斯隆并没有简单地认为集权的方式能够解决问题，相反，他认为应以各事业部的自治为前提加强公司总部对各事业部的协调控制。斯隆认为，该研究报告的基础是下面两条原则：（1）各事业部首席执行官的职责不应受到限制。各个以首席执行官为负责人的组织都应该具备各项必要的职能，从而保障它能够主动、合理地充分发展。（2）为了保证整个公司的合理发展和适度控制，绝对需要将一些职能集中起来行使。表面看来，这两条原则相互矛盾，实际上，它们不仅不矛盾，而且互相促进。各事业部的自治有利于形成真正的一致，公司总部行使部分职能，有利于加强各事业部的竞争力，反过来又巩固其自治能力。

任务三　认识组织变革

组织变革

课前导学任务单

项目名称	项目四　组织	
任务名称	任务三　认识组织变革	
任务导入	为了适应内外部环境的不断变化，提高管理效能，组织需要进行权力结构、组织规模等方面的改革和修正，组织变革孕育而生。组织变革的根本目的是提高组织的管理效能和适应能力。那么，什么是组织变革？组织变革的原因是什么？变革的内容有哪些？变革过程中面临哪些动力和阻力？变革需要经历哪些阶段和程序	
任务目标	知识目标	1. 了解组织变革的含义和原因。 2. 理解组织变革的内容、动力和阻力。 3. 掌握组织变革的过程
	能力目标	1. 能够分析组织变革的动力和阻力。 2. 能够为组织变革提供合理意见
	素质目标	1. 树立前瞻意识，提高组织治理能力现代化的思想认知。 2. 增强居安思危意识，培养改革和创新精神。 3. 培养风险意识，树立正确的竞争观
任务准备	1. 思考组织变革对组织发展的影响。 2. 收集未能及时进行组织变革导致组织衰败的案例。 3. 将本任务知识要点以思维导图的方式提炼和归纳	

知识要点

一、组织变革概述

（一）组织变革的概念

组织变革是指为了提高组织适应内外部环境变化的能力，提高组织的效能，运用有关方法，对组织内部各要素结构进行的调整和改变，如对组织的权力结构、组织规模、成员管理等进行调整和革新，对不适应组织发展的部分进行改革和修正的过程。组织变革的根本目的是提高组织的效能，一个组织无论以前发展得多好，都必须要根据组织面临的环境变化，及时进行自我调整，以保证组织的存在和发展。组织变革的目标是不断提高自身的适应能力。

（二）组织变革的原因

任何一个组织都处在动态的社会变动之中，设计得再完美的组织，随着环境的变化都需要对其要素结构进行调整，才能维系组织生存和发展。组织的稳定是相对的，组织的变革才是常态。组织变革的原因主要包括两个方面：一是组织的外部环境，如政治因素、经济因素、法律因素、科技因素、客户因素、竞争因素；二是组织的内部条件，如管理因素、技术因素、发展目标因素、规模状况因素。

二、组织变革的内容

（一）结构的变革

结构的变革是指组织的总体设计或组织结构的基本组成部分发生改变，包括权力关系、集权程度、管理幅度、职务与工作再设计等结构要素一个或多个的变革。例如，将职能职责相近的部门进行整合，精简纵向的管理层次，促使组织结构扁平化，避免臃肿。

（二）技术的变革

技术的变革是指对组织使用的生产设备、劳动工具、工作方法等进行部分或全部调整，以提高生产效率。技术变革已经成为解放和发展生产力的重要手段，成为推动企业现代化的重要力量。

（三）人员的变革

人员的变革是指通过对员工的态度、价值观、期望、认知、行为和能力等方面进行改变，注重思想领域而非技术、结构领域的变革。通过对员工思想方面的变革，达到改善组织内部关系、凝聚人心的目的。

（四）产品或服务的变革

产品或服务的变革是指通过变革组织的产品或服务来满足消费者不断变化的需求，让产品和服务能根据市场的变化不断创新、发展，促使组织的经营方向紧跟市场的步伐。

（五）组织文化的变革

组织文化的变革是指根据组织发展的目标定位，逐步在组织中形成一种全体成员共同认可并遵守的行为准则。组织目标的实现，除通过改变组织结构、产品服务等方式，还需要通过改变组织成员的价值观和共同认知等来实现。

三、组织变革的动力与阻力

（一）组织变革的动力

组织变革的动力是指发动、赞成和支持变革并努力实施变革的驱动力，主要来自组织的内部力量和组织的外部动力两个方面。

1. 组织的内部力量

（1）组织结构调整的要求。组织根据所处环境的变化及阶段性战略目标进行组织机构的设置和调整。为了确保组织结构的调整能为组织的发展注入活力，管理者必须努力提高组织结构的适应性，从而为组织的变革提供动力。

（2）技术系统变化的要求。随着计算机网络的发展，机械化、自动化等现代技术的广泛运用，某种新技术的采用将会助推组织劳动生产率的大幅提高，为了适应信息技术在组织中的应用和升级，组织必须优化组织结构和业务处理流程。

（3）人员和组织文化变化的要求。组织的变革及目标的实现很大程度依赖于人的因素，组织内人员结构的改变，员工素质、人员数量、组织凝聚力、组织发展理念等的变化都会是组织变革的内在动力。

2. 组织的外部动力

（1）经济环境变化的因素。社会生产力的提高、生产方式的变化、经济政策的调整以及市场需求的变化都会引起组织内部深层次的调整与变革。组织所面临经济环境的改善，有利于推动组织进一步发展。

（2）科学技术进步的因素。科学进步将引起产品的升级换代，技术革新将引发产业结构的调整。新产品、新工艺、新方法的不断涌现，对组织现有的运行机制构成了挑战，这就要求组织必须根据科学技术的变化不断进行调整。

（3）竞争观念改变的因素。随着市场竞争的激烈化，如何在市场中保持竞争活力成为组织发展的关键。比如，企业要不断推出新产品或改进现有产品才能维持竞争优势，为了在激烈的竞争环境下生存，必须通过变革来应对挑战。

（二）组织变革的阻力

组织变革的阻力是指人们反对、阻挠甚至对抗变革的制约力。任何的变革都会遇到各种不同的阻力。阻力集中表现在以下两个方面：

1. 个人的阻力

（1）利益上的影响。组织变革不可避免地会涉及机构合并、人员流动、管理层次扁平化等一系列调整，容易给组织成员带来压力。熟悉的工作环境和行为习惯已经形成，组织变革则要求人们进行知识结构的更新，以及原有行为方式的改变。组织变革的新要求容易让组织成员失去现有岗位或者丧失权力，从而导致利益受损，形成组织变革的个人阻力。

（2）心理上的影响。组织变革意味着原有的行为习惯、工作方式即将发生变化，人们对未知状态的恐惧和对变革的认识存在偏差，容易造成心理上的抗拒，进而形成变革阻力。

2. 团体的阻力

（1）组织结构变动的影响。组织变革对现有权责利关系和资源分配的格局造成破坏、威胁，打破了过去形成的管理层级和职能结构，一系列的结构变动会触及某些团体的权力和利益，成为影响和制约组织变革的因素。

（2）人际关系调整的影响。组织结构的变动意味着群体中原有的人际关系可能因变革而改变或破坏，已经形成的稳定人际关系一旦发生改变，组织成员之间很难再进行磨合，一旦对组织目标和结果产生怀疑、动摇，必然对组织变革产生抵触情绪。

【课堂讨论 4-4】

针对组织中出现的变革阻力，如何增强组织发展的动力，减少变革的阻力？

四、组织变革的过程

（一）组织变革的阶段

1951 年，计划变革理论的创始人库尔特·勒温在《社会科学中的场论》一书中提出了三阶段变革过程模型，将变革看作是一种对组织平衡状态的打破，即解冻（见表 4-3）。解冻完成，就可以将组织变革成一种新状态，然后实施再冻结以使变革的效果得以长久延续，即组织的每次变革都需要经过解冻、变革、再冻结 3 个步骤（见图 4-16）。

表 4-3　三阶段变革过程模型

过程	内容
解冻	解冻是变革实施前的心理准备阶段，是实施变革的前奏。变革者清醒地认识到随着组织所处的环境发生改变，现行的组织结构已经不能适应组织发展的需求时，要鼓励组织成员正视现实，认识到变革的必要性和迫切性，接受变革，并自愿参与到组织变革的过程中来。解冻过程可以通过以下方式来完成：一是增强驱动力，可将奖金与接受变革联系起来，增强推动变革的力量；二是减少变革阻力，消除变革障碍；三是综合使用上述两种方法，采用增加变革动力和减少变革阻力的双重举措
变革	变革是真正落实变革措施的实施阶段，是变革过程中的行为转换阶段。变革的任务是在凝聚组织成员变革热情的基础上，将热情转换为具体行动，拟定变革方案，通过典型试验和全面推广两个步骤进行，进一步调动组织成员的积极性，推动组织再造和重组，使变革成为全体成员的共同目标
再冻结	再冻结是变革后的行为强化阶段。在实施变革后，组织和个人由于传统习惯、价值观念、行为模式和心理特征等因素，容易出现退回原有工作方式的倾向。为了避免出现这种情况，变革者要采取措施对组织成员的心理状态、行为方式和行为规范等进行不断的巩固及强化，保护变革的成果。再冻结的目的是通过强化组织成员的新行为以使新的状态稳定下来并得到强化落实。缺乏再冻结这一阶段，变革的成果就可能出现退化消失

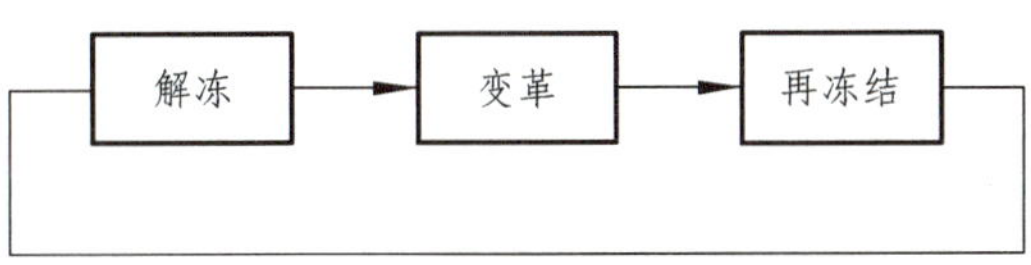

图 4-16　组织变革的步骤

【课堂讨论 4-5】

根据组织变革的阶段论述，组织在进行变革时应当注意哪些问题？

（二）组织变革的程序

1. 组织诊断

组织变革的第一步就是对组织进行全面的诊断，通过收集组织的内部条件、外部环境和发展趋势等信息资料，对组织进行全面的回顾、反省、评价和研究，为组织变革做好准备。

2. 查找问题

从全面诊断中识别组织内存在的问题，分析存在问题的具体原因，制定组织变革目标，选择合适的变革方法。管理者应根据组织的实际情况，对组织变革的具体因素进行分析，如对组织职能设置是否合理、组织关系是否协调、员工参与变革是否积极等。

3. 设计方案

在明确变革目标和变革方向后，应制订组织变革方案。设计方案包括变革方式、变革步骤和详细的实施时间表，以此确定解决问题的方法。

4. 实施变革

根据组织变革的行动方案，选择好变革时机，采取变革行动。当变革出现偏差时，要采用备选的纠偏措施予以及时纠正。

5. 评价反馈

组织变革结束以后，针对组织变革的结果进行总结和评价，及时反馈信息。如有问题，找出改进的方法和措施，不断循环往复，促使组织不断完善。

组织的发展离不开变革。随着信息时代和经济全球化的到来，企业所面临的内外部环境的变化，企业资源的不断整合与变动，都给企业带来了机遇与挑战，这就要求企业要关注组织变革。20 世纪末以来，企业的组织结构发生了巨大变化，无边界组织、虚拟组织、网络组织等新模式不断涌现，组织越来越注重人性化，组织变革成为组织持续生存和发展的必然选择。科学认识组织变革的动力与阻力，了解变革的过程，洞见组织变革的趋势，是变革取得成功的关键。

【知识链接 4-2】

组织变革的挑战

著名管理大师彼得·圣吉在《变革之舞》一书中总结了组织变革遇到的 10 大挑战。

一是无暇顾及：变革者没有充裕时间对变革产生的重大问题进行思考并进行反复实践。

二是缺乏帮助：变革没有得到上级与有关方面必要的支持与帮助，也缺乏必要的培训、辅导与协助。

三是毫不相干：组织成员看不到变革计划能给企业、部门及个人带来好处。

四是言行不一：变革者所倡导的新价值观、新工作行为、新领导风格与他们的行动格格不入。

五是焦虑恐惧：变革者担心提出的变革措施由于可能会触及方方面面的利益，从而最终会影响自己的地位、前途及与他人的关系。

六是此路不通：企业没能采取恰当的方法与程序测量变革所取得的进步，甚至对变革的结果做出负面评价，导致组织成员得出“变革之路行不通”的结论。

七是傲慢孤立：组织的其他成员对变革者心存抵触情绪，甚至拒绝配合，使变革者陷入孤立无援的境地。

八是无人负责：变革者要求更多的自主权，但是上级担心权力失控而不愿分权，结果造成变革者不愿承担责任。

九是原地踏步：组织没能及时沟通变革的信息，导致变革的经验无法推广，组织还是依然故我。

十是走向何方：组织向何处发展？有哪些新目标不明确？由于企业的未来有许多不确定性，组织成员充满焦虑与不安。

（资料来源：彼得·圣吉. 变革之舞[M]. 上海：东方出版社，2001）

任务四　构建组织文化

组织文化

课前导学任务单

项目名称	项目四　组织	
任务名称	任务四　构建组织文化	
任务导入	组织文化是组织成员共同遵守的价值体系，也是推动组织发展的不竭动力，在很大程度上影响着组织的向心力、凝聚力和稳定性。那么，组织文化的表现形式有哪些？组织文化可以分为哪些类型？组织文化有什么样的功能和特征？如何塑造组织文化？如何履行组织的社会责任	
任务目标	知识目标	1. 理解组织文化的含义、类型、功能和特征。 2. 掌握组织文化的塑造步骤。 3. 理解组织的社会责任
	能力目标	1. 能够运用所学知识分析不同的组织文化。 2. 初步培养塑造组织文化的能力
	素质目标	1. 强化组织文化认同感和归属感，激活内驱力。 2. 提升文化素养，提高责任意识和规则意识
任务准备	1. 收集不同企业文化的案例。 2. 思考企业文化对企业发展的影响。 3. 将本任务知识要点以思维导图的方式提炼和归纳	

知识要点

一、组织文化概述

（一）组织文化相关概念

1. 文化的概念

文化是一个非常广泛的概念，有关文化的定义多达两百多种，中国现代哲学家张岱年认为，人类有意识地作用于自然界和社会的一切活动及其结果都属于文化。在《辞海》中，关于文化的概念有广义和狭义两种阐述。从广义上来说，文化是人类社会在漫长的历史实践中所创造的物质财富和精神财富的总和；从狭义上来说，文化是被人们思维作用的精神现象以及与之相适应的制度规范和组织结构。

2. 组织文化的概念

组织文化是组织在长期的管理实践中形成的，为全体成员普遍认可和共同遵循的具有本组织特点的价值观念、团体意识、道德规范、行为准则和思维方式等群体意识的总称。

组织文化是组织成员的共同价值观体系，是组织的性格和灵魂，是决定组织凝聚力与发展方向的核心要素。每个组织的发展历程和所处的环境存在差异，因此，每个组织形成了自己独特的愿景、使命、信念等组织文化。

组织文化的表现形式有 3 个层次：第一层精神文化层，是组织在生产实践过程中，受意识形态、社会文化影响形成的精神成果，包括企业精神、道德规范、价值观念等；第二层制度文化层，是组织成员在实践活动中所遵循的规章制度及行为准则，包括领导制度、员工制度、分配制度等；第三层物质文化层，是组织文化抽象内容的外在表现，是组织思想、工作作风和审美观念的具体体现，包括组织成果、产品服务等（见图 4-17）。

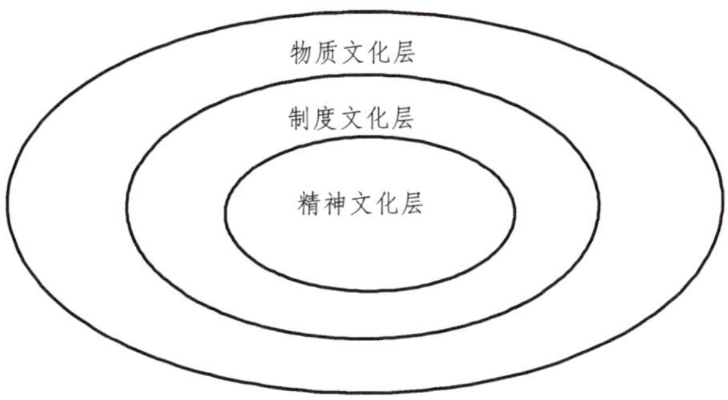

图 4-17　组织文化的层次

（二）组织文化的类型

组织文化的类型多种多样，不同的组织、不同的历史时期，组织文化都有所不同。根据不同的标准和用途，理论界对组织文化有着不同的划分方法。目前，最常见的划分方法如表 4-4 所示。

表 4-4　组织文化的类型

方法	类型	内容
1. 按照组织文化的内在特征划分（杰弗里·桑南菲尔德）	（1）学院型组织文化	学院型组织文化致力于营造一种学习型的组织氛围。这种以招聘大学毕业生为主的组织能提供专门的培训和指导，为他们在职能领域从事专业化工作提供帮助，如可口可乐公司、IBM 公司和宝洁公司
	（2）俱乐部型组织文化	俱乐部型组织文化致力于将管理人员培养为通才。这种组织文化重视员工的适应能力、忠诚度和诺言，十分看重年龄和经验，资历是评价人的关键因素，如政府机构、军队等

续表

方法	类型	内容
1. 按照组织文化的内在特征划分（杰弗里·桑南菲尔德）	（3）棒球队型组织文化	棒球队型组织文化鼓励冒险和革新。在这种组织文化影响下，组织会给予工作出色的组织成员巨额奖酬和较大的自由度，如投资银行、软件开发公司、法律和会计公司的组织文化
	（4）堡垒型组织文化	堡垒型组织文化着眼于生存挑战并重视发明创造。这类组织文化对于喜欢挑战和流动性的人来说具有很大吸引力，如大型零售店、天然气探测公司和林业产品公司的组织文化
2. 按照组织文化对组织成员的影响力划分（约翰·科特、詹姆斯·赫斯科特）	（1）强力型组织文化	强力型组织为组织成员提供了必要的组织机构和文化引领作用。组织成员目标明确、方向一致，有共同的价值观念和行为方式，愿意为组织努力工作
	（2）策略合理型组织文化	策略合理型组织认为，没有放之四海而皆准的组织文化，只有当组织适应于环境并不断融合的文化，才能发挥文化的最大功能，并不断改善组织经营状况
	（3）灵活适应型组织文化	灵活适应型组织注重组织成员的信心和信赖感，提倡不畏风险，注重行为方式，成员之间相互支持，勇于发现并解决问题。组织成员有高度的工作热情，愿意为组织牺牲一切
3. 按照权力的集中程度划分（卡特赖特、科伯）	（1）权力型组织文化	权力型组织文化又称独裁型组织文化，指由一个人或者很小的群体领导一个组织，强调集权，以管理者为中心，不太注重组织的结构和程序
	（2）作用型组织文化	作用型组织文化又称角色型组织文化。这类组织强调位置或岗位的重要性，每个岗位的人做每件事都有固定的程序和规矩，强调集权，以职能为中心，内部有健全的规章制度和运行规则，不是一种有效的、应变能力强的组织文化
	（3）使命型组织文化	使命型组织文化又称任务型文化，这类文化强调组织的目标就是要完成设定的任务，属于分权型组织文化，以任务为中心。具备这类文化的组织没有领导者，唯一需要服从的是任务或使命本身。当不同群体争夺重要资源的时候，这类组织容易产生恶性竞争

续表

方法	类型	内容
3. 按照权力的集中程度划分（卡特赖特、科伯）	（4）个性型组织文化	个性型组织文化是一种既以人为导向，又强调平等的组织文化，属于分权型组织文化，以人为中心。这种文化允许组织成员按照自己的兴趣工作，富于创造性，能孕育新观点
4. 按照组织文化所覆盖的范围划分	（1）主文化	主文化是一种为大多数组织成员所认可，并在组织系统中起主导作用的文化，如儒家文化是中国封建社会的主文化
	（2）亚文化	亚文化是一种在组织系统中处于次要位置的文化，一般指具有地区色彩或某一群体色彩的文化，如云南的摩梭文化
5. 按照文化、战略与环境的配置划分	（1）适应型组织文化	适应型组织文化将组织战略集中在外部环境上，以顾客需要为出发点，对外部环境快速响应的同时能积极地创造文化，鼓励改革、冒险和创造性行为
	（2）使命型组织文化	使命型组织文化的特征是管理者建立一种共同愿景，促使组织成员朝着共同目标努力，适用于那些关注外部环境中的特定顾客而不需要做出改变的组织
	（3）小团体型组织文化	小团体型组织文化强调组织成员的参与和共享，十分看重组织成员在外部环境变化中取得优异成绩时对团队的依赖程度
	（4）官僚制型组织文化	官僚制型组织文化以统一指挥为基础，推崇效率和理性，以关注组织内部和保持环境稳定为特征

【课堂讨论 4-6】

关于组织文化的类型，还有哪些划分方法？

（三）组织文化的功能

组织文化在一个组织中发挥着重要作用，具有很多特定的功能，主要表现在以下几个方面：

1. 导向功能

组织文化是组织成员共同形成并认可的团体价值观，对组织成员具有示范引领的作用，在共同价值观的影响下，组织成员的思想认识、行为规范、价值取向都将向实现组织目标的方向前进，自觉自愿地与组织保持一致。

2. 凝聚功能

组织将来自不同地方、具有不同思想的人聚集到一起，组织文化则将组织成员凝聚为一支具有向心力的团队。组织文化如同黏合剂一样，通过统一大家的思想，凝聚组织成员的共识，激发和培养组织成员的群体意识，使组织成员真正融入组织之中。

3. 激励功能

优秀的组织文化能为组织成员提供一个良好的环境。通过组织文化的塑造和引导，组织成员能够产生一种为组织发展竭尽全力、不断奉献的精神和动力，最大限度地激发其工作的热情和干劲，推动组织目标的实现。

4. 约束功能

组织文化是一种软约束，产生于组织文化氛围、群体行为和道德规范之中，组织的精神文化会给组织成员带来动力或压力，产生心理共鸣，从而形成一种对组织成员思想、心理、行为的约束和规范作用。

5. 辐射功能

组织在发展过程中经过沉淀形成较为稳定的文化模式，优秀的组织文化不仅在组织内部发挥作用，而且通过宣传、推广等渠道向社会辐射，对社会产生影响。组织文化的传播对组织推广和组织形象的树立有重要作用。

6. 适应功能

组织文化所具有的改造性和规范性能够指导组织成员的日常活动，使组织成员能够适应环境的变化。组织成员也可以帮助新加入组织的成员建立新的价值观念，使组织成员的个人价值观与组织需要更好地匹配。

（四）组织文化的特征

1. 精神性

组织文化是一种存在于组织内部的群体意识，属于精神意念的范畴，看不见摸不着，但能通过软硬件等有形的载体传递给组织成员，起到精神引领的作用。

2. 系统性

组织文化是由共同价值观、行为规范、团队精神等一系列内容组成的完整系统，各要素之间相互配合，相互影响，并随着社会文化的进步和发展不断调整，共同形成促进组织文化前进的动力源泉。

3. 独特性

每个组织都有自己独特的组织文化，这是由组织发展的特征和经历决定的。不同的组织文化积淀造就了特色多样的组织类型，形成了开放包容的文化体系。

4. 融合性

组织是在特定的文化背景下形成和发展的，必然受到所处环境的影响，因而形成了不同组织文化之间相互结合、相互吸收的发展格局。随着经济全球化进程逐渐加快，不同文化之间相互碰撞并走向融合的趋势不可避免。未来，组织的发展将更加贴近时代的要求，在相互融合中发展并形成自己独具特色的组织文化。

5. 稳定性

组织文化是在长期实践中逐渐积累形成的，具有相对稳定性，不会因管理者的变动或组织结构的变革而轻易改变。

二、组织文化的塑造

组织文化的塑造是指组织为了实现组织目标，营造属于自己的积极的、优良的组织文化，摒弃影响组织前进的消极、劣性的文化过程。

组织文化的塑造是一个长期复杂的过程，同时也是一个全面系统的工程，具体步骤如下（见图 4-18）：

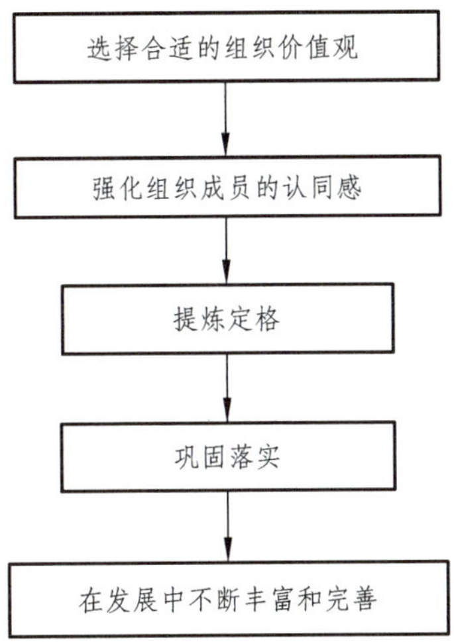

图 4-18　组织文化塑造的具体步骤

（一）选择合适的组织价值观

价值观是整个组织文化的核心。选择适合的组织价值观是塑造良好组织文化的首要问题，在选择价值观时应注意以下 3 点：

（1）要结合组织自身的特点，把握组织价值观与组织文化各要素之间的协调性，确保各要素之间相互匹配，使组织系统达到整体最优状态。

（2）组织价值观要体现组织的宗旨、战略和发展方向。

（3）要充分了解组织成员的认可和接纳程度，使价值观得到社会、组织成员的接受和认可。

（二）强化组织成员的认同感

组织在选择适合自身发展的组织价值观和组织文化模式以后，应当采取一定的措施将基本认可的方案逐一落实，确保方案深入人心，落到实处。具体做法如下：

1. 广泛宣传

利用一切媒体宣传组织文化的内容，营造浓厚的组织文化氛围。

2. 培养和树立典型

宣传身边榜样和英雄人物的光荣事迹，将他们特有的感召力和影响力传播给组织成员，使其成为组织成员学习和效仿的榜样。

3. 加强教育和培训

对组织成员进行有目的的教育和培训，使其了解和接受组织的价值观，强化组织成员的认同感。

（三）提炼定格

组织的价值观和组织文化模式的形成是长期的，是需要经过精心分析、全面归纳、精炼定格并不断强化才能形成的。

1. 精心分析

组织的价值观和文化模式在经过具体实践和组织成员的认同后，要详细分析和比较组织成员对组织文化实际认同的结果与计划方案之间的差距，找出可吸收的合理意见和建议。

2. 全面归纳

在全面分析的基础上，进行综合整理和归纳，去除那些落后的、不为组织成员所认同的内容和形式，保留那些进步的、富有成效的、组织成员普遍接受的。

3. 精炼定格

把经过精心分析、全面归纳总结、科学论证的组织价值观和组织行为予以制度化、条理化、格式化，再经过深层次的加工和整理，用精炼的语言表达出来。

（四）巩固落实

要将提炼定格的组织文化巩固落实，要做到以下两点：

1. 建立制度保障

在组织文化正式成为组织成员共同遵守的价值标准之前，要使每位组织成员自觉按照组织文化和组织精神的标准去行动，几乎是不可能的，即使是在具有成熟组织文化的组织中，组织成员背离组织目标的行为也时常发生。因此，建立一种奖优罚劣的规章制度十分必要。

2. 领导者率先垂范

在组织中，组织成员注视着领导者的一举一动。因而领导者的模范行为是一种无形的号召和导向，对组织成员起到强大的示范效应。领导者的言行应当与组织的发展目标保持一致，积极更新观念和知识，带领组织成员为创建优秀的组织文化而努力。

（五）在发展中不断丰富和完善

虽然组织文化具有相对稳定性，但随着组织所面临的内外部环境的改变，组织不可避免地要更新、完善和丰富组织文化，不断淘汰不适用于组织的旧文化、旧观念。组织文化的发展是一个认识与实践不断深化、在循环往复中不断前进的过程。

【课堂讨论 4-7】

结合上述组织文化塑造的论述，分析如何塑造优秀的班级文化。

【知识链接 4-3】

华为的企业文化

任正非在《致新员工书》中这样说道：华为公司共同的价值体系，就是要建立一个共同为世界、为社会、为祖国作出贡献的企业文化。这个文化是开放的、包容的，不断吸纳世界上好的优良文化和管理。如果把这个文化封闭起来，以狭隘的自尊心、狭隘的自豪感为主导，排斥别的先进文化，那么华为一定会失败。这个企业文化黏合全体员工团结合作，走群体奋斗的道路。有了这个平台，您的聪明才智方能很好发挥，并有所成就。

（资料来源：易小东. 任正非：致新员工书[M]. 深圳：海天出版社，2018）

三、组织的社会责任

社会责任一般指一个组织对社会所应当承担的责任，包括安全生产、环境保护、社会公德等。社会上的学校、政府、企业等都属于组织，都具有承担社会责任的义务。一般来说，一个组织对社会的贡献越大，得到的认可越多。组织作为社会的一分子，应当积极为社会发展赋能，发挥自己的正面影响力，朝着可持续发展的方向前进。

（一）组织的社会责任的含义

组织的社会责任一般指企业为社会发展所应承担的责任。经济学家米尔顿·弗里德曼认为，企业的唯一一项社会责任是在比赛规则范围内增加利润。随着经济社会的发展，企业承担的社会责任已经从纯粹地创造企业利润发展出了更多内涵。

实际上，企业的社会责任是指企业在创造利润、对股东负责、承担法律和经济义务的前提下，承担对员工、对消费者、对社区和环境等社会进步的义务。

（二）组织的社会责任的内容

组织承担社会责任，一方面是法律强制性的要求，另一方面是组织投身社会建设的自愿行为。组织的社会责任内涵十分丰富，具体包括以下几个方面。

1. 经济责任

企业的主要职能是为社会提供产品和服务，是以盈利为目的的基本单元。获得利润最大化是企业发展的目标，为社会提供合格的产品和优质的服务是企业的社会责任，但是企业不能将利润最大化作为唯一的社会责任，否则会使其陷入困境，要在为促进社会经济增长的同时，注重经济发展，为社会创造安全感、幸福感等无形的财富。

2. 法律责任

任何一个组织在承担社会责任的同时必须承担法律责任。企业经济目标的实现是在遵守法律的前提下完成的，企业在法律规范下提供好的产品和服务，提高企业核心竞争力，从而为企业创造更多利润和财富。如违背法律责任去追求经济利益，最终会受到法律的制裁，影响企业经营。

3. 伦理责任

企业的伦理责任超越了法律层面，但受到社会共同价值观和行为准则的约束，包括劳资伦理、工作伦理、客户伦理、公益慈善等方面。企业的伦理责任要求企业在遵守经济、法律责任的前提下，对内改善员工工作环境、尊重员工价值、开展员工培训等，构建和谐的劳资关系。对外提供优质的产品和服务，大力发展绿色产品，积极开展公益慈善，为社会安定和环境保护贡献力量。

4. 自主抉择的责任

自主抉择的责任是企业在履行社会责任时有权根据自己的意愿承担相应的社会责任。每个企业都有自己独特的企业文化和价值观念，企业应根据自身的文化和价值观念开展社会活动，如支持义务教育发展、抗震救灾等，都是企业自主抉择承担社会责任的体现。

【课堂讨论 4-8】

结合上述内容，想一想目前影响组织承担社会责任的障碍有哪些？如何破除这些障碍？

任务五　做一名合格的 HR

人员配备

课前导学任务单

<table>
<tr><td>项目名称</td><td colspan="2">项目四　组织</td></tr>
<tr><td>任务名称</td><td colspan="2">任务五　做一名合格的 HR</td></tr>
<tr><td>任务导入</td><td colspan="2">人岗匹配是提高组织运行效率，实现组织可持续发展的重要条件。有效的人员选聘、培训和考评是实现人岗匹配的前提。那么，人员选聘的含义、意义、内容和原则分别是什么？人员选聘有哪些途径，分别具有什么优缺点？如何开展人员培训和人员评价</td></tr>
<tr><td rowspan="3">任务目标</td><td>知识目标</td><td>1. 了解人员选聘的含义、意义、内容和原则。
2. 掌握人员选聘的途径和人员选聘的步骤。
3. 掌握人员培训的含义、内容和方法。
4. 理解人员考评的内容、程序和方法</td></tr>
<tr><td>能力目标</td><td>1. 初步培养人员选聘的能力。
2. 能够为人员培训提供合理建议。
3. 提高计划组织和统筹协调的能力</td></tr>
<tr><td>素质目标</td><td>1. 树立正确的择业观和就业观，提高职场核心竞争力。
2. 培养正确的价值观和人才观，塑造创新发展和不断进步的职业精神</td></tr>
<tr><td>任务准备</td><td colspan="2">1. 收集企业的人员招聘方案，分析不同招聘方式的优点和缺点。
2. 思考组织应如何加大人才培养力度，提高可持续发展能力。
3. 将本任务知识要点以思维导图的方式提炼和归纳</td></tr>
</table>

知识要点

一、人员选聘

（一）人员配备

1. 人员配备的含义

组织结构设计为组织的有效运行搭建了框架，人作为组织运行的核心要素，选择合适的人到相应岗位承担职责是组织运行的前提。因此，人员配备是根据组织结构中所规定的职务数量和要求，通过选拔、聘用、考评和培训等方式为组织选择合适的人员去履行组织结构中所规定的各项任务，以保证组织的各项活动正常开展，从而实现组织的既定目标。

2. 人员配备的意义

人员配备的意义主要表现在以下两个方面：

（1）人员配备是组织有效活动的保证。人作为组织发展的第一要素，组织的一切活动都需要人的参与，通过人员配备保证组织系统的正常运转。尤其作为指挥者和执行者的管理人员来说，在组织活动中发挥着举足轻重的作用。合理配备组织的各级管理人员，是组织各项活动取得成效的关键。

（2）人员配备是组织发展的准备。由于组织是不断发展的，未来的组织存在着诸多不确定性，合理的人员配备能够满足组织将来对管理人员的需求，从而为组织更好地适应不断变化的环境做足准备。

3. 人员配备的内容

人员配备的内容包括以下 4 个方面：

（1）确定人员配备计划。人员配备是在组织设计的基础上进行的。组织人员的需求计划是根据组织设计出的职务类型和职务数量确定的，职务类型规定了组织应当配备什么样的人，职务数量则说明每种职务类型应当配备多少人。

（2）人员选聘。在岗位分析和岗位设计的基础上，组织确定了所设岗位的工作内容、工作职责和工作关系。为了保证担任相应职务的人员具备职务所要求的知识和技能，必须对组织内外的待选聘人员进行筛选，做出最恰当的选择。

（3）人员培训。人员培训既是组织为了适应技术变革、规模扩大的现实要求，也是实现组织员工个人发展的需要。组织应当根据组织成员的工作活动、环境和技能状况，利用科学的方法，按要求有计划、有重点地开展全员培训。通过培训，员工随着组织的发展而不断成长，实现员工成长与组织发展的共赢。

（4）人员考评。根据企业中每个员工所承担的工作任务，结合企业的考评方式，对组织成员的个人品德、工作能力、工作态度、工作业绩等进行考核和评价，以便组织了解员工的总体工作质量和各岗位人员胜任现有工作的情况，为将来制订培训计划和员工奖惩方案提供依据。

4. 人员配备的原则

人是一切管理工作的中心，优秀的人才是组织发展的动力，选人用人是组织生存和发展的重要环节。做好人员配备工作需要遵循以下几个原则：

（1）因事择人原则。因事择人就是根据岗位要求和实际工作的需要，选择具有相应知识能力的人到合适的岗位，以使工作能出色地完成。这是人员配备的首要原则。

（2）量才使用原则。量才使用就是根据每个人不同的特点和能力大小而安排合适的岗位。人是存在个体差异的，要尽可能结合每个人的才能、性格特征和兴趣爱好安排工作岗位，以使其能发挥最大价值。

（3）任人唯贤原则。任人唯贤就是要求在人事选聘时，能从组织发展的大局出发，实事求是地选拔人才，本着求贤若渴的精神，尊重和使用具有真才实学的人。

（4）经济效益原则。组织配备人员的前提是保证组织能正常运转，不断提高经济效益。人员配备要从组织实际需求和人员使用的成本方面考虑，不能盲目扩大职工队伍。

（5）人事动态平衡原则。组织在面对内外部环境的变化时是不断发展和变革的，人员的使用也是根据需求不断调整的，人事动态平衡就是让那些能力发展充分的人去胜任更为重要的工作，而让那些能力平平、不能胜任现有岗位的人得到识别并及时进行合理的调整，最终实现人和事的动态平衡。

（6）程序化、规范化原则。人员的选拔必须遵循一定的标准和程序，科学合理地确定人员选拔的标准和聘任程序是组织选聘到真正优秀的人才的重要保证。组织只有严格按照程序办事，坚持公平公正的选聘流程，才能真正选聘到组织需要的人才。

（二）人员选聘的途径

组织通过何种途径吸引并招聘到组织所需要的人才是人员招聘策略的重要内容，它在一定程度上影响组织能吸引到应聘者的数量和质量。人员选聘的途径有两个，即外部招聘和内部选聘。外部招聘和内部选聘的含义及优缺点如表 4-5 所示。

表 4-5　外部招聘和内部选聘的优缺点比较

选聘方式	内容描述	
外部招聘	含义	外部招聘是指根据组织制定的标准和程序，借助一定的招聘渠道和方法，从组织外部寻找符合空缺岗位工作要求的人员。外部招聘渠道包括人才市场、校园招聘、猎头公司和网络招聘等
	优点	来源广泛，挑选余地大，有利于组织招到所需的人才；外部招聘的人员为组织发展注入新的活力，能为组织带来新理念、新方法和新经验；缓解组织内部竞争者的紧张关系
	缺点	外部招聘人员容易出现进入角色慢，缺乏人事基础，需要长时间适应新环境，短期内很难有效开展工作等问题；组织对求职者无法深入了解，人才甄别难度大，风险和成本增加；影响组织内部员工的工作积极性；外来人员对组织文化认知不足，缺乏对组织的忠诚
内部选聘	含义	内部选聘是指从组织内部选聘能够承担更多责任的人员来填充空缺职位。内部选聘的方式包括内部竞聘、内部提升和内部轮岗
	优点	组织对候选人较为了解，选聘风险小，程序简化，成本低；有利于鼓舞士气，给组织成员提供更多的成长空间，激励组织成员的进取心；内部候选人熟悉本组织工作，具备人事基础，可以迅速开展工作；使组织对组织成员的培训和教育投资得到回报
	缺点	因岗位数量的有限性，组织内部的竞争易影响团结；可能造成“近亲繁殖”的现象，抑制组织的创新；人员来源有限，易失去从外界获得优秀人才的机会

（三）人员选聘的步骤

人员选聘关系到组织的生存和发展，合理的人员选聘程序对组织能否选聘到合适的人才至关重要。为保证选聘工作的有效性和可行性，应当按照一定的步骤来开展选聘工作，具体如下：

1. 确定招聘需求

这是整个选聘工作的起点，需要分析组织现有的岗位和人员需求状况，明确具体的岗位空缺数量，需要什么样的人来填补空岗。

2. 选择招聘渠道

组织选聘的渠道分为外部招聘和内部选聘。这个阶段需要根据空缺岗位的情况，综合分析两种招聘渠道的优缺点，选择一种或者两种方法结合使用，确保组织招聘渠道通畅。

3. 制订招聘计划

根据组织的招聘需求，编制招聘计划，具体包括招聘的预算、选聘人员数量、招聘条件、岗位与职位分布、选聘程序和组织保障等。

4. 落实招聘方案

根据招聘计划，对应聘者开展初试、对初试合格者进行知识与能力的考核（包括智力测试、熟练程度和适应性测验、职业测试、个性测试等）、体检、选定录用。

5. 评估招聘效果

在整个选聘工作结束后，需要对招聘效果进行总结评估，分析招聘过程中存在的以及需要改进的问题，为提高选聘的效果做好准备。

【课堂讨论 4-9】

根据所学知识，思考大学新生需要具备什么条件，经过什么程序才能加入学生会？

【知识链接 4-4】

××互联网公司人员招聘计划

一、招聘目标（人员需求）

职位名称	人员数量	岗位要求
项目经理	1	1. 熟悉互联网行业，40 岁以下，具有本科以上学历； 2. 具有 3 年以上项目工作经验； 3. 具有良好的沟通协调能力和团队合作精神； 4. 有创新意识，能够推动项目进展，获得项目成果
软件工程师	2	1. 热爱互联网工作，有 2 年以上工作经验； 2. 本科及以上学历，计算机相关专业毕业； 3. 熟悉软件开发流程，熟练运用相关开发软件

续表

职位名称	人员数量	岗位要求
行政文员	3	1. 文秘、行政管理相关专业专科及以上学历； 2. 30岁以下，具有一定的公文写作能力； 3. 限女性，性格开朗，工作热情
销售专员	4	1. 22～35岁，男女不限； 2. 专科及以上学历，有一定的销售工作经验； 3. 有较强的学习、沟通能力

二、信息发布时间和渠道

1.《××日报》，3月18日；

2. ××招聘网站，3月18日。

三、招聘小组成员名单

组长：×××（人力资源部经理），对招聘活动全面负责。

成员：×××（人力资源部培训专员），具体负责应聘人员接待、应聘资料整理；

×××（人力资源部招聘专员），具体负责招聘信息发布，面试、笔试安排。

四、选拔方案及时间安排

（一）项目经理

资料筛选	人事部经理	截至3月25日
初试（面试）	公司副总+人事部经理	3月27日

（二）软件工程师

资料筛选	开发部经理	截至3月25日
初试（面试）	开发部经理	3月27日
复试（笔试）	开发部命题小组	3月29日

（三）行政文员

资料筛选	行政部经理	截至3月25日
初试（面试）	行政部经理	3月27日
复试（面试）	公司副总+行政部经理	3月29日

（四）销售专员

资料筛选	销售部经理	截至3月25日
初试（面试）	销售部经理	3月27日
复试（面试）	公司副总+销售部经理	3月29日

五、新员工的上岗时间

预计在4月1日左右。

六、费用招聘预算

1.《××日报》广告刊登费：5 000 元。

2. ××招聘网站信息刊登费：1 000 元。

合计：6 000 元。

七、招聘工作时间表

3 月 11 日：起草招聘广告；

3 月 12 日—3 月 13 日：进行招聘广告版面设计；

3 月 14 日：与报社、网站进行联系；

3 月 18 日：在报社、网站刊登广告；

3 月 19 日—3 月 25 日：接待应聘者、整理应聘资料、对资料进行筛选；

3 月 26 日：通知应聘者面试；

3 月 27 日：进行面试；

3 月 29 日：通知通过面试人员进行复试；

3 月 30 日：向通过复试的人员通知录用情况；

4 月 1 日：新员工上班。

××互联网公司人力资源部

××××年××月××日

二、人员培训

（一）人员培训的含义

人员培训是指组织在将组织目标和员工个人目标相结合的基础上，通过一定的措施和方式，有计划地开展内部人员的学习和训练，提高员工态度、知识和技能，以达到激发员工创新意识，改进员工工作态度，使员工适应并不断挑战本职工作的一种活动。

（二）人员培训的内容

人员培训的内容包括以下几个方面：

1. 态度的培训

员工的工作态度影响工作绩效。态度培训，帮助员工拓展观念、调整工作心态，树立正确的个人目标。管理者要结合员工的个人特点和工作属性有针对性地开展培训工作，促进员工行为的规范、工作态度的转变。

2. 知识的培训

知识的培训由以下两个方面组成：

（1）规章制度培训。规章制度培训主要指组织对员工进行的组织内部规章制度和组织文化的培训，以强化员工的规矩意识，让员工掌握组织运行的规则，帮助员工提高工作执行力，增强文化认同感。

（2）岗位知识培训。为了让员工更好地掌握所从事岗位的业务工作，采用讲解、现场观摩等方式提高员工的岗位知识。这对于员工明确自己的岗位职责，做好本职工作具有重要作用。

3. 技能的培训

技能的培训由以下 3 个方面组成：

（1）通用技能培训。通用技能是指跨职业的、可迁移的、有助于终身学习并可以发展独立性的能力，如礼仪、写作等。掌握一定的通用技能，有助于提高员工的综合素质。

（2）专业技能培训。对于部分专业技术要求较强的岗位，加强对员工专业知识和职业技能的培训，可以改善和提高员工的知识、技能和工作方法，从而提高工作效率。

（3）人际技能培训。人际技能培训的重点在于加强员工的人际沟通和协调能力，包括如何协调组织中的上下级关系，解决工作中面临的冲突、工作中的信息传递等。员工具备良好的人际技能可以有效促进工作的完成。

（三）人员培训的方法

人员培训的方法主要包括工作轮换法、角色扮演法、讨论法、课堂讲授法、网络培训法等。

1. 工作轮换法

工作轮换是指在组织中对各级成员在岗位上进行轮换，使其获得不同岗位的工作经验，为以后提升到更高层次的管理岗位做好准备。工作轮换有利于激发员工的积极性和创造性，是提高员工工作质量和效率的有效途径。

2. 角色扮演法

角色扮演法是一种情境模拟测评方法，要求培训学员扮演一个日常工作中的特定角色，模拟性地处理工作事务以观察其表现，据此考察培训学员的心理素质、胜任力和处理各种问题的能力。这种方法有助于学员加深对自己的了解，提高沟通交流的能力。

3. 讨论法

讨论法通常以小组为单位对提出的问题进行集体讨论，讨论时小组成员自由发表意见，形成头脑风暴，讨论结束后进行总结，提出具体解决问题的办法。讨论法的目的在于激发培训学员的学习兴趣和提高沟通交流的能力。

4. 课堂讲授法

课堂讲授是培训教师通过语言陈述的方式，将有关内容的基本理论和方法呈现给学员，有助于培训学员在短期内获得大量知识信息，帮助提高其理论水平，属于传统的培训方式。

5. 网络培训法

随着计算机网络的发展、互联网的广泛运用，网络培训成为组织人员培训发展的一种趋势。这种方法具有灵活便捷、节省时间、符合分散式学习等特点，受到很多企业和员工的青睐。

三、人员考评

（一）人员考评概述

1. 人员考评的含义

人员考评又称人员考核或绩效评估，是指按照一定的标准，采用科学的方法和规范的程序，衡量与评价组织成员完成岗位职责任务所展现出的工作能力与工作效果的一种管理方法。

2. 人员考评的目的和作用

通过人员考评，了解组织队伍的基本情况，发掘和利用员工能力，促进员工成长；为员工的工作报酬、人员晋升和公平奖惩提供科学的依据；为组织内部员工沟通、相互学习、全面发展创造条件；有利于评价、监督和促进员工工作，提高工作效率，确保组织目标的实现。

（二）人员考评的内容

1. 个人品德

个人品德包括道德认识、道德信念、社会和职业道德，是决定一个人行为好坏的关键。具有良好的道德品质才能做到客观公正地行使手中的权力。个人品德不仅关系到岗位胜任，对社会贡献和精神文明也产生重要影响。

2. 工作能力

工作能力是指承担某项工作需要具备的知识、经验和技能。一般包括认识能力、思维能力、表达能力、协调能力、创造能力等。对员工工作能力的考核，要依据一定的标准和程序，针对不同岗位、不同职务在能力评估过程中的侧重点，有针对性地开展考评工作。

3. 工作态度

工作态度是指员工在完成工作时所表现出来的心理倾向，主要通过员工日常工作表现体现，如工作的纪律性、积极性、创造性等。对员工工作态度的考核，既要重视出勤率、任务完成率等量的衡量，也要加强对员工工作热情、责任心等质的评估。

4. 工作业绩

工作业绩主要考核员工在工作过程中的实际成绩和效果，具体包括完成工作的数量、质量、速度和经济效益等。工作业绩的考评主要解决的是员工完成工作的效率问题，是员工绩效评估的核心。

（三）人员考评的程序

1. 制订考评计划

制订考评计划是人员考评的首要工作。根据组织考核的目的、实施原则与指导思想，确定考评计划的内容。考评计划的内容具体包括：考核时间、考核对象、考核内容、评价流程、考核等级评定、考核结果应用等。

2. 考评前准备

实施人员考评前要有充分的准备工作，具体包括以下几个方面：

（1）开展考评培训。在考评前，应对考评小组成员进行全面培训，让其掌握基本的考评方法和程序，确保考评过程公平公正。

（2）制定考评标准。标准是考评中衡量员工具体工作的尺度，必须明确具体，应尽可能采用定量的方法，切勿让员工感觉模棱两可，无法理解。同时，标准既不能过高，也不能过低，要适度。

（3）选择考评方法。考评方法的选择要依据组织的不同岗位特征、实际情况、考核对象的特点、工作性质等灵活选择。

3. 实施考评

根据人员考评方案，认真准备有关资料，加强对信息的搜集和加工，力求做到信息搜集全面、真实准确。同时，确定被考评的对象，明确考评小组成员的任务分工，客观公正对员工实际工作进行衡量，确保严格按照实施方案有序进行。

4. 分析考评结果

为了获取准确的评价结果，要认真对信息进行全面分析，对照评价标准，逐一对员工预期指标的完成情况进行统计汇总，得出对员工正确的考评结论。

5. 反馈考评结果

考评结果是员工薪酬发放、晋升提拔、调整使用的重要依据，因而要及时将考评结果反馈给员工本人及人力资源部门。

人员考评的程序如图 4-19 所示。

图 4-19　人员考评的程序

（四）人员考评的方法

1. 目标考核法

目标考核法是以目标为导向，通过目标的设置、分解和实施以及完成情况的检查、奖惩为手段，按照一定的评价标准衡量员工完成既定目标和执行工作标准的情况，根据衡量结果给予相应奖惩的一种方法。这种方法重视结果，强调员工的自主性、自觉性，通过员工的自我管理来实现组织发展的目标。

2. 简单排序法

简单排序法是指考评人员将所有员工的工作业绩按照从高到低的顺序进行排列，即将被考评对象按照一定的标准排出 1，2，3，4，……的顺序。这种方法要求被考评人员的人数不能过多，5 ~ 15 人为宜，应用范围有限，适用于考核同类职务的人员。

3. 序列比较法

序列比较法是对相同职务员工按工作业绩的好坏进行排序考核的一种方法。在考评之前，首先，确定考评的模块，但不确定要达到的工作标准，如组织中销售类的指标可以设立销售额模块，将所有销售岗位员工放在同一考评模块中进行比较，根据他们的工作状况进行顺序排列，工作好的排名在前，工作差的排名在后。其次，将每位员工几个模块的排序数字进行相加，得到该员工的考评结果。总数越多，考评的成绩就越好。该方法简单易行，节省时间，可以有效避免趋中倾向导致的误差。

4. 关键事件法

关键事件法是指考评人员在考评周期内，将发生在员工身上的关键事件都记录下来，包括员工的最佳行为和不良行为，并将它们作为人员考评的事实依据。这种方法的优点是将员工的工作行为与考评结果联系在一起，评定相对客观，有针对性。

5. 360 度考核法

360 度考核法又称全方位考核法，是指从与被考评人员工作联系紧密的多方主体那里获得被考评者的信息，包括上级、同事、下级、顾客以及员工本人，以此对被考评人员进行全方位评价的一种方法。这种方法的优点是提高了考评的全面性和公正性，强化了员工的服务意识，促进了团队合作，有助于员工的职业发展（见图 4-20）。

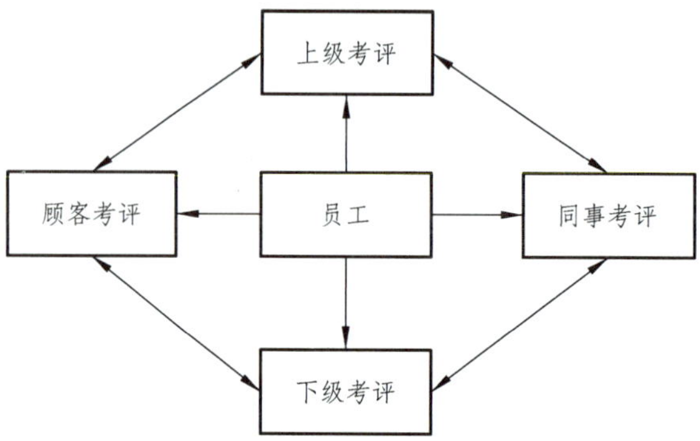

图 4-20　360 度考核法

【课堂讨论 4-10】

学校在奖学金评定过程中，主要注重对学生哪些方面的考核？需要经过什么样的程序？在奖学金评定过程中存在哪些问题？该如何解决？

【知识链接 4-5】

德才岗模型

德才岗模型，是制定人才画像的实效工具，帮助企业识别 A 级人才，主要包括三部分：德——价值观；才——岗位能力；岗——岗位业绩（见图 4-21）。

德——员工是否与企业的价值观匹配。价值观是看一个人看待事物的标准，是非对错的基本判断，对一个企业来说是商业底线和行为准则。如果个人的价值观和企业价值观不一致，则就很难融入团队，更难创造卓越的成绩。

才——与岗位相匹配的能力，包含 3 个方面：一是学习力。学习能力代表将来，更重要的是在实践中学以致用。二是经验。从过去的工作及成果中判断是否能胜任新的工作。三是方法。有没有自己的方法，从而为工作带来成效。

岗——由岗位成果来判断。比如，员工的业绩水平，在本岗位上能产生高绩效。

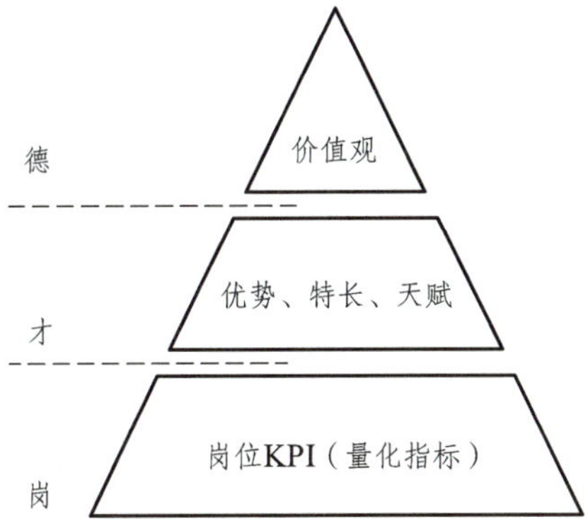

图 4-21　德才岗模型

领导者很重要的一个职责就是识别德、才、岗匹配的人才，关注他们，给予支持，帮助他们树立起责任感。不断地吸引 A 类人才加入，创造好的工作环境让他们充分发挥能力，是企业成功的关键。

知识巩固与技能提升

同步测试

项目五

PART FIVE

领　导

项目导入

三国鼎立的领导智慧

“东汉末年分三国，烽火连天不休。”三国鼎立格局的形成，领导者在当中发挥了怎样的作用？

一、慧眼识人，任人唯贤

曹操收许褚时，“操下帐叱退军士，亲解其缚，急取衣衣之”。曹操明确许褚是人才，给予礼遇留住他，“遂招引宗族数百人俱降”。曹操写《短歌行》表明其求贤若渴的心，明知关羽身在曹营心在汉，仍厚待之，败走华容道有关羽助力；赏识深入敌阵的赵云，曹操爱其才，下令不准伤害，以至于赵云杀出千军万马。对于归附之将，能够不计前嫌，与自己原班人马一视同仁，量才而用。

二、推心置腹，动之以情

刘备送别徐庶时，在马上拉着徐庶的手说：“先生此去，天各一方，未知相会却在何日！”说完泪如雨下。徐庶也痛哭离开。刘备的深切情感到此似乎已到高潮，然刘备停马站立于树林边，看着徐庶越来越远的背影，哭着说：“元直去矣！吾将奈何？”然后凝泪而望，却被一树林隔断。玄德以鞭指曰：“吾欲尽伐此处树木。”众问何故。玄德曰：“因阻吾望徐元直之目也。”刘备手下诸将也是“无不伤感”。

三、当机立断，树立威信

公元 208 年，曹操夺取荆州后，乘势追赶刘备，准备一举灭了东吴，完成统一。刘备派诸葛亮前往东吴劝说孙权一起抵抗曹操，孙权不能确定到底是战是降，与将领们进行讨论。此时东吴将领分为两派：主和派认为应主动投降，避免死伤惨重，而主战派主张与曹操决一死战。最终，孙权在听了鲁肃的一番话之后，当机立断决定：联合刘备抵抗曹操，决不投降。为了表明抗曹决心，孙权砍掉面前的桌一角，说：“谁再说投降，下场和这桌子一样。”这才有了赤壁之战的胜利，由此形成三国鼎立的局面。

请思考：

1. 曹操表现出的爱才之心对下属有什么影响？
2. 刘备为什么要当着诸将的面送别和砍树？
3. 孙权在决策之后为什么表现得这么决绝？

学习目标

知识目标	技能目标	素质目标
1. 理解领导的概念、内涵以及掌握领导的作用。 2. 掌握领导特质理论、行为理论、权变理论的特征和要点。 3. 正确认识领导者权力的概念和类型；理解领导者权力的组合和运用方式；掌握领导者艺术有效运用的方法。 4. 掌握激励的含义、要素、过程和作用；理解内容型、过程型、行为改造型激励理论	1. 学习领导权力并能够在团队中有效运用，提升团队协作能力。 2. 能够运用领导权力组合辨析管理实践中不同的领导类型。 3. 明确沟通和交流的重要性，提高沟通能力。 4. 学会运用激励的原则、方法激励自己和他人	1. 培养集体意识和团队意识。 2. 养成管理者思维，培养全局意识和系统思维。 3. 树立正确的权力观。 4. 增强向心力、凝聚力和集体荣誉感。 5. 强化“知行合一”的思想和行为意识。 6. 塑造积极向上的价值观和正向解决问题的良好心态

思维导图

- 项目五 领导
  - 任务一 领导初探
    - 知识点
      - 领导的概念和内涵
      - 领导的要素
      - 领导的作用
    - 技能点
      - 通过小型讲座认知领导
  - 任务二 多角度认知领导行为
    - 知识点
      - 领导特质理论
      - 领导行为理论
      - 领导权变理论
    - 技能点
      - 通过情景表演认知领导行为
  - 任务三 权力认知与领导艺术
    - 知识点
      - 权力的含义和类型
      - 权力的组合
      - 领导艺术
    - 技能点
      - 从领导者行为中分析权力的内涵
  - 任务四 激励认知
    - 知识点
      - 激励的定义
      - 激励的要素
      - 激励的过程
      - 激励的作用
    - 技能点
      - 拟订班级三好学生评选方案
  - 任务五 多角度认知激励理论
    - 知识点
      - 内容型激励理论
      - 过程型激励理论
      - 行为改造型激励理论
    - 技能点
      - “优秀班级”激励方案前期调研
  - 任务六 行之有效的激励原则与方法
    - 知识点
      - 激励的原则
      - 激励的方法
    - 技能点
      - 拟订“优秀班级”建设激励方案

任务一　领导初探

领导初探

课前导学任务单

<table>
<tr><td>项目名称</td><td colspan="2">项目五　领导</td></tr>
<tr><td>任务名称</td><td colspan="2">任务一　领导初探</td></tr>
<tr><td>任务导入</td><td colspan="2">领导是管理四大基本职能之一。有效地履行领导职能可以提高工作效率，从而更好地实现组织的预期目标。那么，领导的概念和内涵是什么？领导的要素包括哪些？领导的作用体现在哪些方面？领导者和管理者之间有什么区别</td></tr>
<tr><td rowspan="3">任务目标</td><td>知识目标</td><td>1. 理解领导的概念。
2. 掌握领导的内涵。
3. 了解领导的作用</td></tr>
<tr><td>能力目标</td><td>1. 初步培养有效领导的能力。
2. 提高指挥协调和资源整合的能力</td></tr>
<tr><td>素质目标</td><td>1. 培养领导思维和领导意识。
2. 提高目标意识和责任意识</td></tr>
<tr><td>任务准备</td><td colspan="2">1. 观察身边领导者的特征。
2. 思考领导行为如何影响群体。
3. 将本任务知识要点以思维导图的方式提炼和归纳</td></tr>
</table>

知识要点

一、领导的概念和内涵

领导活动是一种广泛存在的社会现象。自人类社会诞生以来，领导活动就推动着人类社会不断发展。那么，究竟什么是领导，该如何较为全面地理解领导呢？“领导”一词，既可以作为名词来理解，又可以作为动词来理解。前者是指作为个体的领导者，后者是指领导者做出领导行为的过程。

从管理学的角度来看，从行为过程来理解“领导”的概念更为恰当和全面。领导是指领导者运用权力，通过引导、协调、指挥和激励，对下属施加影响，从而实现组织目标的行为过程。

领导工作是对组织内个体和群体行为，以及组织发展方向进行引导的过程，充当了“领头羊”的角色。同时，调动人的积极性，充分发挥人的潜能，处理好人际关系，也是领导工作的重要任务。领导工作是管理学中科学性和艺术性的有机结合。

【知识链接 5-1】

简单来说，领导就是带领并指导大家实现一定目标的过程，而领导者是进行领导活动的人（见表 5-1）。

表 5-1　领导与领导者的区别

概念	内容概述		来源
领　导	领导就是影响力，是影响人们心甘情愿、满怀热情地为实现群体的目标而努力的艺术或过程	这一定义有 3 层含义：第一，它揭示了领导的本质即影响力，这种影响力能够引导人们的行为；第二，指出了领导是一个过程，是引导人们行为的过程；第三，明确了领导是一个目的性非常强的行为过程，其目的在于使人们心甘情愿地、热情地为实现组织或群体的目标而努力	哈罗德·孔茨和海因茨·韦里克
领导者	领导者的唯一定义就是有追随者的人	领导者与被领导者是各自以对方的存在而存在的，没有被领导者也就没有领导者。在领导行为过程中，领导者要对被领导者施加影响，但此时被领导者也同样在对领导者施加影响，可见影响是相互的。因此，领导并不仅仅是单向的，即由领导者对被领导者施加影响，实际上，领导是一种双向的动态过程，即除了领导者通过指导、激励等影响被领导者外，被领导者也给领导者以信息来修正领导者现在和未来的行动。人们的能力、感受与心态是不断演变的，领导者与被领导者的关系也必须不断修正，必须持续调节行动，因此领导是一种动态的过程	彼得·德鲁克

二、领导的要素

（一）群体

领导行为必须存在于群体之中。有效的领导行为包含领导者、被领导者和组织环境，单个人不能形成有效领导。被领导者是领导者实施领导行为的特定对象。而实施领导行为的过程会受到组织环境的影响。组织中存在何种领导关系、领导者采取何种领导方式、达到何种效果，很大程度上受到了组织环境的影响。

（二）过程

领导是一个行为过程，而不是指单个领导人。领导活动不是一锤子买卖，而是发生于领导者和被领导者之间互动的过程。领导者通过权力对被领导者施加影响，反过来被领导者的行为也会影响领导者。这是一个双向动态的过程。

（三）目标

领导行为是为了有效实现组织目标。在管理中，行使领导职能是为了调配好组织的各项资源，统一组织成员的认知和方向，更高效地实现组织目标。实现组织目标既是领导行为的风向标，也是领导活动的最终归宿。

（四）影响力

领导者通过影响力对下属施加影响。这样的影响力既可以来自领导职位本身，也可以来自领导者自身。前者具有强制性，后者具有自愿性。来自领导者自身的影响力对于下属来说能够有更深远的意义。

【知识链接 5-2】

领导力

日本企业家稻盛和夫曾说："领导者的优秀资质是什么呢？我认为可以归纳为以下 5 点：第一，具备使命感。第二，明确地描述并实现目标。第三，挑战新事物。第四，获取众人的信任和尊敬。第五，抱有关爱之心。"

管理学大师迈克尔·波特曾提出"五力模型"，用来形容一个企业如何面对竞争和新进入者的威胁等。而对于领导者来说，同样有"领导力的五力模型"，包括：感召力、影响力、决断力、前瞻力和控制力（见图 5-1）。

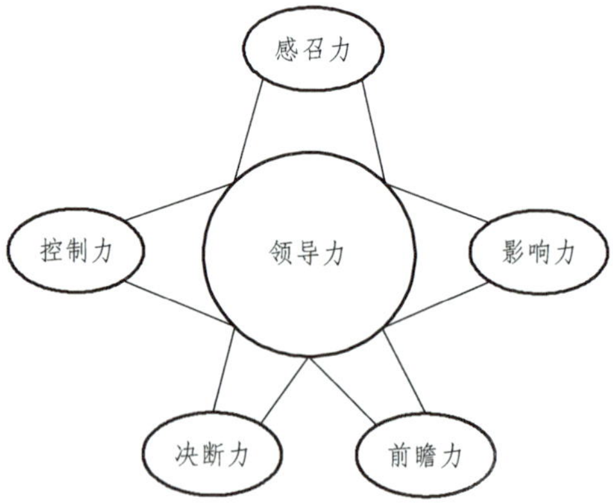

图 5-1　领导力的五力模型

领导要"做对的事情"，要把控方向，还要做出战略决策。这 5 个方面能恰如其分地形容企业家需要具备的领导力。

（资料来源：苏勇. 面对疫情，企业家需要危机领导力[J]. 企业管理，2022（7）：31-33）

【课堂讨论 5-1】

来自职位本身的影响力有哪些？来自领导自身的影响力有哪些？

三、领导的作用

（一）指挥作用

领导行为是管理活动中必不可少的要素，贯穿于管理活动的全过程。组织成员在实现组织目标的过程中，需要领导者这样的角色带领大家各司其职，共同朝着目标迈进。领导者需要具备前瞻性、全局观和系统性思维，充分理解组织目标，把握组织发展的方向，真正发挥好指挥作用。

（二）激励作用

在长期的工作环境和工作压力下，组织成员难免会出现倦怠和疲惫状态。如何重新激发员工的工作热情和动力，是领导者需要考虑的重要问题。关心下属，为下属排忧解难，创造和谐的工作环境，营造良好的工作氛围，拓展职业发展空间，是激励下属的有效手段。领导者要充分了解下属的内在需求和动机，激发员工的内生动力，使其提高工作效率，更好地朝着组织目标迈进。

（三）协调作用

资源有限性和目标无限性之间的矛盾，是任何组织都长期存在的矛盾。如何将目标分出轻重缓急，如何将组织资源分配到最需要的地方，如何兼顾组织内外各方利益，如何处理组织成员内部的矛盾等，都是领导者发挥协调作用的重要表现。

（四）整合作用

资源的整合不是简单地拼凑和加总，领导者要善于将组织的单项资源进行有效组合，最大限度地利用资源的优势，实现“1+1>2”的效果。

【课堂讨论 5-2】

除此之外，你认为领导的作用还体现在哪些方面？

【知识链接 5-3】

领导（者）与管理（者）的区别

在管理学中，领导（者）与管理（者）既有联系又有区别。

1. 两者的联系

首先，两者的总体目标通常来说是一致的，都是为了实现组织目标。其次，两者都强调科学性与艺术性相结合。第三，两者的基本权利都来源于自身所依存的岗位。第四，两者都是通过对他人施加影响从而实现组织目标的过程。

2. 两者的区别

管理（者）和领导（者）的主要区别如表 5-2 所示。

表 5-2　管理（者）和领导（者）的主要区别

区别点	管理（者）	领导（者）
约束&激励	管理注重约束。组织的规章制度规范和约束组织成员的行为，使组织的运行井然有序，以对组织客观存在的资源进行管控和约束	领导注重激励。激励得人心，得人心者得人才，得人才者得天下。激发员工的自觉自愿性和内在驱动性，提高员工的工作动力
规范&灵活	管理注重规范性。管理强调通过规范化、制度化、标准化去管理组织成员的行为	领导注重灵活性。领导强调组织动力和创造力的培养，在规范中有机融入灵活的管理方式和方法，以弥补管理的缺陷
稳定&创新	管理注重稳定性。通过管理，组织形成基础扎实、运行平稳、管理高效的组织氛围	领导注重创新性。通过实施领导行为，组织能够创新管理模式和手段，为组织的发展注入不竭动力
局部&全局	管理侧重局部范围。管理强调做好本部门、本部分的工作，更注重内部范围	领导侧重全局范围。领导需要兼顾工作的各方面，更强调全局性和系统性

总体来说，管理和领导既有交叉也有分离，领导者不一定是管理者，管理者也不一定是领导者。两者可能重合也可能分属不同的人。但管理者和领导者都需要做好自己的本职工作，履行好自身的工作职责。

任务二　多角度认知领导行为

领导理论

课前导学任务单

<table>
<tr><td>项目名称</td><td colspan="2">项目五　领导</td></tr>
<tr><td>任务名称</td><td colspan="2">任务二　多角度认知领导行为</td></tr>
<tr><td>任务导入</td><td colspan="2">不同的领导风格影响领导的行为表现，给组织带来不同的氛围，进而影响组织运行效率和组织目标的实现。如何判断领导者的特质、行为和领导方式？领导者的领导方式是否一成不变？领导行为对于下属的影响是怎样的？领导行为的改变会给组织带来什么样的影响</td></tr>
<tr><td rowspan="3">任务目标</td><td>知识目标</td><td>1. 理解领导特质理论。
2. 掌握领导行为理论。
3. 理解领导权变理论</td></tr>
<tr><td>能力目标</td><td>1. 能够分析优秀领导者的特质。
2. 能够判断不同领导者的行为模式及产生的影响</td></tr>
<tr><td>素质目标</td><td>1. 培养领导思维、系统思维和全局意识。
2. 强化“知行合一”的思想和行为意识</td></tr>
<tr><td>任务准备</td><td colspan="2">1. 思考不同领导特质会对领导行为产生什么影响。
2. 思考不同领导行为会对组织运行效率产生怎样的影响。
3. 将本任务知识要点以思维导图的方式提炼和归纳</td></tr>
</table>

知识要点

为了更好地研究领导行为，理解领导的不同表现，大量学者从不同角度对领导行为进行了研究，提出了不同类型的理论。这些理论大致可以分为 3 类：领导特质理论、领导行为理论、领导权变理论。

一、领导特质理论

（一）领导特质理论的含义

领导特质理论侧重从素质、品质和特征等方面研究领导者的行为，把个人特质作为区分一个领导者成功或不成功的标志。所谓特质是指一个人区别于其他人的个人特点，包括外形条件、身体素质、年龄、性别、人格特点、价值导向、人际关系处理能力等。

（二）领导特质理论的特征

领导特质理论经历了从传统向现代转变的过程。传统的领导特质理论认为领导者的素质是天生的，是由遗传因素所决定的。现代领导特质理论认为领导素质是经过后天锻炼和培养，在实践中形成的。在此基础上，研究者们做了大量的研究，发现成功的领导者通常具有这些特征，具体如表 5-3 所示。

表 5-3　领导特质

领导特质	具体解释
领导意愿	成功的领导者通常来说都有较强的权力支配动机，有强烈的愿望要去影响、说服和指导他人
洞察力	领导者必须具有前瞻性，能够提前预测问题并抓住机遇。他们需要随时观察组织内外部所面临的环境变化，当机立断采取措施，并能提前预判未来的发展趋势
责任感	领导者并不只是发号施令，权力和责任不可分割。领导者在运用权力的同时，要承担起相应的责任。成功的领导者通常具备较强的责任感，遇事有担当，不推脱、不遮掩
自信	自信的领导者会受到下级的尊重和敬仰，有个人魅力，能提高下级完成组织目标的动力。领导者对自己做出的决策、判断、观点等有自信心，能带给组织成员正向激励
知识和技能	领导者既要精通专业领域的知识，还要具备广博的知识和较强的领导技能，深入了解所在行业，做出睿智的决策
抗压能力	领导者在行使领导职权的过程中，会遇到各类棘手问题和千头万绪的工作。这就要求领导者要具备较强的抗压能力，保持情绪稳定，从容淡定地处理好各项工作

【知识链接 5-4】

4 种气质类型

气质类型是对人的气质所进行的典型分类。以公元前 5 世纪古希腊医生希波克拉底的分类最为著名。他认为人体内有 4 种液体，即血液、黏液、黄胆汁、黑胆汁。这 4 种液体在人体内的比例不同，形成了 4 种气质类型，即多血质、胆汁质、黏液质、抑郁质。《红楼梦》中，金陵十二钗中有 4 人恰有 4 种不同气质，红学研究者也因此曾提出，大观园最好的管理者其实是贾探春。表 5-4 列举了 4 种气质类型及其特点。

表 5-4　气质类型

类型	特点	代表人物
多血质	体内血液占比最高的人就属于多血质，这类性格的人活泼好动、热情开朗，喜欢跟人交往，处事灵活，但也有 3 分钟热度、比较容易转移注意力等缺点	王熙凤

续表

类型	特点	代表人物
胆汁质	体内黄胆汁占优势的人属于胆汁质，这类性格的人情感和行动发生都比较迅速、强烈，性情中人，直爽，一般脾气比较暴躁，任何情绪都写在脸上	贾探春
黏液质	体内黏液占优势的人属于黏液质，这类性格的人性格安静坚韧，能够长期坚持做别人看来很枯燥的事情，比较自律，缺点是过于谨慎小心，不够灵活	薛宝钗
抑郁质	体内黑胆汁占优势的人属于抑郁质，这类性格的人非常敏感、多愁善感，有超越一般人的观察力，比较内向腼腆	林黛玉

该理论认为，具有胆汁质气质的人被认为是最适合做领导者的人，他们会自然而然地寻找那些能让他们发挥领导作用、迅速产生结果的工作，而且往往会销售一种能提供巨大经济回报的产品。胆汁质性格的人不仅能迅速取得成果，而且在影响和指导他人的职业中有最大的成效。

（资料来源：张芳，梁宁建. 领导班子成员气质类型相融度研究[J]. 心理科学，2006，29（1）：80-83）

【课堂讨论 5-3】

除了上述提到的特质外，你认为成功的领导者还具备哪些特质？

（三）领导特质理论的局限

在实践中，领导特质理论不可避免地也有一些不足，具体如下：

（1）忽略了下属的需要，即具备某些特质的领导可能适合某些下属，但不适合另一些下属。

（2）忽视了情境因素，即在某些情境下可以成功的领导，其所拥有的特质在其他情境中并不一定有效。

（3）没有指明各特质之间的相对重要性，也没有阐明特质与提高工作绩效之间的关系。

（四）领导特质理论的发展趋势

虽然领导特质理论具有局限性，但所呈现出的发展趋势仍然具有指导价值。

首先，领导特质理论的研究呈现多样化的趋势。多视角的研究丰富了领导内涵的发展，拓宽了研究视野，从而为其他相关领域的研究奠定了基础，包括魅力型领导理论、内隐型领导理论、领导胜任力理论等。

其次，领导特质理论可以预测领导行为的有效性，为人力资源招聘和开发工作提供一定的指导。具备相应特质的人员可以作为潜在领导者进行培养和开发，为组织的发展提供不竭动力。

【课堂讨论 5-4】

根据所学知识，你认为自己具备哪些领导特质？还有哪些地方是要努力的？

二、领导行为理论

领导行为理论关注的重点不是领导的个性特征，而是领导者在做什么和如何做，强调的是领导者实际表现出的领导行为。该理论认为，领导行为与工作效率之间有密切的联系。领导行为理论主要包括以下内容：

（一）领导行为连续体理论

领导行为连续体理论是由美国学者坦南鲍姆（R. Tannenbaum）和沃伦·施密特（Warren H. Schmidt）于 1958 年提出的一种理论。该理论认为，在管理工作中，领导者使用权威的程度和下属拥有的自由度之间是此消彼长的关系。坦南鲍姆和施密特由此划分出了 7 种主要领导模式（见图 5-2）。

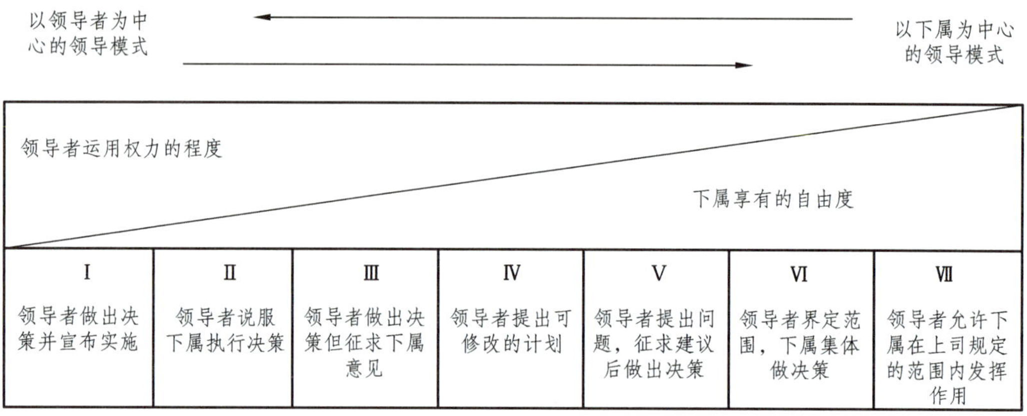

图 5-2　领导连续体

从图中可以看出，连续体的最左端表示的是专制型领导，最右端表示的是民主型领导。专制型领导完全掌握权力，自己决定一切，不会授权给下属。而民主型领导在制定决策的过程中，会给予下属很大的自由度。专制和民主是两个极端的情况，在它们之间，还存在着多种领导模式，由此形成了领导连续体。

这一理论的主要贡献在于，它使人们意识到，领导模式并不局限于专制型领导和民主型领导。在连续体理论中，不能抽象地认为哪一种领导模式是最好的，哪一种是最差的。成功的领导行为应该考虑情境因素的影响，根据组织内外部环境因素和具体条件，选择当下最恰当的模式，采取最合适的行动。领导者应该根据具体情况，包括自身能力、下属能力、环境、工作任务、时间要求等，选择连续体中的某种领导模式，提高领导成效，达到领导目的。

（二）利克特的 4 种管理模式

利克特的 4 种管理模式是由美国密歇根大学伦西斯·利克特（Rensis Likert）教授和同事经过长达 30 年的研究后提出的。他们认为，有效的领导行为要面向下属，形成相互支持的关系。领导者要考虑下属的处境、想法和意愿，努力帮助其实现目标，使员工的价值和重要性得到认可。领导者对下属的支持能激发下属对领导者采取合作、信任的积极态度，支持领导者的工作。

在此基础上，利克特假设了 4 种领导类型的管理方式（见表 5-5）。

表 5-5　领导类型

类型	具体内容
专制型	领导风格很专制，很少信任下属，自己掌握决策权，采取自上而下的沟通方式。常采用严厉和惩罚的方式管理下属，偶尔使用奖励的方法来激励员工
温和型	对下属有一定信任，采用奖赏和惩罚的方式管理下属，允许一定程度的自下而上地沟通，会征求一些下属的意见，但管理权仍然掌握在领导者手中
协商型	对下属有较大信任，主要采用奖赏、偶尔惩罚的方式管理下属，通常采用上下双向沟通的方式，较大程度听取下属意见，授予一定权力给下属，在某些情况下与下属协商决策
参与型	对下属充分信任，积极听取并采纳下属意见，鼓励上下级之间和同事之间的沟通，鼓励下属做出决策，积极组织下属参与管理

利克特认为，那些采用第 4 种管理方式的人通常来说都是极有成就的领导者，在制定目标和实现目标的过程中都是极其高效的。

（三）管理方格图

管理方格图是由美国德克萨斯大学的行为科学家罗伯特·布莱克（Robert R. Blake）和简·莫顿（Jane S. Mouton）于 1964 年在《管理方格》一书中提出来的领导理论。该理论设计了一张 9 等份的网格来分析不同领导的行为方式（见图 5-3）。

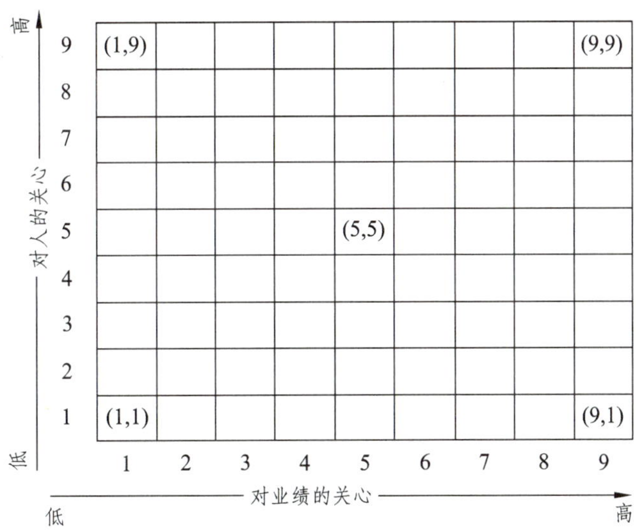

图 5-3　领导管理方格图

管理方格图的纵轴表示对人的关心程度，包括员工对自尊的维护、基于信任而非服从来授予职权、提供良好的工作条件、保持良好的人际关系等。横轴表示的是领导者对组织业绩的关心程度，包括政策决议的质量、程序与过程、研究工作的创造性、职能人员的服务质量、工作效率和产量。对于横轴和纵轴来说，第 1 格均表示程度最轻，第 9 格均表示程度最重。

全图共 81 个方格，分别表示对人的关心和对工作的关心的不同程度结合而成的领导方式。

领导方格图中，有 5 种典型的领导方式（见表 5-6）。

表 5-6 领导风格

领导风格		内容描述
1,1	缺乏型管理	表示对人和工作都不关心。领导者只想付出最少的努力来维持自身工作，最低限度地完成工作并维系组织成员即可
5,5	中庸型管理	表示对人和工作都关心，但两者兼顾且程度适中，主张适可而止，力求将平衡维持在一定的满意程度。这类领导往往缺乏进取心，乐于维持现状
9,9	理想型管理	表示对工作和人都极为关心，将组织目标与个人需求最有效地结合起来，既高度重视组织的各项工作，又能够有效激励员工，激发员工的工作积极性，从而提高工作效率
1,9	乡村俱乐部式管理	表示非常关心人，但不关心工作任务。领导关心员工需求是否得到满足，强调上下之间的关系建立，力图营造舒适、和谐、友好的组织氛围
9,1	任务式管理	表示对工作极为关心，但对人漠不关心。在工作中，领导拥有很大的权力，强调对下属的控制，努力完成各项工作任务
总结	大多数研究者认为，（9，9）型是最理想的领导风格，（5，5）型居中，（1，1）型最差	

管理方格图问世后受到了管理学家的高度重视，它改变了在领导行为中“非此即彼”（要么以生产为中心，要么以人为中心）的绝对化的观点。它启示我们在实际管理工作中，一方面，要高度重视工作的安排，要向下级布置足够的工作任务，提出严格的要求，并用规章制度作为保障；另一方面，又要关心关爱下属，包括他们的利益诉求、工作条件和工作环境，给予适度的物质和精神鼓励等。这样能使下属的工作在责、权、利等方面高度统一起来，最大限度地激发下属的积极性和工作效率。与此同时，“对人的关心”和“对工作的关心”的比例程度要考虑情境因素的影响，在不同的工作情境和工作任务中，两个维度的占比要随之调整，以更好地适应当下的工作任务。

三、领导权变理论

20 世纪 60 年代以后，在领导特质理论和领导行为理论的基础上，领导理论的研究进入了第三阶段，即领导权变理论。该理论认为，在管理中不存在一种绝对的、最佳的领导方式。领导是一个由领导者、被领导者及其环境因素相互作用的动态过程，其效果与三者所处的具体情境和环境有关，要根据具体情况来决定领导方式。领导理论主要包括以下几种：

（一）费德勒领导理论

领导权变理论首先由美国伊利诺伊大学教授费德勒（F. E. Fiedler）于 1951 年提出。该理论认为任何领导行为都可能是有效的或者无效的，关键看它与情境因素是否匹配。不同的管理情境需要不同的领导风格。他把影响领导风格的情境因素归纳为 3 个方面：职位权力、任务结构、上下级关系（见表 5-7）。

表 5-7　领导风格的情境因素

情境因素	内容描述
职位权力	指领导者所处职位具有的正式权力和权威的大小，包括法定权、强制权、奖赏权等。权力越大，下属尊重领导者的程度就越高，就越有利于提高工作效率；反之则越差
任务结构	指工作任务的例行程度、明确程度可预测性。如果工作任务本身十分明确，组织成员对工作任务职责明确程度高、例行性强或工作结果易于产出，领导者对工作过程就越易于控制，领导效果就越好；反之则越差
上下级关系	指领导者对下属的关心关爱程度，及下属对领导者的信任、拥护、忠诚和尊重程度。双方关系越好，领导者就容易得到下属的配合与支持，领导效果就越好；反之则越差

费德勒认为上述 3 种情境因素决定了领导者对下属行为的影响能力，即领导情境对领导者有利的程度。在最有利（即领导者对情境控制程度高，领导者拥有较多职权，上下级关系良好）和最不利（即领导者对情境控制程度低，群体工作缺乏领导者积极介入）的情况下，采取“任务中心”的工作导向型领导方式效果更好。而在中间状态下，采取“以人为中心”的员工导向型领导方式的效果更好。

（二）领导生命周期理论

领导生命周期理论由美国心理学家卡曼（A. Korman）首先提出，后来由赫西（Paul Hersey）和布兰查德（Kenneth Blanchard）共同创立。该理论的纵轴表示关系取向，横轴表示工作取向，两个维度的不同组合形成了 4 种领导风格（见图 5-4）。

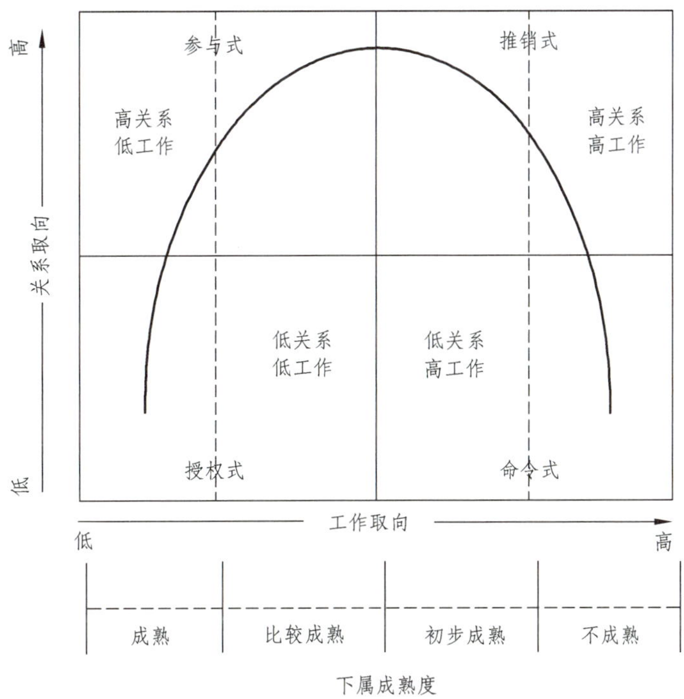

图 5-4　领导生命周期

该理论的主要观点是：领导者的风格应与下属的成熟程度相适应。4 种领导风格与下属成熟度的对应关系如表 5-8 所示。

表 5-8　领导风格与下属成熟度

下属成熟度	领导风格	内容描述
不成熟	命令式（高工作—低关系）	领导给下属规定任务，告诉下属干什么、怎么干、何时何地干，下属负责执行
初步成熟	推销式（高工作—高关系）	领导提供指导和支持，与下属探讨工作任务，但决定权还是在领导
比较成熟	参与式（低工作—高关系）	领导与下属共同决策，同时，领导提供便利条件和支持
成熟	授权式（低工作—低关系）	领导授权下属自主决定，只提供极少的指导和支持

领导生命周期理论认为，这 4 种领导方式本身无好坏之分，领导者采用哪一种领导方式，不是由领导本身决定的，而是由管理情境和下属成熟度决定的。对于同一下属，在不同的时期，要采用不同的领导方式；对于同一下属在同一时期，针对不同的工作，也要采用不同的领导方式。

【课堂讨论 5-5】

如何将领导生命周期理论运用到员工的职业生涯规划中？

任务三　权力认知与领导艺术

权力认知

课前导学任务单

项目名称	项目五　领导	
任务名称	任务三　权力认知与领导艺术	
任务导入	权力是把双刃剑，一方面可以对组织和个人发展产生积极影响，但如果使用不当，也会造成负面影响。那么，什么是权力，如何有效运用权力，从而完成组织目标？如何运用领导艺术解决实际问题？上下齐心的局面是如何形成的	
任务目标	知识目标	1. 了解领导者权力的概念和类型。 2. 理解领导者权力的组合和运用方式。 3. 掌握领导艺术有效运用的方法
	能力目标	1. 能够运用领导权力组合辨析管理实践中不同的领导类型。 2. 提高统帅全局、管理团队和解决问题的能力
	素质目标	1. 树立正确的权力观。 2. 增强向心力、凝聚力和集体荣誉感
任务准备	1. 思考如何正确地发挥权力的最大价值。 2. 观察身边成功的领导者如何运用领导艺术解决问题。 3. 将本任务知识要点以思维导图的方式提炼和归纳	

知识要点

一、权力的含义和类型

（一）权力的含义

领导权力是指领导者运用职权或权威向下属施加影响，左右他人的行为或事情发展的进程，克服一系列阻力，达到特定的目的。

权力是领导的基础，也是领导者发挥功能的基本条件。在管理实践中，各级领导之所以能对下级部门施加影响，指挥下级部门实现组织目标，归根究底就在于他们拥有了相应的领导权力。

（二）权力的类型

在管理实践中，领导者不只拥有一种类型的领导权力。领导权力的主要来源包括职位本身或其自身具备的一些个人特质。来源于职位本身的权力是指只要拥有了这个职位，就拥有了与之相对应的权力，通常包括奖赏权、惩罚权等。来源于领导者自身具备的一些个人特质的权力又称非职位权力，包括个人魅力、背景权等。职位权力和非职位权力又可根据其特征进一步细分，主要划分为法定性权力、奖励性权力、强制性权力、统帅性权力和专家性权力 5 种类型。

1. 法定性权力

这是组织内部低层、中层、高层各级领导职位所具有的正式权力，一般是由组织按照一定的规章和程序赋予领导者的法定任命。凡是处于某一职位的领导者都拥有在其职权范围内行使有关职权的权力，被领导者必须按照领导依权下达的指令和命令行事。该权力是组织授予领导者的职权，而非领导者自带的权力效应，领导者也必须服从组织的安排，必须忠于组织，为组织服务。

2. 奖励性权力

奖励性权力指领导者有决定给予下属部门报酬与否和奖励大小的权力。领导者可以通过奖励员工的行为来激励员工，并让员工能够认可自己，服从自己的领导。奖励的范围包括但不限于工资、奖金、绩效、晋升、培训机会、改善工作条件、培养自己的团队等。奖励权建立在利益的基础上，当员工明确自己听从领导者的指令能带来更多的物质和非物质的满足时，就会自觉受其领导，同时领导者也能享受到相应的权力。

3. 强制性权力

强制性权力指领导者对下属在精神或物质上进行威胁，强迫其服从的权力。这种权力建立的基础是下属惧怕惩罚。如果下属不服从领导者的安排，领导者有批评、处分、降薪、扣除绩效、剥夺其管理权、免职等惩罚下属的权力。但在管理实践中，领导者对于下属采取的强制力度越大，强制措施越严厉，下属的逆反心理和反抗就越强烈，领导者在场和不在场时，下属的工作状态和积极程度会有极大差别。

4. 统帅性权力

这种权力来源于下属对于领导者的特殊品格、能力和个人魅力而形成的权力。这种权力的基础是下属对领导者的尊重、信任和认同。领导者具有公正无私、求真务实、勇于创新、知人善用、富有同情心、具有感召力等特质能够获得下属的尊重和服从，从而获得统帅全局的权力。

5. 专家性权力

这是由领导者具有某些专业知识和特殊技能而获得的权力。例如，数据分析方面的专家、财务会计方面的专门人才等，他们在某一领域中有特殊影响力，进而获得专家性的权力。这种权力以领导者的知识储备和专业技能为基础，表现为领导者本人学识渊博、精通本职业务或具有某一领域的高级知识和技能，或有一技之长。同时，领导者的专长越多，专业技能越熟练，获得下属的尊敬感越多，领导者所获取的权力就越大。

上述 5 种领导者的权力类型中，法定性权力、奖励性权力和强制性权力主要取决于领导者在组织中的职位，这类权力属于职位型权力，经过法律、组织等直接和间接认可而为大众所遵从。统帅性权力和专家性权力属于非职位型权力，这两种权力不以法律和组织任命为基础，无需外界力量强加，来源于领导者自身因素。权力大小取决于领导者的品行、知识和技能等个人特质。

【课堂讨论 5-6】

你认为 5 种领导权力中，最为重要的是哪一种？

二、权力的组合

（一）权力的有效组合

要提高领导者的管理成效，关键在于能够从问题的实际出发，为实现组织目标辨析组织赋予的职位权力和非职位权力，巧妙地组合权力并运用恰当的领导方式。

1. 单一型领导权力组合

单一型领导权力主要指领导者仅凭借职位型权力去强制和支配下属的行为，运用组织赋予的法定权、奖励权和强制权来达到完成组织任务的目的。这种领导权力表现单一，权力来源于职位本身。任何一个处于该职位的领导者均能获得此种权力，领导者脱离职位环境便会失去权力。领导者通过物质手段去控制下属很难获得下属发自内心的认同和追随，无法真正凝练出团结合作、协同奋进的团队，从而影响组织的整体凝聚力。单一型领导者的可替代性强，任何组织内部都不乏这样的领导者，领导者的核心竞争力不足，容易被组织替换。此外，这种类型的领导者必须依靠职位权力来领导和指挥下属，物质效应的效能会不断缩减，逐渐产生无法指挥和命令下属的局面，容易使组织出现各种问题。

2. 技术型领导权力组合

技术型领导权力组合由职位权力和非职位权力组成，领导同时拥有职务赋予的职位型权力和自身具备的专家性权力。例如，财务部门的领导要精通财务和会计专业技能，工程部门的领导要懂得工程造价评估等。领导者通过自身的专业技能和专业素养，带领团队分析和解决问题，能够直接给予下属奖惩，让下属的努力和付出能够获得有效体现，激励其更好地为组织服务。与单一型领导权力相比较，技术型领导会使领导效能得到提升，其技术的权威从专业角度让下属信服，以避免工作当中的争执和质疑。

3. 人格型领导权力组合

人格型领导权力组合与技术型权力组合相仿，也是由职位权力和非职位权力组成的，不同点在于技术型领导权力组合由职位型权力和专家性权力组合而成，而人格型领导权力组合是由领导者的职位型权力与统帅性权力组合而成的。这两种权力组合都建立在职位型权力的基础上，技术型领导权力组合是专家性权力在发挥领导效能，人格型领导权力组合是统帅性权力发挥领导效能，这两种不同的组合会产生不同层次的领导效能。当领导者的法定性权力、奖惩性权力和统帅性权力三者组合时，统帅性权力将会发挥重要的领导作用，辅以人格魅力和直接奖惩职能。人格型领导权力组合将会使下属从被动服从转为主动听从。

4. 全能型领导权力组合

全能型领导权力组合是综合了所有权力类型的权力组合状态，是最理想的权力组合形态，其领导效能也表现为最优。这种类型的权力组合主要是指在整个组织内部，领导权力转变为绝对的指挥力、被领导者主动积极的行动力，以及完全的服从力。领导者的影响力贯穿整个组织，内部形成统一团结的集体，共同完成组织目标。全能型的领导权力组合最重要的特征是，即便领导者离开工作岗位，下属也会有条不紊地继续完成工作，不会因为领导者的缺岗而影响员工的工作效率。

【课堂讨论 5-7】

你认为领导者应该如何做才能达到全能型领导权力组合？

（二）权力组合的有效运用

1. 避免单一

无论什么样的组织形式，当领导者只会通过组织赋予的职位权力来领导下属时，就会出现强制性的领导行为。下属对其下达的指令和任务均为被动执行，并没有从内心真正认可和信服领导者的指令。长此以往，会出现阳奉阴违的低效能现象，或是面临下属的直接反抗行为。在单一型领导权力组合下，领导者既没有技术专长，也没有群众基础，在这样的常态化下，领导者必将引起下属和群众的不满及反抗，使领导效能处于低水平状态。

2. 熟悉业务

领导者如果对于自己所管理的部门知识一知半解甚至一窍不通，那么当面临决策的时候，就会出现没有专业支撑，只能靠主观经验判断的情况，从而影响最终的决策结果，并引发下属的怀疑和不满。从组织层面来看，这种情况会造成资源的浪费和长期规划失误，对组织的效益造成损害。从下属方面来看，会导致下属对于领导者领导能力的质疑，对团队凝聚力和向心力的构建造成影响。因此，领导者应具备与履职岗位相匹配的业务知识和专业素养，并能够做到与时俱进，不断学习充实自身，提高业务水平。同时，在新时代的背景下，领导者不仅需具备较高的技术能力水平，而且还需要有大局意识和系统思维，能够把握时代发展的趋势，提高决策效能，使下属信服，从而更好地发挥领导职能。

3. 培养魅力

任何一个组织的生存和发展都必须有良好的工作氛围，这就要求领导者需融洽上下级关系，具备一定的群众基础。领导者需以自身的品格和人格魅力来获取下属的认同，形成以领导者为核心的团队凝聚力。此时，人格型领导力组合中的统帅性权力发挥主要作用。领导者需具备 3 个方面的素质：一是拥有宽广的胸怀，能够对下属建立容错率；二是能为下属创造实现自我价值的平台，满足下属的高层次需求；三是领导者德行完备，能够以身作则，成为下属的榜样。

4. 有效授权

（1）授权的意义。全能型领导代表的是领导行为的最高水平，但个人完全指挥团队是不可能达到最优的，这就要求领导者必须学会合理授权。授权，即赋予下属一定的权力，下属在权责范围内有一定的自主权和决策权，领导者掌控全局的一种方式。为了使下属的决策有效，领导者必须慎重选择授权对象并在合理范围内授权。领导者需给予下属人力、物力、权力、财力的保障，还要及时予以指导和帮助，确保项目的开展不偏离组织目标。在现代社会，由于受到领导者时间精力的限制，以及内部管理的需要，授权已成为提高组织管理成效的重要手段。

（2）授权的步骤。第一，明晰责任。领导者需要明确清晰地授权给下属权力和责任，确保下属能在权责范围内合理用权，不会出现权责不明的混乱情况。这就要求领导者在授权前需明确任务目标，有效评估下属的能力，确保下属能够有效推进组织目标的完成。在确定任务目标后，指导下属明确他所要达成的目标，以及在此过程中他能获得的权力和所要承担的责任。明确责任是领导者授权目标达成的要素之一，领导者在授权时必须明确下属将达成的目标、下属的权责范围。第二，给予权力。领导者向下属授权，并不是单纯地把权力下放，任其发展，而是应该在给予权力后帮助下属尽快树立权威，给予下属必要的支持，确保其快速组建团队，完成任务目标。领导者授权后同样要履行管理者的职责，而不是交托之后就不问不管。领导者需要时刻注意下属项目推进的情况，在下属遇到问题和困难时给予指点和帮助，给予下属经验指导。优秀的领导者在给予权力时，应同时给予下属一个完全授权的环境，让其不受干扰地专注完成组织目标。第三，及时反馈。领导者在授权行为发生后，应有效监测下属的授权行为，要求下属按期进行工作汇报或按工作进程汇报任务开展情况。下属应当明确授权不是给予自己权力任其为所欲为，而是为了更好地完成共同的组织目标。获得权力也必有其责，下属负有向领导者汇报进程和结果的义务，不避重就轻，应将真实的情况及时地反馈给领导者。因此，领导者必须建立完善的任务汇报制度，规范好下属的行为，确保下属合规有效地推进项目。

【课堂讨论 5-8】

如果你是领导者，你会给什么样的员工授权呢？

【知识链接 5-5】

MBTI 人格类型

迈尔斯-布里格斯类型指标是一种人格类型理论模型，这个指标以瑞士心理学家卡尔·荣格对人格划分的 8 种类型为基础，并加以扩展，形成 4 个维度：外倾型、实感型、理智型、判断型。4 个维度如同 4 把标尺，每个人的性格都会落在标尺的某个点上，这个点靠近哪个端点，就意味着个体有哪方面的偏好。以外倾型与内倾型性格的典型指标为例，MBTI 人格类型的表现如表 5-9 所示。

表 5-9　MBTI 人格类型示例

类型	描述
外倾型（E）	敏感、宽容、谦逊、害羞，并且非常友善。这种人格类型的个体非常不喜欢意见分歧，会尽量避免这种情况。他们是忠诚的跟随者，并且对于完成工作感到很轻松
内倾型（I）	热情、友善、率真、果断。这种人格非常擅长任何要求推理和智力的工作任务，但有时候也可能会过度高估自己所能做的事情

（资料来源：陈玉玲，陈维政. MBTI 人格类型与工作匹配作用机制研究[J]. 软科学，2015（5）：92-95）

（3）授权的关键。第一，识人善用。在授权前全方位评估下属的能力和性格，确保下属获得权力后，能够完成任务并有对抗困难的勇气。根据下属的专业能力，分类分层地进行授权，对于专业能力强的下属，授权其负责更多专业方面的工作内容，去挑战技术性的难关；对于行政能力强的下属，授权其起草相关规章和制度性文件及处理日常行政事务；对于性格外向型的下属，授权其负责人际交往和沟通方面的事宜；对于性格内向的下属，授权其负责数据分析或战略规划方面的事务。领导者要懂得看人授权，发现下属的优点并能有效运用，使其更好地为组织服务。第二，包容过错。领导者要明白“人非圣贤，孰能无过”。人总会犯错，妥善看待下属所犯的过错，对于不威胁到组织目标的过错，给予下属一定的容错率。此外，下属被授权后也需要一段时间的磨合，领导者应包容下属的小过错，并有效地引导其选择正确的方向。切记不能因一时的过错而马上撤销授权，这不仅会损害授权者和被授权者之间的信任关系，而且不利于团队协作，也会让员工质疑领导者的权威，导致组织凝聚力下降和人心涣散。但是，对于原则性错误，领导者也必须引起重视，不能无底线地包容一切过错，避免风险进一步扩大。第三，合理授权。领导者要明确，并不是所有职能权力都能够下放。例如，制定企业经营性战略目标或长期规划目标的决策权力不能下放，企业的技术研发权也不能随意下放。简而言之，关系到企业长期经营和重大资金规划的权力都不能随意授予下属，领导者要明确领导层和管理层的区别，不能任意跨越。并且，授权范围不是越大越好，不是说下属获得的权力空间越大，就越能激发他的自我效能感，让其更好地完成组织目标。授权要根据有效的评估，严格明确授权范围，防止过度授权造成的组织经营风险。

【知识链接 5-6】

团队领导者的角色

领导行为更多发生在团队情境中，而且越来越多的组织都在采用工作团队，所以指导团队成员的领导角色变得越来越重要。很多管理者面临的挑战是如何成为有效的团队领导者。他们必须学习很多技能，如耐心地分享信息，能够相信他人，授予权力，知道什么时候应该干预。有效的团队领导者往往掌握了一种巧妙的平衡，即明白什么时候应该放任团队自己工作，什么时候应该加以干涉。而缺乏经验的团队领导者往往会在团队成员需要更多授权时试图保留太多的权力，或在团队需要支持和帮助时袖手旁观。

一项研究考察了围绕员工团队进行重组的组织，该研究发现所有的领导者都要承担一些相同的责任。这些领导职责包括指导、推动、处理纪律问题，评估团队和个人绩效，培训和沟通。然而，描述团队领导工作的一种更有意义的方式是聚焦到两类优先事宜：① 管理团队的外部边界；② 推动团队的工作流程。这些优先事促成了 4 种具体的领导者角色（见图 5-5）。

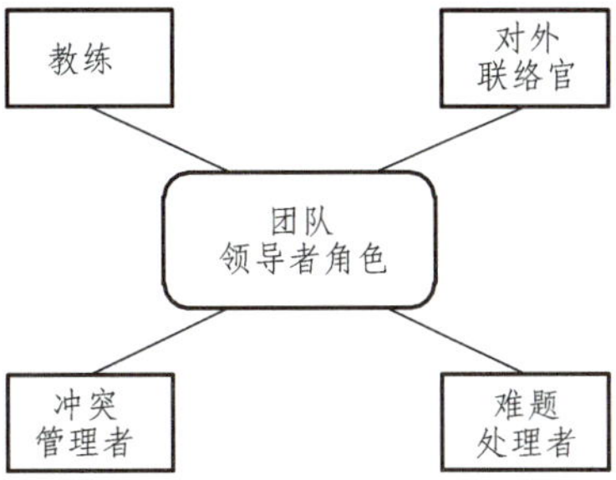

图 5-5 团队领导者角色

（资料来源：斯蒂芬·罗宾斯，玛丽·库尔特，等. 管理学[M]. 13 版. 刘刚，程熙镕，等，译. 北京：中国人民大学出版社，2017）

三、领导艺术

领导艺术是指领导者以其专业知识、实际经验和气质特征为基础，为实现领导职能而创造性地运用各种技巧、手段和方法。它是领导者的智慧、学识、经验和人品的集合反映，是领导者的素养、技能和权力的展示。领导艺术在管理实践中体现为统领全局、管理团队、解决问题、时间管理等 4 个方面的艺术。

（一）统领全局的艺术

统领全局，是要用整体的思维去统揽全局，从全局出发，始终放眼于全局与局部、整体与部分、部分与要素的相互作用，指挥和控制，以实现组织目标效应的最大化。任何领导工作都是全局性的整体，领导者要对各个部门、各个层级、各个阶段的任务进行统筹规划，全面安排，有效控制，实现目标和行动的统一。领导者必须具备统领全局的能力，为此，领导者需要掌握统领全局的方法和手段。

1. 牺牲局部，保全全局

在企业经营管理中，经常会出现部分产品质量问题产生的信任危机，或是因攻克技术难题出现的经济难关，这个时候就是要考验领导者在危机中的全局意识。在危机之时，领导者要有铤而走险、破釜沉舟的胆识，也必须有牺牲局部、保全全局的魄力，以挽回信任，突破难关。但是，局部的牺牲必须能够给全局带来或可能带来实质性的利益，不能假借全局之名，以自身利益或喜好随意牺牲局部利益。

2. 统中有活，灵活统筹

领导者在全局中既要坚定全局意识，又要具备相应的灵活性。在坚定达成组织目标的同时，充分体现下属执行中的创造性和机动性；允许工作方法、工作手段的多样化和目标任务的有限变通及选择，吸收下属的创新型方法，杜绝老生常谈和墨守成规；用竞争手段和开放观念驾驭全局，鼓励下属的良性竞争，激活团队的动能；有预见地适时提出新设想和新任务，掌握转换的时机。但灵活性是有限度的，不能影响和损害全局发展，要有利于组织目标的达成。

（二）管理团队的艺术

1. 建立良好的上下级关系

良好的关系是构建良好沟通的桥梁，上下级之间更是要建立良好的关系，以保证两者之间能有效沟通，共同完成组织目标。领导者需注意以下几点：

（1）尊重下属。领导者需要明白下属也有获得他人尊重的需要，领导者在职权上或许高下属一级，但在人格上都是平等的。领导者在日常沟通交流中，可多以问询的口气，多征求下属的意见并采纳，给予其充分的尊重。这不仅有利于激发下属的创造性，而且整个团队的工作氛围也会更加和谐。

（2）信任对方。领导者一旦给下属授权或将工作交托给下属去完成后，就要给予下属充分的信任，相信对方能够完成这个任务，给予他们一定的容错率，做到“用人不疑，疑人不用”。领导者的行为让下属感到自己被信任、被组织重用，会增加下属的组织认同感和归属感，从而让下属更好地完成领导和组织交给的任务，促成组织目标的达成。

【知识链接 5-7】

建立信任

斯蒂芬·罗宾斯在与众不同的领导者的评价中介绍，优秀的领导者不仅擅长领导他们的组织，更会与下属建立牢固的信任关系（见图 5-6）。

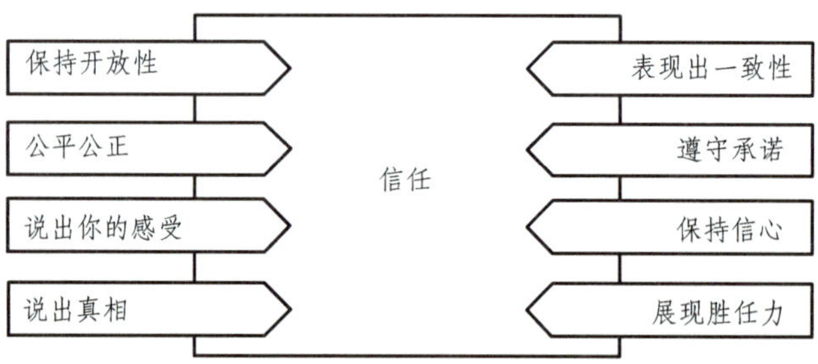

图 5-6　建立信任

（资料来源：斯蒂芬·罗宾斯，玛丽·库尔特，等. 管理学[M]. 13 版. 刘刚，程熙镕，等，译. 北京：中国人民大学出版社，2017）

（3）保证公平。在管理中，上下级之间难免会有亲疏关系的存在，领导者不能任人唯亲，只重用和自己关系好的下属，而不去考量下属的能力，有失公允。在工作中，赏罚分明，哪怕是平时和自己关系紧密的下属，在其犯错误时，也必须一视同仁，不能有半点包庇。只有在公平公正的环境里，上下级之间才能保持良好的关系，下属才会有齐头并进的动力，从而增强组织的凝聚力。

2. 构建上下级沟通的渠道

项目的有效推进取决于团队成员尤其是领导者和下属之间的有效沟通，无效的沟通会浪费大量的时间和精力，甚至导致组织目标无法完成。那么，领导者在管理过程中，必须保障和下属的沟通是有效的，能够将自己的想法和决策信息传递给下属。因此，领导者必须做到以下几点：

（1）传达信息时，和颜悦色并保持耐心，与下属反复确认细则，并让下属重复所传达的决策和目标，确保下属能够完全领会。

（2）对于下属的意见和想法，可以将对方的发言改为疑问，重复一遍，鼓励对方进一步解释和说明，或是让下属陈述更多信息。

（3）哪怕对方叙述过程比较缓慢或繁复，也要尽量耐心倾听，不要频繁打断，影响他的叙述逻辑和沟通情绪。

（4）对于沟通的内容，要进行情绪调整，哪怕谈到自己不喜欢的问题，也不要在沟通过程中发火或是冷脸，以免影响下一次沟通的开展。

（三）解决问题的艺术

领导者在管理过程中，会面对各种各样的问题，这就需要领导者做出最优决策去解决问题，而决策的确立，涉及问题发生的 3 个阶段：事前、事中和事后。领导者解决问题的艺术就是考验领导者对于这 3 个阶段的控制。

1. 事前计划

在管理中，领导者一定要学会做事前计划，对于可能出现的问题，假设解决方案，对于紧急情况先设定一个应急预案，再根据实际情况来调整。把收集到的数据和信息进行汇总，预测可能会发生的情况，构建决策模型，充分运用决策模型进行分析和预测。罗列可能出现的问题，为每一个问题设计解决方案，评估风险，计算利益得失。领导者对项目做事前计划，能有效降低风险，提升决策的有效性。这是解决问题很重要的一个步骤。

2. 事中监控

领导者在项目开展当中，必须对项目的进度进行监控，确保事件的发展在计划内，一旦偏离预期就要及时调整方案，寻找解决措施，保障项目的有效开展。领导者不应心存侥幸，想着问题自己会修复，必须去发现问题、评估问题、解决问题，成功达成目标。

3. 事后反思

在项目完成后，领导者需要对整个项目进行评估和反思，找出其中出现问题的原因以及解决的措施。能够在多个事件当中总结经验找到关联，归纳出同类问题的最优解决方案，以在下一次事件发生时能有效应对。对于危机事件的处理，进行量化评估，找寻是否还会存在更优的方案，反思使用的方案存在的不足，以及过程中稍有不慎可能出现的问题，以备下一次危机事件再次发生时出现墨菲效应。

（四）时间管理的艺术

1. 合理安排时间

每个人一天当中拥有的时间是一致的，领导者汇集了整个团队的决策工作，必须学会合理安排自己的时间，以保证组织决策的最优选和团队项目的有效开展。领导者要学会排列优先、重要、普通、一般级别的事件，再分配各个事件所需要花费的时间，避免在许多不重要的事件上花费太多时间，从而影响重要项目的推进。

2. 排除干扰因素

领导在管理过程中，可能会出现各种因为管理不当或人员配置不完善所导致的问题，因此领导者需要管控以下问题：

（1）排除不必要开展的项目。在项目开展推进之前，领导者或负责团队应先做一个总体评估，对于收益低且耗时长的项目，可以酌情放弃。在多个项目需要同时完成的情况下，进行优中选优，放弃性价比低的项目。预先排除非必须开展的项目，节省出后续需要处理问题的时间和精力，集中去完成其他重要项目。

（2）合理控制项目团队人员。实践表明，并不是人员越多项目就完成得越好，有时候人员过多反而影响事情的推进。人员众多意味着意见和纷争也就越多，领导者就需要花费更多的时间和精力去解决不必要的人事纠纷，影响项目的开展。领导者通过日常的观察，予以团队最为合适的人选，不需要过多的人员去充斥，人才不在多而在于精，这可以为领导者规避许多不必要的时间浪费。

（3）取消不必要的工作汇报。在项目开展阶段，事中监督是必要的，但不是任一环节或任何事件都需要领导者过问和解决，授权给下属就要给予他们信任，不需要事事都要求汇报。当然，对于重要的项目和事件环节，领导者也必须盯紧，不可以因疏忽而导致项目出现严重问题。

任务四　激励认知

激励认知

课前导学任务单

项目名称	项目五　领导	
任务名称	任务四　激励认识	
任务导入	《义勇军进行曲》凝聚着中华儿女“不做亡国奴”的怒吼，激励着中华儿女众志成城、共御外侮，是民族精神的象征。学校的升旗仪式和大型活动之所以会播放国歌，是因为国歌具有激励作用，可以激发师生的爱国热情、民族自豪感和民族认同感。那么，究竟什么是激励？激励有哪些作用？激励包含了哪些要素？激励的过程是怎样的	
任务目标	知识目标	1. 理解激励的定义和激励的作用。 2. 掌握激励的要素和激励的过程
	能力目标	1. 培养自己了解人的心理需求、行为动机的能力。 2. 能够将激励要素与激励过程结合起来，分析激励产生作用的内在规律
	素质目标	1. 领悟激励对国家、对社会、对个人的重要性。 2. 培养透过现象看本质，由表及里的思维和意识
任务准备	1. 回忆发生在自己或周围人身上的激励事件，思考激励是怎样对人产生作用的。 2. 思考激励对个人、对集体的重要性。 3. 将本任务知识要点以思维导图的方式提炼和归纳	

知识要点

一、激励的定义

激励，顾名思义就是激发与鼓励。激发是通过某种内外部刺激，使人产生一种朝着期望目标不断努力的内在动机。鼓励是给人以行为的动力，使人的精神和行动更积极、更努力，侧重对人的行为趋势加以控制。

在管理学中，激励可以定义为：管理者运用各种有效手段刺激员工的需要，激发员工的行为动机，鼓励员工产生努力完成工作的行为，进而实现组织目标的过程。激励的主要作用是调动员工的积极性和创造性，使员工努力去完成组织的任务，实现组织的目标。

【课堂讨论 5-9】

根据上述定义思考，激励的要素有哪些？各要素之间有什么关联？

二、激励的要素

（一）需要

需要是人们因为“缺乏”或者“期盼”而产生的一种“想拥有”的心理状态。人的需要可以分为两种：一种是由人的生存本能产生的，如食物、衣服等；另一种是由所处的社会环境引发的，如情感、尊重等。人一旦意识到自己的潜在需要，就会产生一定的行为动机，进而支配人的具体行为。人的一切行为动机均由需要引起。当然，不是所有的需要都会转变成动机。需要转化成动机有一个前提，即需要得有一定的强度。也就是说，某种需要是人的强烈愿望，人迫切想要满足这种需要。如果需要不迫切，就不足以使人采取行动满足这个需要。

（二）外部刺激

外部刺激是指在激励的过程中，人们所处的外部环境中诸种影响需要的条件与因素，这些影响因素包括物质因素也包括社会性因素，统称为“环境因素”。例如，一个人想要实现某个目标，但感觉比较难坚持。此时，若周围人都在奋发努力，那么无形中他也会因受到影响而像周围人一样努力去实现目标。因此，有了外在刺激，人们才会有寻找和追求满足某种需要的方法及路径的动力。

（三）动机

动机是人们为满足某种需要、实现某一目标而努力进行某项行为的意愿，这种意愿取决于行为能否以及在多大程度上能够实现目标以满足人的需要。动机是由需要引起的，是人们产生行为的直接原因，但动机本身不是行为，它只是促使人采取某种行为满足需要的内在动力。

动机具有激活、指向、调控 3 个功能。激活功能指动机可以促使人产生某种行为。具有一定动机的人对某些刺激特别敏感，特别是与动机有关的刺激，这些刺激会使人进行某些活动。例如，饥饿的人对食物特别敏感，口渴的人对水特别敏感，因此他们也容易引发相应的寻求活动。指向功能是指动机能使人的行为指向某个目标。动机不同则人的行为方向和追求的目标也不同。例如，在学习动机的控制下，学生的行为会指向与学习相关的目标，如书籍、教室等；而在娱乐动机的控制下，学生的活动会指向篮球场、游戏机等。调控功能是指当人的行为发生后，动机能维持和调整人的行为，能强化人相应的动机，使人的行为持续下去，让人不断克服困难，实现目标。因此，需要、外部刺激和动机的内在联系往往表现为，具有一定强度的需要在外部刺激的作用下，便会转化成动机，动机是内在需要和外部刺激交互影响的结果。

（四）行为

行为是人们受内在动机的支配和外部刺激的影响，而表现出来的一切有目的的各种外在行为活动，它是由一系列的动作构成的，如吃饭、睡觉、学习、工作等。

行为具有目的性、能动性、预见性、多样性和可度性 5 个特点。目的性指行为是一种有意识的、自觉的、有计划的、有目标的，可以加以组织的活动，是自觉的意志行动；能动性指人的行为动机是客观世界作用于人的感官，经过大脑思维所做出的一种能动反应，并且人的行为不是消极地适应外部世界，而是一个能动地改造世界的过程；预见性指人的行为方式和行为结果等是可以预见的，因为人的行为具有一定规律；多样性指人的行为有性质不同、时间长短不同、难易程度不同等区别；可度性指人的行为可以通过各种手段进行计划、控制、组织和测度。

【知识链接 5-8】

耶基斯–多德森定律

一般情况下，动机愈强烈，工作积极性愈高，越能将潜能发挥出来，效率也就愈高；与此相反，动机的强度愈低，效率也愈低。因此，工作效率是随着动机的增强而提高的。然而，心理学家耶基斯和多德森的研究证实，动机强度与工作效率之间并不是线性关系，而是倒 U 形的曲线关系（见图 5-7）。具体表现为：动机处于适宜强度时，工作效率最佳；动机强度过低时，缺乏参与活动的积极性，工作效率不可能提高；动机强度超过顶峰时，工作效率会随强度的增加而不断下降，因为过强的动机使个体处于过度焦虑和紧张的心理状态，干扰记忆、思维等心理过程的正常活动。

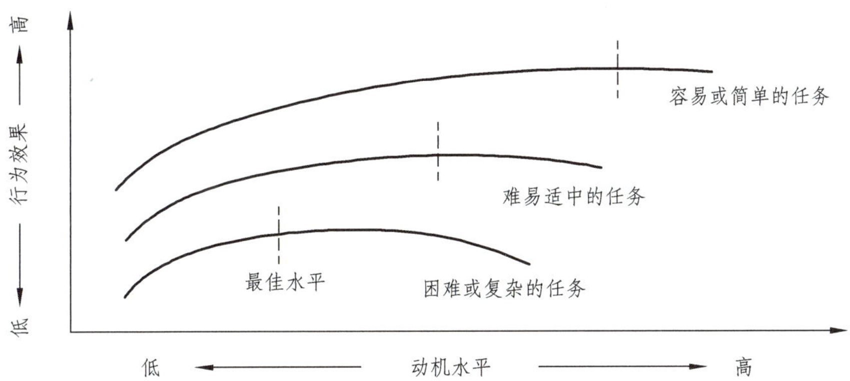

图 5-7　耶基斯-多德森定律

（资料来源：徐珠君，郑醒尘. 高校青年教师科研压力与绩效管理研究——基于耶基斯-多德森定律创新分析[C]. 美国科研出版社，2012（5）：230-234）

三、激励的过程

激励的过程就是需要和外部刺激交互影响产生动机，动机引发行为的过程。在这个过程中，如果行为结果能够实现目标、满足需要，使人产生满足感，便会强化之前的行为方式；反之，如果行为结果没有实现目标，人就会产生挫败感，认为之前的行为不科学，进而改变行为方式或者目标。激励是一种周期性的持续过程，上一周期的行为结果会影响下一周期中人的行为方式（见图 5-8）。

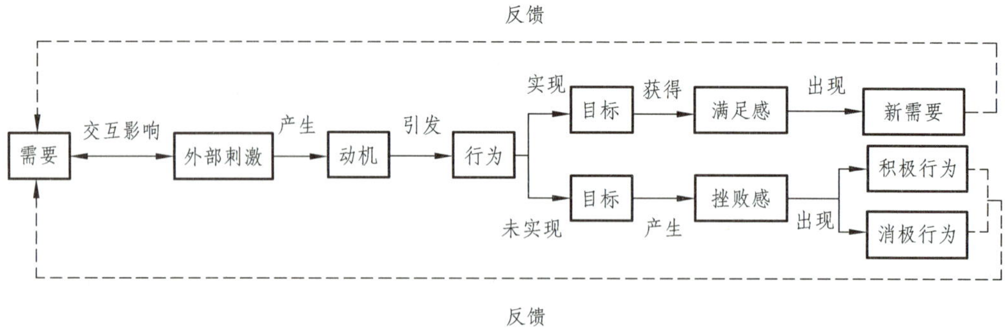

图 5-8 激励的过程

激励的过程主要有 5 个部分，即需要、外部刺激、动机、行为、目标。需要是激励的起点和基础，动机是需要和外部刺激交互影响的结果，管理者一定要充分了解、准确把握需要与外部刺激的交互影响，激励才会产生效果。例如，对物质方面有迫切需要的员工，领导者应当通过发放奖金等方式给予物质上的奖励，而对物质条件富足的员工，可以通过颁发奖章、荣誉等给予精神上的奖励。当需要在外部刺激的作用下，在人的内心引出"想拥有"的心理状态时，便产生了行为的动机。而人进行的各种行为都是由动机引发的，有什么样的动机，便会引发什么样的行为。行为是员工在动机的驱使下采取的实现目标的一系列动作。例如，一个员工的升职动机，会激发其提高效率、高质量地完成工作，或利用业余时间学习深造等。当个体进行某种行为以实现目标、满足需要时，会产生两种行为结果：第一，行为结果实现了目标，满足了个人需要，便会产生一个反馈，告诉个体原有的需要已经得到满足，那么在新的刺激下，个体又会产生新的需要；第二，行为结果没有实现目标，即个体在实现目标的过程中遇到阻碍，此时员工就会产生挫败感。这种挫败感可能会让个体出现积极行为，不断调整强化自己的行为继续实现目标；也可能会让个体出现消极行为，放弃原有的目标，以此来缓解或减轻这种挫败感。因此，管理者要不断实施科学有效的激励措施，不断发现员工的潜在需要，并通过外部刺激，持续不断地将需要转化为动机，调动员工的积极性，激发员工的行为不断实现目标，满足需要；而当员工受挫时，管理者也要通过不断的鼓励，增强员工的信心，让员工化消极行为为积极行为。

【课堂讨论 5-10】

结合激励的过程，你认为一个好的领导者应当如何激励自己的员工?

四、激励的作用

激励是正确地引导员工的工作动机，使他们在实现组织目标的同时满足自身的需要。恰当的激励具有以下作用：

（一）激发工作潜能

美国教授威廉·詹姆斯在研究员工激励时发现，按时计酬的分配制度仅能让员工发挥20%～30%的能力，但得到充分激励的话，员工可以发挥出80%～90%的能力，两者之间60%的差距便是有效激励的结果。由此可见，人的潜能是人自身活动力量的内在源泉，是非常大的。激励可以激发人的潜能，调动人的创造性和主观能动性，让人释放出巨大的工作能力。

（二）提高工作绩效

企业最关心的是绩效，企业有较高的绩效才能在激烈的市场竞争中生存。这就要求员工有较高的个人工作绩效。研究表明，员工的工作绩效受到员工能力、受激励程度和工作环境的影响。因此，恰当的激励可以调动员工的积极性，使员工的工作能力得到充分发挥，工作绩效不断提高。

（三）提升组织战斗力

有效的激励能够创造出一种良性的竞争环境，进而形成良性的竞争机制，在具有竞争性的环境中，组织成员就会受到环境的压力，这种压力将转变为员工努力工作的动力，进而形成组织战斗力。同时，组织通过丰厚的福利待遇、快捷的晋升途径等激励方式能够吸引优秀的人才到组织中来创造价值。因此，科学的激励具有提升组织战斗力的作用。

（四）增强组织凝聚力

激励不仅会对个体行为产生作用，也会对群体行为产生影响。换而言之，激励不仅直接作用于个人，而且还会间接影响组织。在管理过程中，领导者对员工进行有效激励，也会使组织成员的行为方向一致，从而让组织形成合力。这种合力让组织对成员有吸引力，成员对组织有向心力。因此，有效的激励机制有助于增强组织的凝聚力，驱动组织整体朝着实现组织目标的方向前进。

激励虽然是领导者必用的管理手段，但真正做好激励工作却是不容易的，因为员工的工作动机具有多样性、文化背景具有差异性、行为缘由具有不确定性，这些因素都会阻碍激励机制的施行。因此，管理者在对员工进行激励时，首先要切实了解员工的需要，并通过提供诱因或刺激，让员工把需要转化成动机，从而使其产生所期望的行为。为了确保所提供的诱因或刺激能真正吸引员工，管理者就必须对员工的各种需要和心理进行研究；同时，还必须掌握如何激发员工工作动力，以及如何制定有针对性的激励措施和对策。

【课堂讨论 5-11】

激励除了具有上述作用外，还有哪些作用？

任务五　多角度认知激励理论

激励理论

课前导学任务单

<table>
<tr><td>项目名称</td><td colspan="2">项目五　领导</td></tr>
<tr><td>任务名称</td><td colspan="2">任务五　多角度认知激励理论</td></tr>
<tr><td>任务导入</td><td colspan="2">“杂交水稻之父”袁隆平说：“我一直有两个梦：第一个梦是禾下乘凉梦，第二个梦是杂交水稻覆盖全球梦，我始终都在努力使我的梦想成真，也希望与你们共勉，来共同实现这两个梦想。”而马斯洛需要层次理论认为人类最高一级的需要是自我实现需要，包括人们实现自身价值、理想抱负的需要。由此我们可以知道袁隆平努力使自己的梦想成真，其实是在实现人类最高一级的需要。所以学好激励理论是非常重要的。那么，目前对人类产生重大影响的激励理论有哪些？这些激励理论包含哪些内容？有什么应用原理</td></tr>
<tr><td rowspan="3">任务目标</td><td>知识目标</td><td>1. 理解内容型激励理论、过程型激励理论、行为改造型激励理论的相关概念。
2. 掌握内容型激励理论、过程型激励理论、行为改造型激励理论的应用原理</td></tr>
<tr><td>能力目标</td><td>1. 能够运用激励理论调动人的积极性。
2. 能够运用激励理论分析解决实际问题。
3. 提高自我管理能力</td></tr>
<tr><td>素质目标</td><td>1. 激发主观能动性和学习内生动力。
2. 培养积极向上、不断进步的职业精神</td></tr>
<tr><td>任务准备</td><td colspan="2">1. 查找组织或个人运用激励理论进行激励并成功实现目标的案例。
2. 思考如何运用激励理论提高内驱力和主观能动性。
3. 将本任务知识要点以思维导图的方式提炼和归纳</td></tr>
</table>

知识要点

19 世纪以来，众多管理学家、社会学家和心理学家分别从不同角度对激励问题展开研究，并提出了许多激励理论。根据研究的重心不同，可以将激励理论划分为：内容型激励理论、过程型激励理论、行为改造型激励理论。

一、内容型激励理论

内容型激励理论从如何满足需要展开研究，侧重研究激发动机的诱因，主要包括马斯洛的需要层次理论、赫茨伯格的双因素理论、奥尔德弗的 ERG 理论以及麦克利兰的成就需要激励理论等。

（一）需要层次理论

美国心理学家亚伯拉罕·马斯洛 1943 年在《人类激励理论》中提出了著名的“需要层次理论”，他认为每个人都有生理、安全、社交、尊重和自我实现 5 个层次的需要，这 5 个层次的需要根据重要性和产生顺序呈金字塔状排列（见图 5-9）。

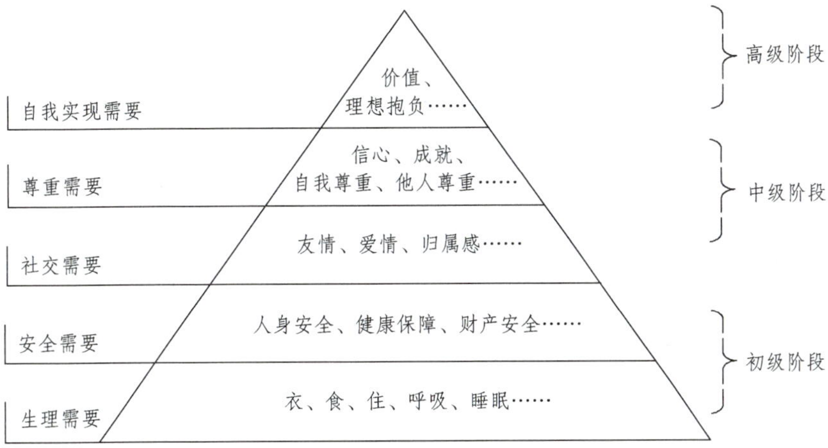

图 5-9　马斯洛的需要层次理论

1. 生理需要

生理需要居于金字塔的最底层，指人的食物、水、睡眠等生理方面的需要。当这些需要无法满足时，人就会面临生存危机，其他层次的需要也就无从谈起。例如，一个人非常饥饿的时候，其首要需求就是食物。

2. 安全需要

安全需要自下而上居于金字塔的第二层，指人保护自己的身体和情感免受伤害的需要，主要包括经济安全和环境安全。例如，人们希望得到安定的工作以及参与各种保险。

3. 社交需要

社交需要是当人的生理需要和安全需要获得一定程度的满足后，人们寻求爱与归属的需要。马斯洛认为，人们的生活和工作是在一定的社会环境中进行的，并不是孤立的，人们都希望在被别人接纳的环境下工作和生活。例如，人们会结交朋友、追求爱情等。

4. 尊重需要

尊重需要包括自我尊重和受他人尊重。自我尊重是指人们取得成功时产生的自信心、成就感等。受他人尊重是指一个人做出贡献时，能得到认可、表扬等。尊重的需要是否得到满足取决于这个人的心理认同。例如，一位领导表扬下属工作出色，如果下属认同这个表扬，其尊重需要就会得到满足。反之，如果下属认为领导只是说客套话，并不是真正赏识自己，则其尊重需要将不会得到满足。

5. 自我实现需要

自我实现需要处于金字塔的最顶层，包括人们实现自身价值、理想抱负的需要，是人类最高一级的需要。自我实现需要是最难满足的需要，换而言之，这种需要只能通过个体自身的内在体验来满足。但领导者可以帮助员工获得自我实现需要。例如，如果员工想展示自己的能力，为公司创造价值，那么领导者应该给员工提供这样的机会。

马斯洛认为，一般情况下，只有低层次的需要得到满足之后，人们才会产生更高层次的需要，直至达到自我实现的层次。在同一时期，人们可能存在几种需要，但一般只有一个主导型需要，而人的行为则由主导型需要决定。因此，领导者用马斯洛需要层次理论激励员工的重要前提是了解员工的主导需要，进行针对性的激励（见表 5-10）。

表 5-10　马斯洛需要层次理论在组织管理中的运用

需要层次	激励因素	管理措施
生理需要	工资、福利待遇、工作环境	工资、基本待遇保证、舒适的办公环境
安全需要	职位保障、社会保障、保险	雇佣保证、五险一金
社交需要	友谊、舒心的人际关系	轻松的工作氛围、组织文体活动
尊重需要	地位、声望、荣誉	晋升、表扬、彼此尊重
自我实现需要	挑战性工作、个人发展目标	决策参与、授权、发展机会

需要层次理论自问世以来，一直有很大的争议，如“不为五斗米折腰”的典故说明人的需要层次并不是一个绝对的从低到高的满足过程。尽管存在不足，但马斯洛的需要层次理论为了解和研究人类的需要提供了一个较完整、合理的框架，使人们看到了人类需要的多样性和层次性。

【课堂讨论 5-12】

结合马斯洛的需要层次理论，分析西游记中的师徒 4 人分别处于哪个需求层次?他们最后得到的封号分别是什么?

（二）双因素理论

美国行为科学家弗雷德里克·赫茨伯格 1959 年在《工作的激励因素》中提出了其代表性理论“双因素理论”，他认为保健和激励这两种因素影响着人们的工作行为。其中，保健因素能消除人们的不满，但不会带来满意感。只有激励因素能够给人们带来满意感，激发人们努力的行为。

1. 保健因素

保健因素是指让员工不满的因素。保健因素与工作环境、工作条件相关，包括工作环境、收入与保障、福利、公司政策、管理监督、人际关系等。当保健因素不能得到满足，则易使员工产生不满情绪、消极怠工，甚至引起罢工等对抗行为。但当保健因素得到满足时，也只是消除了不满，并不会调动人们的工作积极性，即就保健因素而言，“不满意”的反面是“没有不满意”。保健因素虽然没有激励作用，却有预防员工产生消极行为的作用。

2. 激励因素

激励因素是指让员工感到满意的因素。激励因素与工作本身或工作内容有关，包括成就、认可、工作本身、责任、发展机会等。当激励因素得到满足时，员工的责任感、荣誉感和自信心会得到激发，这有助于调动员工的工作热情，提高工作效率。当激励因素缺乏时，员工一般也不会感到不满意，不会出现较大的不满情绪。换言之，就激励因素而言，“满意”的反面是“没有满意”。激励因素能促使员工产生满意感，激发员工的工作积极性。

根据赫茨伯格的理论，领导者调动员工的积极性时，不仅要充分注意保健因素，避免员工产生不满情绪，也要注意利用激励因素去激发员工的工作热情，使其努力工作。如果只顾及保健因素，员工虽然暂时没什么意见，但很难创造出较高和较持久的工作业绩。

尽管赫茨伯格的双因素理论也存在缺陷，例如，研究方法可靠性问题，以及将满意或不满意作为判断员工是否具有积极主动性的标准具有主观性等，但其为管理者提供了两个非常重要的启示：首先，管理者要正确区分激励因素和保健因素；其次，管理者要善于把保健因素转化为激励因素。

保健因素和激励因素不是一成不变的，而是可以相互转化的。例如当员工的工资、奖金与员工的工作业绩挂钩时，员工就会在一定程度上被激励起来。但如果两者没有关联，那么奖金发得再多，也不会产生激励作用，一旦减少或停发奖金，反而会造成员工不满。

（三）ERG 理论

美国行为学家克雷顿·奥尔德弗 1969 年在马斯洛提出的需要层次理论的基础上，提出了 ERG 理论，他认为人们有生存需要、关系需要、成长需要 3 种核心需要。

1. 生存需要

生存需要与人们基本的物质生存有关，是关系到人生存的全部生理和物质欲望，如吃、睡、住等。组织中的报酬、基本工作环境要求等就包含在生存需要之中，这实际上和马斯洛需要层次理论中的生理及安全需要相对应。

2. 关系需要

关系需要是指人们保持良好人际关系的需要，主要通过在工作中或工作之外与他人相互交流思想和感情得到满足。这与马斯洛社交需要、尊重需要中的受他人尊重这个外在部分是对应的。

3. 成长需要

成长需要是指个人自我发展和自我完善的需要，这种需要通过创造性地发展个人潜力和才能、完成挑战性工作得到满足，这实际上与马斯洛尊重需要中自尊及自我实现需要是相对应的。

ERG 理论认为需要就是激发动机的原始驱动力，一个人如果没有什么需要，也就没有什么动力与活力，反之，一个人只要有需要，就会存在激励因素。领导者不仅要掌握需要理论，还要将满足员工需要的目标与组织目标密切结合起来，同时还要注重下属更高层次需要的满足，以防止“受挫—回归”现象的发生。

虽然 ERG 理论缺乏充分的研究予以验证，但 ERG 理论与我国学者关于人类需要具有潜在性、层次性、多重性和变化性的特点更接近。因此，ERG 这种更为灵活的需要理论在实践中比马斯洛需要层次理论的应用更广泛。

【知识链接 5-9】

需要层次理论与 ERG 理论的区别

ERG 理论除了用 3 种需要替代了需要层次理论的 5 种需要外，与马斯洛需要层次理论的关键区别在于（见表 5-11）：第一，需要并存原则。与马斯洛需要层次理论的刚性阶梯式上升结构不同，ERG 理论并不强调需要层次的顺序。第二，需要降级原则。需要层次理论是基于“满足—上升”的逻辑，而 ERG 理论认为不仅有“满足—上升”的逻辑，还包括“挫折—后退”的逻辑。“挫折—后退”表示在高层次需要没有得到相应满足或受到挫折时，需要的重点可能会转向较低层次。

表 5-11　需要层次理论与 ERG 理论的区别

需要层次理论	ERG 理论
需要分 5 个层次	需要分 3 个层次
需要层次是刚性的阶梯式上升结构，建立在“满足—上升”的基础上	需要层次不是刚性结构，建立在“满足—上升”和“挫折—倒退”的基础上
每个阶段只有一个主导需要	每个阶段可能有几个主导需要

（资料来源：颜明健. 管理学原理[M]. 2 版. 厦门：厦门大学出版社，2017）

（四）成就需要激励理论

美国心理学家麦克利兰于 20 世纪 50 年代提出成就需要理论，他认为在人的生存需要基本得到满足后，还会产生成就需要、归属需要和权力需要，这 3 种需要也会引导人的行为，对人的成长路径起着至关重要的作用。

1. 成就需要

成就需要是指争取成功、追求优越感，希望做得最好的需要。麦克利兰认为，具有强烈成就需要的人渴望将事情做得完美，他们追求的是在争取成功的过程中克服困难的快乐，以及成功后的个人成就感，而不是物质奖励。高成就需要的人对工作热忱，倾向设立具有挑战性又有实现可能性的目标，力求在奋斗过程中获得内在成就感的满足。

2. 归属需要

归属需要是指建立友好亲密的人际关系，寻求被他人喜爱和接纳的需要。归属需要高的人更倾向与他人进行交往，这种交往会给他带来愉悦之感。他们喜欢合作而不是竞争的工作环境，希望彼此之间有较好的沟通与理解，同时对环境中的人际关系也更为敏感。

3. 权力需要

权力需要是指发挥影响力，控制他人且不受他人控制的需要。权力需要较高的人追求领导者地位，喜欢权力等级分明的工作环境，喜欢对别人“发号施令”。权力需要强烈的人，往往会有更多机会晋升到更高的管理层，因为权力需要只能通过上升到高于他人的权力层次才能得到满足。

麦克利兰的成就需要理论注重的是各种需要与组织行为的关系，关心的是哪种需要能够促成事业的成功，实用主义色彩浓厚。领导者可以通过区分不同员工的主导需要，根据员工的主导需要采取不同的激励措施，以此实现有效激励的目的。例如，归属需要高的人，适合从事与别人合作的团队工作；成就需要高的人，应当赋予其具有挑战性又有实现可能性的工作；权力需要高的人，则可以加强培养，使其成为管理者。

（五）内容激励型理论评价

需要层次理论、双因素理论、ERG 理论和成就需要理论都以研究人们的根本需要为核心，力图帮助领导者理解是什么在激励员工，其相同点是都认为需要对激励至关重要。但仅仅用需要的满足并不能解释人的全部行为。比如，某种激励措施对有些人可以起到激励作用，但对有些人不会起作用。所以，领导者还必须了解员工在实际工作中是基于什么原因，而选择不同的行为满足需要的，以及如何研判这些行为实现奖励的公平等，这些则是过程型激励理论的研究内容。

二、过程型激励理论

过程型激励理论从激励如何发生展开研究，侧重研究人行为动机产生的心理过程，代表理论包括期望理论、公平理论等。

（一）期望理论

北美心理学家、行为科学家维克托·弗鲁姆 1964 年在《工作与激励》中提出期望理论，他认为人们进行某种行为的激励大小取决于其对行为结果的价值评价和预期达成该结果可能性的估计。换而言之，激励的大小，取决于人们对行动结果的价值评价（效价）和该结果实现可能性的预期估计（期望值）。用公式表示就是：

$$\text{激励力量}（M）=\text{效价}（V）\times \text{期望值}（E）$$

M 表示激励力量，指个人受到激励的强度。激励力量越大，则个人的努力程度和积极性就越高。

V 表示目标价值（效价），指实现目标对于满足个人需要的价值。由于每个人所处的环境和需要不同，同样的目标，对不同的人效价是不一样的。我们可以把效价分为正、零、负 3 种。如果一个人对可得的结果满意，则为正效价；如果一个人对可得的结果感到无所谓，则为零效价；如果一个人对可得的结果不满意，则为负效价。

E 表示期望值，是人们根据以往经验判断自己努力工作后能够实现某个目标的可能性大小，即实现目标的主观概率。期望的主观概率反映了人实现需要的信心和动机的强弱。如果一个人相信通过努力就一定会获得成功，则其期望值就高，反之则低。

根据效价和期望值的大小不同，会产生以下 5 种不同的激励力量：

$$V_{高} \times E_{高} = M_{高}$$

$$V_{中} \times E_{中} = M_{中}$$

$$V_{低} \times E_{低} = M_{低}$$

$$V_{高} \times E_{低} = M_{低}$$

$$V_{低} \times E_{高} = M_{低}$$

上述排列组合说明，不同的效价和期望值组合，产生的激励力量大小是不同的。要提高激励效果就必须同时提高效价和期望值的强度。

期望理论提出的效价、期望值等概念有助于分析个人的激励过程。这样的分析可以帮助领导者根据员工的不同需要和期望设立不同的激励诱因，使激励措施更有效。

（二）公平理论

美国心理学家约翰·斯塔希·亚当斯 1965 年在《工人关于工资不公平的内心冲突同其生产率的关系》中提出公平理论，他认为人的工作积极性不仅与个人获得的实际报酬有关，而且与人们对报酬的分配是否感到公平密切相关。人们总会将自己付出的劳动代价及其所得到的报酬与他人进行横向比较和纵向比较，以此来判断自己所获报酬的公平性。员工的公平感会直接影响其工作动机和行为。

根据公平理论，当个体获得报酬时，他并不只是关心所得报酬的绝对量，还会将自己所获报酬与所付出的努力的比值，与其他人做比较，以此判断自己所获得的报酬是否公平。亚当斯的这种观点可以表述为：

$$O_p/I_p = O_x/I_x$$

式中，O_p 表示自己对所获报酬的感觉；O_x 表示自己对他人所获报酬的感觉；I_p 表示自己对投入的感觉；I_x 表示自己对他人投入的感觉。

如果 $O_p/I_p = O_x/I_x$，那么员工会认为报酬是公平合理的，会因此保持工作的积极性和努力程度；如果 $O_p/I_p > O_x/I_x$，员工会感到自己所获得的报酬超出了其付出，员工一般会自觉增加工作投入量或要求减少报酬；如果 $O_p/I_p < O_x/I_x$，员工会觉得自己受到了不公平的待遇，可能会要求加薪或通过减少努力来降低投入，甚至出现消极怠工等行为。

公平理论对于组织管理有较大的启示意义：第一，领导者要引导员工树立正确的公平观；第二，员工的公平观会影响组织整体的工作积极性；第三，领导者在进行管理时必须要遵循公平公正的原则；第四，组织的报酬分配制度要有利于组织建立科学的激励机制。

【课堂讨论 5-13】

结合公平理论，分析影响团队成员工作积极性的主要因素有哪些?领导者应当如何运用公平理论来激励员工?

（三）过程型激励理论的评价

过程型激励理论侧重研究个体从动机产生到采取行动的心理过程，以及如何引导、改变人行为方向等问题。过程型激励理论表明，要使员工做出符合组织期望的行为，就必须要在员工的行为与员工需要的满足之间建立必要的联系。

三、行为改造型激励理论

行为改造型激励理论从人的行为结果反馈对下次行为动机的影响来展开研究，强调运用及时奖励和适当惩罚来矫正人们的行为方式，使其朝向组织所希望的方向发展，代表理论有强化理论、归因理论和挫折理论等。

（一）强化理论

美国心理学家斯金纳等人提出的强化理论认为人的行为结果对行为具有反作用，如果某种行为结果对个体有利，则个体会重复进行这种行为；如果行为结果对个体不利，这种行为就会减弱直至消失。强化有正强化、负强化、忽略、惩罚 4 种方式。

1. 正强化

正强化是奖励符合组织目标或为达到组织目标做出贡献的行为，以使这些行为得到进一步巩固、保持和加强。例如，海尔把普通工人发明的技术革新成果用这个工人的名字命名后，在工人中很快就掀起了技术革新之风。

2. 负强化

负强化强调的是一种事前的规避，是通过避免令人不快的行为结果发生，来增加符合组织目标的行为。例如，如果一个员工上班迟到，则会受到批评或者是扣工资，迟到天数越多，受到的批评越严厉，罚款也越多，甚至会取消评优评先资格，那么员工上班迟到的行为就会相应减少直至消失。

3. 忽略

忽略是指停止对某些行为的强化，或在行为发生后不予理睬，既不给予正强化，也不给予负强化，使行为得不到承认或认同，进而慢慢地自然消失的方式。这是一种对不符合组织的行为进行“冷处理”，以弱化行为的过程。例如，如果员工的心思不放在提高工作效率，做好本职工作上，而是成天想着如何走捷径、讨好领导等，领导者对这一行为采取不予理睬的态度，一段时间后，员工的行为就会弱化直至消失。

4. 惩罚

惩罚是指在某一行为发生后，用某些刺激因素使行为者感到痛苦或不快，以表示对这类行为的反对和否定，借此减少不合意行为发生频率的方式。刺激因素包括批评、降职、减薪、解雇等。例如，领导对员工的迟到行为，提出口头批评，或做出非语言表情，如皱眉、摇头等，从而告诫员工这种行为是不良的，应该予以避免。

领导者在运用强化理论时应该注意以下 4 个方面的问题：第一，强化具有时效性，对行为结果进行强化要及时，不管是奖励，还是惩罚，都不要时隔太久进行。第二，强化要明确公正，对事不对人，不管谁对组织采取积极行为或消极行为，都会受到相应的奖励或惩罚。第三，强化频率要适度，经常表扬或批评都会降低强化的效果，适时适度地强化会更立竿见影。第四，要尽量采用正强化，惩罚往往会对员工的心理产生副作用，容易引起对抗情绪，甚至会导致员工采取欺骗、隐瞒等方式来逃避惩罚。

【知识链接 5-10】

强化的时机

强化的方式很重要，但强化的频率和时间间隔也非常重要。因此，管理者应该选择那些能对员工工作行为产生最大影响的强化时间（见表 5-12）。

表 5-12 强化的时间表及其影响

强化时间表	强化的性质	使用时对行为的影响	取消时对行为的影响	应用范例
连续强化	每一次良好行为出现后给予奖励	快速学会新行为	迅速消失	表演
固定间隔强化	按固定时间间隔给予奖励	中等程度不稳定绩效	迅速消失	月工资
固定频率强化	在固定产出后给予奖励	迅速带来高且稳定绩效	迅速消失	计件工资制
变动间隔强化	不定时给予奖励	中等程度稳定绩效	缓慢消失	随机绩效考评
变动频率强化	不定产出给予奖励	高绩效	缓慢消失	奖励与销售额挂钩，不定期检查

（资料来源：颜明健．管理学原理[M]. 2 版．厦门：厦门大学出版社，2017）

（二）归因理论

美国心理学家海德 1958 年在《人际关系心理学》中提出了归因理论，他认为行为产生的原因可以分为内部原因和外部原因两种。内部原因是行为者本身的因素，如情绪、信念、态度、能力等；外部原因是行为者周围环境中的因素，如他人期望、指示、奖惩等。归因可以分为情境归因和个人倾向归因两类。情境归因是把个人行为的根本原因归为外部原因；个人倾向归因是把个人行为的根本原因归结为内部原因。当员工在工作中受挫时，领导者要及时了解员工的归因倾向，帮助员工正确看待受挫的内部原因和外部原因，促使员工科学归因，从而更好地完成工作。

美国心理学家伯纳德·韦纳继承并发展了海德的观点，他认为人们将行为成败的原因归纳为 6 个方面：能力（自己评估自己能否胜任该项工作）、努力（自己反省在工作过程中是否尽力而为）、任务难度（自己凭经验判定该项任务的困难程度）、运气（自己认为该项任务的成败是否与运气有关）、身心状况（工作过程中自己的身体及心情状况是否影响工作成效）、其他因素（除上述 5 项外，其他和人与事相关的影响因素）。这 6 个方面的原因可以根据各自的性质，按因素来源、稳定性和可控性 3 个维度来划分。因素来源指的是个人自认为影响其成败因素的来源，主要有个人条件（内部因素），以及外在环境（外部因素）。从这个维度看，能力、努力及身心状况 3 项属于内部因素，其他属于外部因素。稳定性指当事人自认为影响其成败的因素是否稳定。从这个维度看，能力与工作难度是比较稳定的，其他各项均不稳定。可控性指当事人自认为影响其成败的因素是否由个人意愿所决定。从这个维度看，努力是可以凭个人意愿控制的，其他各项均不能由个人意愿所决定。归因的“三维度六因素”模式如表 5-13 所示。

韦纳的归因理论认为，人对前次行为的归因会影响其对下一次行为结果的期望、态度和努力程度等。因此，当员工在工作中遭遇失败时，领导者要积极帮助他们寻找失败的原因，引导他们坚定信心，继续努力，以争取下一次实现目标。

表 5-13 归因的“三维度六因素”模式

因素	因素来源		稳定性		可控性	
	内部	外部	稳定	不稳定	可控	不可控
能力	√		√			√
努力	√			√	√	
任务难度		√	√			√
运气		√		√		√
身心状况	√			√		√
其他因素		√		√		√

（三）挫折理论

挫折理论是美国学者亚当斯提出的，他认为挫折是指个体在进行有目的的个体行为时，指向目标的行为受到阻碍或干扰，使其不能实现目标、无法满足需要时产生的主观心理感受。从积极的角度看，挫折能够帮助人们总结经验教训，提高人们解决问题的能力；从消极的角度看，挫折会让人们感到痛苦，挫伤员工的积极性，甚至会引发身心疾病，影响工作成效。因此，要采取有针对性的措施将挫折引起的消极行为转化为积极行为。

挫折是人的主观心理感受，人的心理状态、需要动机以及思想认知不同，面对同样的挫折，人们表现的行为也会不同，具体可分为 3 种行为：第一，坚持行为，即遭受挫折后个体行为不发生改变。这种表现一般出现在自信心或个性较强的人身上，屡败屡战就是这种状态。第二，放弃行为，即遭受挫折后个体丧失了信心并停止了实现目标的原有行为。例如，员工提出建议被驳回或嘲讽后，其就不会再提建议。第三，对抗行为，即遭受挫折后个体产生强烈的反抗行为。例如，一个人无端受到辱骂，他可能会怒目而视、以牙还牙地进行反击。

领导者应该高度重视员工的受挫问题，采取行之有效的措施防止挫折给员工和组织带来不利影响。因为员工受挫后产生的不良情绪会引发消极行为，不仅会影响组织的氛围和绩效，也不利于员工的身心健康，甚至会引发严重事故。

【课堂讨论 5-14】

结合挫折理论，谈谈应当如何正确认识人们遭遇挫折后所产生的各种行为？

（四）行为改造型激励理论评价

行为改造型激励理论侧重研究某种行为及其后果对人们以后行为的影响，对管理者在实施管理过程中具有指导意义。但其忽视了诸如目标、期望、需要等个体要素，只注重当人们进行某种行为时会产生的后果。

任务六　行之有效的激励原则与方法

激励的原则与方法

课前导学任务单

<table>
<tr><td>项目名称</td><td colspan="2">项目五　领导</td></tr>
<tr><td>任务名称</td><td colspan="2">任务六　行之有效的激励原则与方法</td></tr>
<tr><td>任务导入</td><td colspan="2">党的十八大提出要积极培育和践行富强、民主、文明、和谐，自由、平等、公正、法治，爱国、敬业、诚信、友善的社会主义核心价值观。激励原则中公平公正、尊重激励等原则、方法都是对社会主义核心价值观的践行。那么，我们要遵循的激励原则有哪些？行之有效的激励方法有哪些</td></tr>
<tr><td rowspan="3">任务目标</td><td>知识目标</td><td>1. 理解综合激励、公平公正、实事求是、按需激励、注重时效的激励原则。
2. 掌握工作激励、薪酬激励、精神激励、发展激励方法的运用</td></tr>
<tr><td>能力目标</td><td>1. 能够遵循管理实践中的激励原则，选择适合的方法进行自我激励。
2. 能够将激励原则和激励方法相结合，处理现实中的激励问题</td></tr>
<tr><td>素质目标</td><td>1. 培养积极向上的价值观。
2. 培养自我激励和激励他人的意识。
3. 强化专业自信，提高职业素养</td></tr>
<tr><td>任务准备</td><td colspan="2">1. 思考有效的激励需要遵循哪些原则。
2. 思考如何运用激励方法有效激励自己实现目标。
3. 将本任务知识要点以思维导图的方式提炼和归纳</td></tr>
</table>

知识要点

一、激励的原则

（一）综合激励原则

人的需求具有多样性，动机具有选择性，行为具有复杂性，因此，激励需要遵循综合激励的原则才能产生效果。首先，要坚持正激励与负激励相结合，以正激励为主。对实现组织目标作出贡献的员工要给予奖励，对阻碍组织实现目标的员工要给予一定的处罚。尽管正激励与负激励的指向相反，但都可以强化员工的行为，对员工行为都具有指引作用，领导者在实际管理过程要将两者结合运用。其次，要坚持内激励和外激励相结合，侧重内激励。根据双因素理论，外激励能够消除不满，但不会激发员工的工作积极性，只有内激励能够激发员工的工作积极性，使其努力工作，但没有外激励员工也会产生不满情绪，因此领导者在管理过程中要综合运用两者。最后，物质激励和精神激励相结合。员工的需求可以简单概括为物质需求和精神需求两个方面，因此，激励方式也必须将物质激励和精神激励结合起来，一般侧重精神激励。

（二）公平公正原则

公平公正有 4 个内涵：第一，赏罚分明，即领导者赏罚要大公无私，一视同仁，不能区别对待。第二，适度赏罚，即领导者要做到功与赏相对应，过与罚相匹配，既不能重奖小功，也不能轻罚大过。第三，机会均等，即领导者要创造公平的竞争环境。公平竞争的组织环境，是对每个员工的尊重，能提高员工的工作积极性。第四，公开民主，即领导者要公平公正地让员工参与组织的决策监督，俗话说“群众的眼睛是雪亮的”，谁好，谁坏，谁善，谁恶，员工心知肚明，员工也最有发言权。

（三）实事求是原则

实事求是是领导者对员工进行激励的首要原则。实事求是的激励原则包含两方面的含义：一是全面认识客观事实；二是以客观事实为依据。从实事求是原则的角度出发，领导者需要做到“三不要”：第一，不要先入为主，不能凭借主观印象、亲疏远近等处理问题。第二，不要被个人主观因素左右。如果激励过程中受到主观因素的影响，会使激励出现偏差，影响激励作用的发挥。第三，不要粗心大意，任何细小的细节、误差，都可能影响激励的效果，给组织带来不利的影响。

（四）按需激励原则

有效的激励须与员工的个体需求相吻合。在一个组织中，每个员工的身心、生活状况不同，员工的需求也各不相同。与此同时，同一个员工，在不同时期、不同环境下，各方面的需求也会发生改变。因此，掌握员工的动态需求变化，并根据这些变化制定相应的激励措施，是领导者必须要遵循的原则。领导者按需激励，要注意两方面的问题：第一，对于员工不同层次的需求都要有相应的激励措施；第二，对员工相同层次的需求，也要采取多类型结合的综合激励方法，给员工和领导者更多的选择。

（五）注重时效原则

激励具有时效性。激励在不同时间进行，其激励效果也会大不相同。因此，在激励过程中，如果领导者能敏锐觉察、迅速反应，抓住恰当的“时机”进行激励，做到“赏罚不逾时”，往往会赏一激百、罚一警众；但如果领导者错失激励的良机，不但不能激发员工的工作积极性，甚至还会产生不良后果。当然，注重时效原则，并不是单纯追求速度，而是在保证激励措施准确的前提下，把握好激励时机。

【课堂讨论 5-15】

除了上述激励原则外，你认为一个优秀的领导者激励员工时还要遵循哪些原则？

二、激励的方法

在管理过程中，如何综合利用激励理论找到合适的激励方法是领导者需要思考的主要问题。常见的激励方法包括工作激励、薪酬激励、精神激励和发展激励 4 种。

（一）工作激励

在人们思想观念不断进步的今天，员工在解决温饱问题后，会更加关注工作本身的吸引力。因此，工作本身就能对员工产生较好的激励作用。如果工作本身都不能激发员工的工作积极性，那么其他再好的激励方法都是徒劳。从工作本身的角度出发，领导者可以从以下 3 个方面对员工进行工作激励。

1. 工作设计

工作设计是为了达到分工与协作的目的，但工作设计也要考虑工作本身对员工的激励作用。领导者在设计工作时可以采取两种激励措施：一是丰富工作内容。工作内容丰富化可以赋予员工更多的工作责任和工作参与，员工在工作过程中可以拥有更多的自主权和更大限度的自我管理，获得更多的成就感和价值感。二是实行工作轮换。工作轮换是一种短期的工作调动，可以使员工定期承担不同的任务来增加工作的多样性，给员工提供各种机会，学习掌握更多技能，这样不仅可以减少员工因工作单一带来的无趣感，也能使员工得到更多锻炼，便于员工找到最适合自己的岗位。

2. 工作时间

工作时间激励主要是给员工更多的工作时间支配权，以此提高员工的工作积极性和工作效率。领导者通过工作时间实施激励的措施有两种：

一是实行可变工时制。目前，企业普遍实行的工作时间是朝九晚五双休制，即每天工作 8 小时，每周工作 5 天。这样固定的工时安排让员工很难处理日常的个人事务，遇到去医院、去参加家长会等事务时，往往会因为时间冲突而苦恼。因此，领导者可以从企业实际出发，实行适合本企业的可变工时制。例如，有些企业采用“4-40”工时制，即每周工作 4 天，每天工作 10 小时，以此实现每周“三休”。这样员工将有更多的集中休闲时间供自己灵活安排，从而提高员工的工作积极性。

二是实行弹性工作制，即员工在保证完成工作任务或规定工作时长的前提下，可以自主灵活地根据自己的实际情况选择工作时间进行工作。目前，较为普遍的弹性工作制主要有 3 种形式：① 核心时间与弹性时间结合制，即一天的工作时间由核心工作时间和环绕两端的弹性工作时间组成。核心工作时间是指每天员工必须在岗的时间，弹性工作时间是指员工可以自由选择上下班的部分时间。② 成果中心制，即企业对员工的工作只考核其成果，不规定具体的工作时间，员工只要在规定时限内按质按量完成工作任务就能获得薪酬。③ 压缩工作时间制，即员工可以将一周的工作压缩在三四天完成，剩余时间则可以由自己支配。让员工自行管理工作时间，不仅能让员工根据自己的实际情况，科学地安排工作时间，灵活地处理个人事务和工作事务之间的关系，还能让员工感到个人权益得到尊重，从而提高员工的工作满意度和工作热情。

3. 工作授权

工作授权是指领导者在不同程度上让员工参与组织管理，为员工和下属提供更多自主权，让员工在决策中发挥作用。领导者适当的工作授权，一方面，能让员工感受到上级的信任，让员工有机会发挥自己的才能，感受到工作的意义，增强自信心；另一方面，“众人拾柴火焰高”，当员工被合理地授权后，他们会产生主人翁意识，并在决策过程中充分发挥自己的主观能动性，在组织授予的工作中尽力表现，努力为组织的发展出谋划策。

（二）薪酬激励

薪酬是员工完成组织安排的工作任务而获得的各种形式的劳务报酬，是组织对员工提供的劳务和所做贡献给予的回报。薪酬可以分为直接薪酬和间接薪酬两种。直接薪酬是员工薪酬的主体部分，一般是指工资，如年薪、月薪等；间接薪酬是指福利，包括公司向员工提供的各种保险、额外的津贴等。薪酬是员工的主要收入来源，在很大程度上决定了员工的满意度，在激励员工的方法中有着非常重要的作用。组织可以通过设计合理的薪酬体系对员工进行激励，具体有直接增加薪酬额度和间接增加薪酬额度两种方式。

1. 直接增加薪酬额度

对组织而言，薪酬对员工的工作态度、工作行为、工作业绩有直接影响，是组织不可或缺的激励措施。领导者可以把薪酬建立在个人工作成效、团队工作成效或者组织工作成效的基础上。当个人工作成效（如工人生产产品的数量）能够准确确定时，以个人工作成效为基础支付薪酬的方式产生的激励作用最大。当组织成员以团队形式工作，个人工作成效难以准确衡量时（如设计部门共同设计了一款新产品），就必须使用以团队工作成效为基础的薪酬计划。当组织目标的实现与组织成员的团结合作和共同努力密切相关时（如一家小型婚庆公司圆满完成了一个婚庆项目），则基于组织工作成效的薪酬计划会更合适。领导者设计切实可行的薪酬体系，公平公正公开地直接增加员工薪酬额度，能够极大地提高员工的工作积极性，实现组织的目标。

2. 间接增加薪酬额度

在激励实践中，间接增加员工薪酬额度的方式同样能够增加员工的收益，起到激励员工的作用。间接增加员工薪酬额度的方式主要有 4 种：一是带薪休假。带薪休假赋予员工更合理的休闲权力，充分体现了企业对员工人权的尊重和理解，对员工的吸引力和激励作用非常大。二是员工持股。员工持股是员工通过购买企业部分股票（或股权）而拥有企业的部分产权，使员工成为公司的股东，并获得相应权益的形式，是企业所有者与员工分享企业所有权和未来收益权的一种制度安排。员工持股让员工也变成了企业所有者，能够激励员工更加努力工作。三是股票期权激励计划。股票期权激励计划是企业资产所有者以股票为手段对企业的高层经营管理者和高技术技能人才实行的一种长期激励报酬制度。公司董事会在股东大会的授权下，代表股东与以经营者为首的激励对象签订协议，当激励对象完成一定的业绩目标时，公司将以一定的优惠价格授予激励对象股票，以此让激励对象为组织的利益最大化而不懈努力。四是特殊福利。特殊福利是间接增加薪酬额度的重要手段，大多表现为增加员工的非现金收入，如解决员工子女上学问题、安排员工带家属旅行、为员工提供福利住房等，通过多样化的福利形式满足员工的需要，提升员工对组织的忠诚度。

（三）精神激励

组织员工既是“经济人”又是“社会人”，既有物质方面的需要，也有精神方面的需求。因此，除物质激励外，精神激励也是调动员工工作积极性、主动性、创造性的有效方式。精神激励可以从荣誉激励、关怀激励、尊重激励、组织文化激励 4 个方面展开。

1. 荣誉激励

荣誉激励是一种终极的激励手段，是把工作绩效与晋级、选模范、评先进等联系起来，通过表扬、奖励、经验介绍等形式表现出来。任何形式的荣誉都会使获得者时刻以这种荣誉鞭策自己，同时又可以对其他员工产生感召力，激发其比、学、赶、超的动力，从而产生良好的激励效果。

2. 关怀激励

关怀激励是通过对员工进行关怀、爱护来激发员工工作积极性和创造性的方法。关怀激励不需要投入大量的资本，只要注入关心、爱护等情感因素，就能使员工得到激励。例如，在员工生日时，送上一张直属领导亲手签名的贺卡，包含了组织对员工的祝福、鼓励和期望，同时也可通过电话、短信、邮件等方式传递领导对下属的关心与关怀。

3. 尊重激励

尊重激励是指领导者以平等的态度对待每一个被管理者，信任、尊重、支持被管理者，使员工感受到自己被尊重，并从尊重中得到激励。例如，世界零售巨头沃尔玛公司的创始人山姆沃尔顿，在创业之初就为公司制定了“尊重每一个员工”的座右铭。

4. 组织文化激励

组织文化对组织发展具有重要意义，关系到员工对公司目标、业务以及同事之间相处的理解定位。优良的组织文化有助于建立员工共同的价值观和组织精神，树立团队意识，营造人人奋发向上的组织氛围，可极大地激发员工的工作积极性和创造性。例如，格兰仕非常看重员工对组织的感情投入，认为只有员工发自内心地认同组织的理念、对组织有感情，才能自觉地迸发出热情、为组织着想。因此，格兰仕非常重视对全体员工的文化培训，用群众的语言和通俗的故事，将公司的理念和观点传达给每位员工，让员工具有主人翁意识，站在组织利益的角度来做好各环节的工作，在保证质量的同时严格控制成本。在组织文化的激励下，为长远共同的利益而工作成了格兰仕员工的共识。

【知识链接 5-11】

企业文化的类型

按照企业的价值取向或行为标准的不同，可以将企业文化分为民族文化型和市场文化型（见表 5-14）。

表 5-14　企业文化的两种类型

类型	民族文化型	市场文化型
个性与组织的关系	1. 亲情关系； 2. 互有长期承诺； 3. 对相互利害关系依赖紧密； 4. 对本公司有认同感； 5. 等级制的结构关系	1. 合同关系； 2. 相互短期承诺； 3. 对个人利益的依赖，功利主义； 4. 按组织成员与组织的交换条件形成相互关系
组织成员之间的关系	1. 以具有本公司成员身份而自豪； 2. 具有相互依存的意识； 3. 广泛的同事关系网； 4. 一致性压力较大； 5. 强调集体而非个体的首创性	1. 对同事保持独立性； 2. 有限的相互交往； 3. 有限的一致性压力； 4. 强调个体的首创性
对公司文化的适应性	1. 长期的适应性过程； 2. 上级人员均为辅导、教育、榜样角色； 3. 金字塔式组织	1. 社会化程度低； 2. 上下级关系疏远，但工作中却是磋商者和资源分配者； 3. 扁平型组织

（资料来源：楼利平. 中国传统文化在企业文化建设中的实践与应用[J]. 现代商业，2020（35）：126-128）

（四）发展激励

领导者在管理中，最大限度地挖掘员工的潜能，帮助员工做好职业发展规划，为员工提供不断成长发展的机会，才能对员工产生长久的激励效应。领导者施行发展激励可以从 4 个方面入手：第一，帮助员工做好自我评价。帮助员工正确地评价自己，正确认识自己的价值观、优缺点、兴趣爱好、人生规划等，指导员工正确判断自己当前所处的职业生涯位置。第二，帮助员工制定职业生涯规划。指导员工从实际出发，制定切实可行的职业生涯规划，确保员工制定的职业生涯规划是具体的、符合实际的、富有挑战的、能够实现的，同时要给予员工实现职业规划的资源、环境等支持，努力帮助员工达成目标。第三，帮助员工把职业生涯规划落到实处。把公司的绩效考核制度与员工的职业规划挂钩，通过绩效考核考查员工的工作成效和职业生涯规划的落实情况，即把员工职业生涯规划相关的指标纳入绩效考核范围，通过考核引导、督促领导者和员工将职业生涯管理工作落到实处。第四，为员工提供畅通的培训渠道。完备的培训体系是组织和员工不断发展的基础，是员工职业生涯发展过程中，提升职业能力的重要渠道。畅通的培训渠道，能够让员工通过参加培训活动获得新的工作技能，进而提高组织的整体工作成效。

【课堂讨论 5-16】

除了上述激励方法外，你了解到的激励方法还有哪些？请举例说明。

知识巩固与技能提升

同步测试

项目六

PART SIX

沟 通

项目导入

沟通出现了什么问题?

小张和小文分别是某公司生产部和销售部的经理，最近都因为工作原因需要找上级领导沟通，根据沟通结果继续推进下一步的工作。但公司最近新开工了一个项目，领导比较忙，大部分时间和精力都花在了该项目上，很多时候都不在办公室。眼看自己手头的工作即将面临停滞的局面，两人都比较着急。有一天，上级领导终于在办公室了，两人决定赶紧去和领导沟通一下。小张先进到领导办公室，等从领导办公室离开的时候，满脸失落地对小文说："领导没空，怎么办啊!"小文接着进到领导办公室，不一会儿就和领导约定了开会的时间。小张十分不解，难道是领导对我区别对待吗？他赶紧找到小文，想问问到底是怎么回事。

小文问小张，你是怎么和领导沟通的？小张说："我向领导说，×××工作有点问题，然后把问题都详细说了一遍，但感觉领导有点着急处理别的事情，最后我问：'您看是不是开个会？'结果领导说：'再说吧！我还有其他工作要抓紧处理。'然后我就空手而归了。小文，你是怎么和领导说的呢？"小文说："我问领导，明天下午能不能开个会沟通一下有关×××项目目前进展的情况？领导说没空，新开展的项目明天有客户要过来。我继续问领导，那么后天上午呢？领导说，后天上午一大早有个重要的电话会议，预计 10 点左右结束。我继续问领导那么后天上午 10:30 左右可以吗？领导说那就暂定 10:30 到 11 点之间。"小文听完后，确实收获不少，他决定等领导有空的时候再去沟通看看。

请思考：

什么是沟通？沟通有什么作用？通过这个故事，你受到了怎样的启发？

学习目标

知识目标	技能目标	素质目标
1. 理解沟通的含义和作用，掌握沟通的类型和过程，掌握改善沟通障碍的方法。 2. 理解团队的含义、特征和类型，掌握团队建设的阶段和团队建设的重点。 3. 理解合作的重要性，掌握工作中合作的要点，掌握处理冲突的方法	1. 提高沟通实践和人际关系处理的能力。 2. 初步培养组建团队的能力。 3. 培养合作与工作协调的能力。 4. 培养冲突化解的能力	1. 培养自我认知、与人沟通的意识。 2. 塑造正确的人生观和价值观。 3. 培养合作、开放、包容的意识。 4. 强化社会主义核心价值观

思维导图

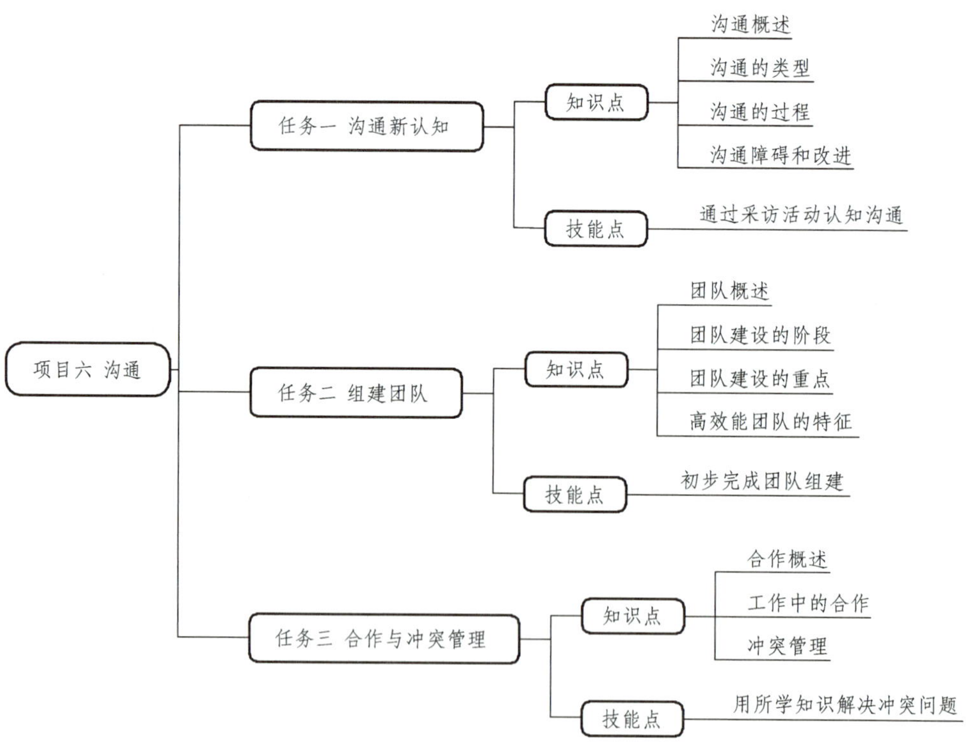

任务一　沟通新认知

沟通认知

课前导学任务单

项目名称	项目六　沟通	
任务名称	任务一　沟通新认知	
任务导入	松下电器创始人松下幸之助曾表示：“企业管理，过去是沟通，现在是沟通，未来还是沟通。”可见，沟通对于人们工作和生活至关重要。沟通是人们每天都在做的事，但现实中仍存在很多沟通问题。尤其在职场中，沟通不畅会带来很多误解和冲突，降低工作效率。因此，理解沟通的内涵，具备良好的沟通能力尤为重要。那么，什么是沟通？在管理实践中，沟通的类型和作用有哪些？如何改进沟通的障碍	
任务目标	知识目标	1. 理解沟通的含义和作用。 2. 掌握沟通的类型和过程。 3. 掌握改善沟通障碍的方法
	能力目标	1. 提高沟通实践和人际关系处理的能力。 2. 具备处理沟通障碍的能力
	素质目标	1. 培养自我认知、与人沟通的意识。 2. 树立正确的人生观和价值观。 3. 营造和谐的人际关系氛围
任务准备	1. 收集身边成功的沟通案例，思考其提高沟通效率的方法。 2. 将本任务知识要点以思维导图的方式提炼和归纳	

知识要点

一、沟通概述

（一）沟通的含义

沟通在管理中无处不在。在各类组织中，管理的成效取决于沟通的有效性。沟通是一种信息的交流。为了达到一定的目的，信息发送者将信息通过一定的媒介传递给信息的接收者。信息的接收者在接收到信息后将接收情况反馈给信息发送者。这种交换或分享信息的过程就是沟通。

【课堂讨论 6-1】

根据上述含义思考，沟通的要素有哪些？沟通的信息和媒介分别都包括哪些内容？

（二）沟通的作用

良好的沟通是管理顺畅进行的基石和保障。通过沟通，上下级之间能够对工作达成共识，组织也会变得更有向心力和凝聚力，组织成员会受到相应的鼓励和激励。

通常来说，在管理中，沟通主要具有以下作用：

1. 降低模糊、提高成效

在工作推进的过程中，涉及大量的信息处理，这就给管理带来了不少挑战。由于信息不对称，上下级在工作中容易出现理解偏差和信息的模糊地带，致使工作推进缓慢或停滞。因此，良好的沟通能够传递信息、交流思想、解除误会，从而降低信息的模糊性，为科学推进工作奠定基础。其次，良好的沟通能够使上下级之间的信息传递更有效，减少管理者部署工作的障碍，同时提高员工对工作的执行力度，从而提高管理成效。

2. 改善关系、增强激励

良好的沟通能增强组织的凝聚力、向心力。及时顺畅的沟通能够在很大程度上建立信任、消除隔阂、误解和猜忌，对于改善组织内部关系，调动员工积极性有较大促进作用。其次，良好的沟通有助于在组织内部建立良好的人际关系，上级能够更好地了解下级的思想动态和愿望，下级的愿望能够在一定程度上得到满足，员工的个人价值和自我认同感进一步强化，从而有效地激励员工。

3. 构建联系、内外连通

工作推进的过程中，组织内部会涉及部门内部、部门与部门之间的频繁联系。部门内部和各部门之间的工作依存度较大。因此，工作任务的顺利完成就离不开有效的沟通。假如缺乏良好的沟通，工作各环节的衔接与配合就会出现问题，工作成效便会大打折扣。此外，沟通还是组织与外部环境构建联系的桥梁。组织作为一个整体与外界环境紧密联系。组织与组织间的良好沟通能够在很大程度上节约成本，提高组织运转效率，实现资源的有效配置。

【知识链接 6-1】

沟通的层次

由于每个人的思维方式不一样，对于同样的信息，接收和理解程度就不一样。因此，沟通便出现了不同的层次。曾仕强教授将沟通分为 4 个层次（见表 6-1）。

表 6-1　沟通的层次

层次	表现
1. 不沟不通	没有沟通的欲望和必要，无交集，不相来往。本质上算不上沟通
2. 沟而不通	与所说对错无必然联系，对不一定“通”，不对不一定“不通”，与面子有关
3. 沟而能通	喜闻乐见的情况。误会、分歧等通过沟通能得以解决
4. 不沟就通	不依赖语言，高度默契，较高的沟通层次

二、沟通的类型

沟通的类型有很多，按照不同的分类标准，可以分为不同的种类。

（一）按组织系统分类

1. 正式沟通

正式沟通是指按照组织系统的规章制度和结构所规定的路线与程序进行的信息传递与交流。这是组织内部最常见的沟通形式。通常来说，组织与组织间的公函往来，上级对下级的命令、指示，下级对上级的工作汇报，以及组织内部规定的各类会议等，都属于正式沟通。

正式沟通的优点是：具有严肃性、可靠性、真实性，易于保密，通常来说重要的信息一般都采用这样的方式进行传递；缺点是：信息传递速度较慢，信息传递不及时、不够灵活。

2. 非正式沟通

非正式沟通是指在正式沟通渠道之外所进行的各类沟通活动。例如员工之间私底下交换看法、聚餐聚会、传播小道消息等。非正式沟通以组织成员间的交往为基础，建立在组织成员情感需要的基础上，通过人际关系的疏密程度来决定交流的内容，具有随机性、不稳定性等特点。

非正式沟通的优点是：信息传递速度快，传递方式灵活，传递效率高，沟通内容广泛；缺点是：信息可靠度低，容易引起舆论压力等。

【课堂讨论 6-2】

正式沟通与非正式沟通之间有什么联系？管理者应该如何对待组织中的非正式沟通？

（二）按信息流动方向分类

1. 上行沟通

上行沟通是指在组织中信息由较低层次流向较高层次的沟通。通过这样的方式，员工可将工作进展、信息掌握情况、存在问题等向上级进行汇报。上级也能够及时掌握和了解工作开展情况、组织运行情况。

上行沟通的优点是：增加员工的自我认同感和价值感，获得一定程度的心理满足。管理者也能通过这样的方式与下级建立良好的人际关系；缺点是：由于级别差异，下级与上级之间存在心理距离，会形成一定的心理障碍。此外，信息经过层层过滤，不能真实反映事件全貌，易降低沟通效率和管理成效。

2. 下行沟通

下行沟通是指在组织中信息由较高层次流向较低层次的沟通，常用于管理者向下级部署工作、分配任务、指出问题、绩效反馈等。

下行沟通的优点是：组织成员能够及时了解组织目标和领导意图，增强向心力和凝聚力；同时，加强了纪律性和责任感；缺点是：下行沟通往往存在单向性，上下级之间容易形成距离感，使组织成员产生抵触情绪，降低团队士气。

3. 平行沟通

平行沟通是指同一层级的员工或管理者之间进行的信息传递和交流，常见于组织内部各部门之间进行的沟通。

平行沟通的优点是：程序简化、节省时间、促进工作协调；同时，有助于培养合作互助的集体观念，有利于克服部门本位主义，构建良好的人际关系；缺点是：信息量大，破坏原有沟通秩序，容易造成混乱，影响组织士气。

【知识链接 6-2】

走动管理（Management by Wandering Around，MBWA）

走动管理是美国学者彼得斯和奥斯汀提出来的一种新型管理方式，是指高层管理者利用时间经常抽空前往各个办公室走动，以发现更丰富、更直接的员工工作问题，并及时了解所属员工工作困境的一种策略。其基本思想是管理者通过深入基层，自由接触员工，在组织内部建立起广泛的、非正式的、公开的信息沟通网络。通过体察民情、沟通意见、提高士气，共同为实现组织目标而奋斗。走动管理不是到各个部门，停于表面地走走而已，而是要搜集最直接的信息，以弥补正式沟通和下行沟通的不足。正式沟通和下行沟通容易发生信息过滤，导致信息失真，不利于管理者做出正确的判断，往往会失去解决问题的先机。而走动管理则正好弥补了这些缺憾。通过走动管理，上层管理者能够搜集最新、最真实的信息，并配合情境做出最佳的判断，尽早发现并解决问题。

运用走动管理需要做到 4 个关键点：态度、倾听、教育和改进。态度是思想上的一次变革。只有从思想层面认识到走动管理的重要性，管理者言行举止所呈现出的姿态才有助于走动管理工作的开展。倾听是开展走动管理的基本要素。只有认真聆听，摒弃自身主观臆断，才能从利益相关者中获得第一手的、真实的信息。教育是开展走动管理的手段。通过深入一线了解情况，管理者可以把组织价值观念直观地传播给员工，为员工提供帮助，促进其发展。而这一系列的工作都是为了促进整个组织的改进。通过走动管理，员工得到了激励，利益相关者的意见得到了采纳，管理者也获得了更丰富的一手信息，这为组织效率的改进和提升提供了保障。

（三）按信息载体分类

1. 语言沟通

语言沟通是建立在语言文字基础上进行的信息传递和交流。它是人们交流信息、交换想法、相互学习最主要的渠道和方式。语言沟通通常包括书面语言、口头语言以及互联网时代下各类信息传递的方式，如微信、邮件等。

语言沟通的优点是：信息传递效率高、覆盖面广、信息清晰明了；缺点是：易受外界影响，多人沟通时效率较低。

2. 非语言沟通

非语言沟通是指通过非语言途径所呈现的信息传递和交流，包括声音、表情、眼神、肢体语言等。很多信息是通过非语言沟通进行传递的。

非语言沟通的优点是：传递信息较为形象和丰富；缺点是：有时信息传递较为模糊，容易造成信息的曲解。

（四）按沟通是否反馈分类

1. 单向沟通

单向沟通是指在沟通的过程中，信息只由发送者单向输出给接收者。这是一种没有反馈的信息交流，常见于书面通知、指示等。

单向沟通的优点是：强调工作秩序，提高工作效率；缺点是：没有考虑下级的意愿，容易产生抵触情绪。

2. 双向沟通

双向沟通是指在沟通的过程中，信息的传递是双向的。这是一类有反馈的交流，如讨论、对话等。

双向沟通的优点是：交流双方能更好地理解彼此的意图，营造和谐的沟通氛围，提高沟通效率，激发员工的工作热情，有利于工作的开展和推进；缺点是：有时会比较耗时，不适于紧急情况的处理。

【知识链接 6-3】

爱德华·霍尔的空间距离学说

就人际沟通空间而言，美国西北大学人类学教授爱德华·霍尔博士提出了著名的空间距离学说（见表 6-2）。

表 6-2　空间距离学说

区域名称	空间范围	适用范围
亲密区域	不超过 1.5 英尺（约 0.46 米以下）	亲密的朋友之间
个人区域	1.5～4 英尺（0.46～1.22 米）	亲密的工作环境或发布命令
社交区域	4～12 英尺（1.22～3.66 米）	大多数商务环境
公众区域	12 英尺以上（约 3.66 米以上）	某些正式场合，如演讲

（资料来源：张云河. 管理学基础[M]. 4 版. 北京：中国人民大学出版社，2022）

三、沟通的过程

沟通是将信息从信息发送者传递给信息接收者的过程。因此，沟通的过程通常来说包括 8 个部分：① 信息发送者；② 信息接收者；③ 信息；④ 编码；⑤ 解码；⑥ 通道；⑦ 反馈；⑧ 噪声（见图 6-1）。

（一）信息发送者

信息发送者是指信息发出的一方，可以是个人，也可以是组织。

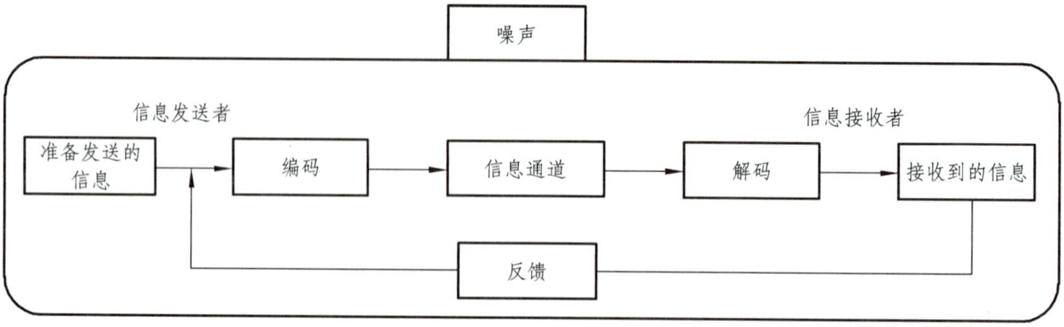

图 6-1　沟通过程

（二）信息接收者

信息接收者是指此次沟通过程的特定对象，是信息传递所到达的终点。同发送者一样，接收者可以是个人也可以是组织。

（三）信息

信息是指在沟通主体即发送者和接收者之间所传递的符号，包括语言、文字、图片、声音等。信息可以是客观事实的反映，也可以是思想感情的交流。

（四）编码

编码是指信息的发送者将所要传递的信息，按照一定的规则，将其编译成一系列可借助沟通媒介传递的符号，如语言、文字、表情等。

（五）解码

解码是指信息的接收者在接收到信息后，试图将符号化的信息还原成原始信息，并理解其含义与内容的过程。解码受到接收者思维方式、知识储备、理解能力等因素的影响。

（六）通道

通道是连接信息接收者、发送者的媒介和途径。信息是通过通道传递的。在互联网时代下，通道已由过去传统的方式如书信、面对面交流、电话等转变为现如今更加便捷、经济和环保的电子信息通道，如微信、邮件、线上会议、电子文件等。这也大大提高了沟通的效率。

（七）反馈

反馈是信息接收者将其理解的信息转达给发送者的过程。反馈可以检验信息的传递是否成功，信息理解是否真实准确。在现实沟通中，由于受到各种因素的干扰，信息曲解和失真的情况较为普遍，所以，反馈是保证沟通顺畅进行的重要环节。

（八）噪声

噪声是阻碍沟通，使信息被曲解和失真的一切因素，包括外部环境、语义表达不准确或不清晰、沟通主体认知差异、观念偏差等。

四、沟通障碍和改进

（一）沟通障碍

1. 信息发送方面的障碍

通常来说，信息发送方面的障碍主要包括表达、语义、风格等方面。信息发送者是信息发出的源头，如果发送者对信息表达模棱两可、忽略关键信息，很容易使信息从源头发出时就产生问题。此外，语言本身存在不同的形式。对于同样的内容，既有特定的“行话”表达，也有普通的“白话”表达，甚至可能有方言俚语的表达。不同的人理解不同。因此，对于同样的事物，就造成了有的人能清楚表达，有的人却表达不清，由此便产生了沟通障碍。另外，不同的人有不同的表达习惯和风格，有人喜欢开门见山，有人喜欢娓娓道来，这也是造成沟通障碍的主要因素。

2. 信息传递过程中的障碍

信息传递过程的障碍主要来自传递媒介和信息超载两个方面。互联网时代给人们提供了更多更丰富的沟通媒介。但不同的人对于不同的媒介敏感度和接受度不一样。有人热衷于传统的电话、信息等方式，有人热衷于微信、各类云平台进行沟通，这就使不同人群之间产生了沟通障碍。此外，在知识爆炸时代，信息碎片化、信息量大，但质量低、价值低等现象较为普遍。每个人常常可能会面对海量的信息，部分工作可能因为过载的信息被迫拖延处理，关键信息也会因此被过滤和忽略，造成沟通不畅。

3. 信息接收方面的障碍

当信息到达接收者后，由于思维方式、理解能力等方面的差异，对于同样的信息，不同的人会产生不同的解读，对信息源的还原程度就产生了差异。此外，人们会根据自己的需要、动机、经验等有选择地去接收信息。在这个过程中，影响沟通的关键信息很有可能就会被过滤掉。另外，信息接收者的情绪也会影响对信息的解读。当人们处于平静时和处于极端情绪时，对于同样的信息的解读也是不一样的。

【知识链接 6-4】

信息漏斗

沟通障碍的存在导致了“信息漏斗”的产生（见图 6-2）。

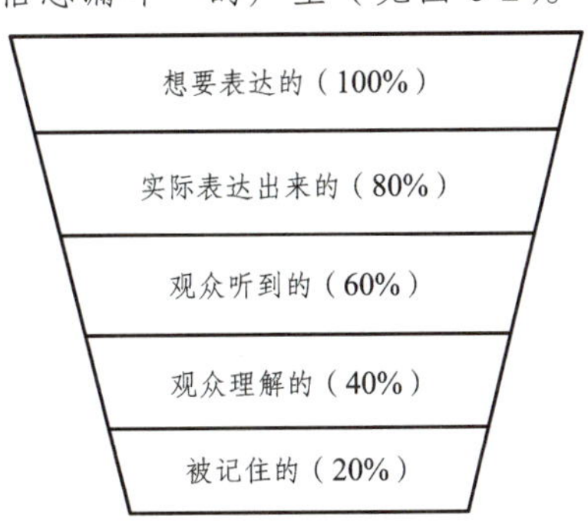

图 6-2　沟通的“信息漏斗”

（二）沟通障碍的改进

1. 简化语言

在沟通前，先组织好语言。沟通要有重点，切勿漫无边际地随意发挥。如果在讲了 5 分钟以后还没有输出此次沟通的重点，就很容易使对方失去耐心，分散注意力。另外，信息发送者需要借助一定的修辞手段，如比喻、举例、对比等方式表达信息，使信息清晰明了，易于接受。

2. 及时反馈

很多时候，沟通的障碍是由误解或理解偏差导致的。而误解和理解偏差又源自沟通中没有及时的反馈。没有及时的反馈，沟通主体之间就不清楚信息是否传达到位、理解正确。因此，在沟通中，信息的接收者要及时给发送者反馈，可以通过复述、概括、提问等方式确认是否正确理解信息。

3. 学会倾听

倾听要采用积极的方式和态度。在倾听的过程中，要主动融入沟通的过程，而不是单纯被动地听。积极主动地倾听可以与信息的发送者产生共鸣，站在对方的角度理解和思考问题，这能在很大程度上减少沟通的误解和矛盾。

4. 控制情绪

稳定的情绪是任何工作得以顺利开展的前提。情绪爆发会在不同程度扰乱沟通的正常过程。因此，当出现情绪波动时，要及时调整情绪，通过暂停沟通、转移注意力等方式让自己快速恢复平静。无论是信息的发送者还是接收者都应该注意，在沟通的过程中要使情绪始终在可控范围内。

5. 选择合适的沟通方式

沟通的具体内容、沟通对象的特点、沟通方式本身的特点，都会对沟通是否能够顺畅进行产生影响。例如，如果是正式的、重要的、需严格按照规章制度开展的工作，一般应选用书面或正式的沟通方式；如果是普通、例行、较为琐碎的事情，则可采用口头或非正式的沟通方式。

6. 合理利用非正式沟通

非正式沟通虽然存在信息可靠度低、信息容易曲解等缺点，但如果能够合理利用非正式沟通，对于组织来说是有积极的促进作用的。首先，非正式沟通不受管理层次和制度的制约，因此，能够在较大程度上反映组织成员的真实想法、动机和态度，这有效地弥补了正式沟通的局限。其次，非正式沟通效率高、沟通方式灵活，减少了很多正式沟通的拘束和谨慎，有助于构建良好的人际关系，进而能提高士气，激励员工。因此，对于非正式沟通，管理者不能采取“一刀切”的强硬态度，而是应该因势利导，合理利用。

【知识链接 6-5】

窄化效应

“窄化效应”由美国心理学家罗文斯坦教授提出，是指人们因为只关注了某一时刻某一点的偏好，而导致原来的偏好出了问题。处于“窄化效应”的人，内心会产生导致某种行为的“驱动力”，在这个时间点上会表现出违背常理或者难以置信的行为，怎么拉都拉不住，有点钻牛角尖或者死胡同的感觉。当一个人陷入“窄化效应”后，所有其他的事情都会抛之脑后，眼里只有当下关注的点。“窄化效应”在沟通中给我们的启示是什么？当一个人处于不断窄化的过程中，这时就不要强行与之进行沟通和交流，否则不仅达不到目的，反而可能两败其伤。因此，与人沟通的时候，要选择合适的场合与时机，用恰当的方式交流沟通，从而不断提高沟通的成效。

（资料来源：宁向东的管理学课，019 讲：窄化效应 | 离职率居高不下的原因？[OL]. 得到 APP 课程）

【知识链接 6-6】

倾听的层次

在沟通中，做一个合格的倾听者十分重要。通常来说，倾听分为 5 个层次（见图 6-3）。

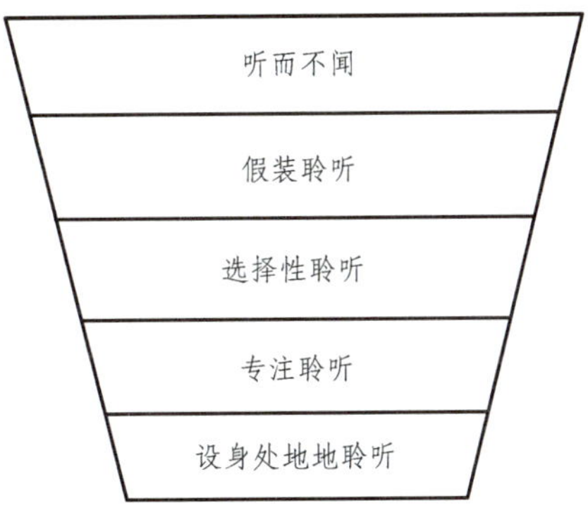

图 6-3　倾听的 5 个层次

有时候，沟通之所以会出现曲解或误会，很大程度上源于“听”出了问题。如果在倾听的过程中，大部分时候心不在焉，或者以为听明白了，但回过头来仔细想却发现还有很多不明白的地方，或者真正的关键信息没有知会。这就是在倾听的过程中，停留在了前 3 个层面。因此，要做一个合格的倾听者，在沟通的过程中，要做到专注聆听，掌握重要和关键信息，在此基础上，设身处地加入沟通的情境中。也就是说，在倾听的时候，要听清内容、注意内容、理解要点、掌握精髓。

任务二　组建团队

组建团队

课前导学任务单

<table>
<tr><td>项目名称</td><td colspan="2">项目六　沟通</td></tr>
<tr><td>任务名称</td><td colspan="2">任务二　组建团队</td></tr>
<tr><td>任务导入</td><td colspan="2">团队是合作的重要形式，在学习和工作中很常见。一支配合默契、沟通顺畅、运行高效的团队能极大地提高工作效率。那么，什么是团队？团队的特征和类型有哪些？如何做才能组建一支良好的团队</td></tr>
<tr><td rowspan="3">任务目标</td><td>知识目标</td><td>1. 了解团队的含义、特征和类型。
2. 掌握团队建设的阶段。
3. 理解团队建设的重点</td></tr>
<tr><td>能力目标</td><td>1. 初步具备组建团队的能力。
2. 培养提高团队工作效能的能力</td></tr>
<tr><td>素质目标</td><td>1. 培养开放、包容、共享的职业精神。
2. 培养主动沟通与合作共赢的职业素养。
3. 培养集体精神和奉献精神</td></tr>
<tr><td>任务准备</td><td colspan="2">1. 观察身边不同类型的团队，思考其特点。
2. 思考如何借助团队的力量实现预期目标。
2. 将本任务知识要点以思维导图的方式提炼和归纳</td></tr>
</table>

知识要点

一、团队概述

（一）团队的含义

团队是指为了实现某一特定目标，由一群相互协作的个体所组成的群体。在团队中，成员拥有共同的目标，彼此信任，相互尊重，相互协作，顺畅沟通，能力互补，自主管理。

（二）团队的特征

1. 在组织管理方面

首先，团队强调要有明确的目标，这是指引团队开展工作的基础。其次，团队是一种扁平型的组织结构，取消了中间管理层次，缩短了管理层与员工之间的距离，提高了工作效率。

2. 在协作配合方面

首先，团队成员有明确的分工和角色定位，每个角色都要承担相应职责，因此，团队成员之间分工明确，职责清晰。其次，团队是一种强调协作配合的群体，因此，团队成员之间为了实现共同的目标在各司其职的基础上又相互协作，共同朝着目标努力。

3. 在关系连接方面

在共同的目标和理念的指引下，团队内部构建起良好的沟通氛围，成员间沟通顺畅，形成团队向心力和凝聚力，不断提高工作绩效。

4. 在管理控制方面

团队管理强调自我管理，自我控制。在管理者的协调和引导下，团队内部会形成自我激励，为了实现目标而奋斗。

（三）团队的类型

1. 工作团队

工作团队是指为了完成组织生产经营中某项特定工作任务的团队。这类型的团队通常来说较为稳定，团队一旦形成，短期内的职能目标、成员构成等都不会发生改变。工作团队常见的表现形式有产品研发、产品销售、市场调查等。工作团队是最常见、最基本的团队形式。

2. 项目团队

项目团队是指为了完成某项特定的专项工作而组成的团队。项目团队的成员通常来自不同的职能部门，为了特定的项目临时组成。常见的表现形式有招投标工作组、人才考核工作组等。这种团队形式能够充分吸纳不同人才的专业优势，达到资源整合的目的。

3. 管理团队

管理团队是指由来自不同层次和等级，主要参与对组织各个职能部门进行协调和指导的团队。高层管理团队是常见的一种管理团队。管理团队在组织中的地位相对较高，管理范围和权限较大。

4. 虚拟团队

虚拟团队是指借助信息技术的方式，把不同地区、不同国家的人联系在一起来共同完成某项工作任务的团队。在现代互联网技术的支持下，越来越多的团队借助在线会议、远程联系等方式开展工作。虚拟团队打破了时间和空间的限制，降低了管理成本，提高了沟通的效率。但虚拟团队缺乏面对面的交流，容易产生分歧与隔阂。

【课堂讨论 6-3】

你认为团队管理有哪些意义？

二、团队建设的阶段

通常来说，团队建设的完整周期分为以下 5 个阶段（见图 6-4）。

图 6-4　团队建设的阶段

（一）形成阶段

形成阶段，即孵化阶段，是团队建立的开始。在本阶段，团队成员相互认识，了解工作任务，思考角色分工。团队成员还处于个体相对独立的状态。

（二）动荡阶段

动荡阶段，即磨合阶段，是团队成员由认识到熟悉，开始推进工作的过程。在这一阶段，团队成员会经历不同观点、不同思维方式、不同处事方式的碰撞和摩擦，这会给团队工作的开展带来一定的冲击。在这一阶段，争执和冲突不可避免。

（三）稳定阶段

稳定阶段，即共同成长阶段。在经历了摩擦和冲突后，团队成员开始调整各自的工作习惯和行为来支持团队工作的推进。团队成员信任感、配合度、默契度较前一个阶段有所增加，团队成员分工明确，有各自的角色定位，成员间各司其职，开始协同工作。同时，团队管理的相关规章制度也在不断完善。

（四）成熟阶段

在这一阶段，团队基本实现了自主管理，各项工作都在有序开展和推进。团队成员间依赖度增强，能够自主、高效地解决问题，完成工作任务。整个团队表现出明显的自主性和完整性。

（五）调整阶段

随着工作的推进，可能会涉及一些新技术、新领域，这时候通常需要适时补充新的团队成员。此外，有的团队成员在工作过程中由于有新的任务和安排，会先行离开团队，此时可能会有新的成员补充进来。如果是项目团队，当该项目全部工作结束后，团队成员就会离开项目组，回到原先的职能部门。以上这些情况都涉及团队的调整。

【课堂讨论 6-4】

在团队建设阶段中，哪一个阶段最关键？为什么？

三、团队建设的重点

（一）科学合理的团队目标

目标的设定既要符合工作实际，也要符合团队成立的宗旨。因此，目标要客观、合理、可行，同时还要具有一定的挑战性。科学合理的团队目标，是指引团队不断前进的驱动力，它能够使团队成员更加紧密地团结在一起，共同努力，合作奋进，不断克服困难，接受挑战，行稳致远。

（二）有特色的团队文化

团队文化，是增强团队凝聚力和向心力的核心手段。树立正确的、积极向上的价值观，是打造团队文化的前提。结合团队实际，通过规章制度、团建活动等方式加强成员间的互联互通，塑造具有团队特征的文化氛围。

（三）互补的成员类型

团队工作涉及方方面面，这就需要具有不同技能、不同类型的团队成员结合起来开展工作。团队成员互补可以促进资源的多样化整合，提高团队的核心能力。同时，成员间相互学习，取长补短，有助于营造和谐的人际关系氛围。

（四）合理的激励机制

合理的激励机制可以激发团队的活力和动力。在激励机制制定的过程中，应以正面的团队激励为主，打造积极向上的团队氛围，提振士气。但同时应注意奖罚结合，必要的负向激励也是团队可持续发展的保证。

（五）畅通的沟通渠道

随着互联网技术的不断发展，沟通方式也发生了翻天覆地的变化。过去人们更多依赖于由面对面、点对点的沟通方式。而今天，微信、QQ、电子邮件、各类线上联络软件充斥着人们的生活。沟通方式的不断发展变化，为团队成员间打造畅通的沟通渠道提供了更多的可能性，从而为团队成员加强联系、及时解决问题、提高工作效率奠定了基础。

四、高效能团队的特征

一般来说，高效能团队具有以下特征：

（一）清晰的目标

高效能团队的成员对于目标认知非常清晰，他们愿意为了实现目标团结一致，共同努力。此外，明确的目标还能够缩短团队成员彼此磨合的过程，从而提高工作效率。

（二）相关技能

高效能团队的成员通常有着不同的背景、不同的经历，在能力和优势上相互互补，从而促进团队成员的资源整合。

（三）相互信任

高效能团队的成员对彼此的能力深信不疑，这为开展合作，实现共赢打下了坚实的基础。

（四）较高的认同感

成员对于团队来说显示出了较强的忠诚度。随着工作的开展，团队成员的认同感、归属感和自豪感会不断增强，成员将个人与团队紧密联系在了一起。同时，这也进一步催生了奉献精神，使团队成员愿意为了实现团队的目标贡献自己最大的价值和潜能。

（五）良好的沟通

高效能团队成员之间人际关系融洽，彼此信任，配合度很高，因此，沟通机制和反馈机制较为畅通，这也进一步促进了团队工作的顺利开展。一方面，信息发送者在沟通前要组织好语言，有逻辑、有层次地输出信息，提高信息传递的效率；另一方面，信息接收者要注意理解信息，养成良好的倾听习惯。

（六）调解技能

即使是高效能团队，成员之间也会因为各种原因产生冲突。因此，团队成员需要具备一定的调解能力，在冲突发生时，能够及时进行劝导、开解，并及时调整团队工作和方向，从而不断增强团队的适应能力。

（七）恰当的领导

在高效能团队中，适当的领导必不可少。行使领导职能的最终价值并不在于监督，而是引导、激励、指导和支持，帮助团队攻克难关，最终实现团队目标。

（八）环境支持

团队目标的成功实现离不开内外部环境的支持。对内需要有人才管理支撑机制，包括团队结构、培训考核、奖惩机制、升迁制度等。对外则需要稳定的外在条件支持，包括物质和非物质条件，如资金、机会等。

【课堂讨论 6-5】

如果想打造一个配合默契、运作高效的团队，应该从哪些方面入手？整体的思路是怎样的？

【知识链接 6-7】

良好沟通的 8 项准则

1. 要有耐心。当对方说话时，不要随意打断，也不要在交谈中途随意离场。如果有想法想要表达，可以先记下来，待对方说完后再进一步表达自己的观点。

2. 要有同理心。交谈过程中，尽可能站在对方角度理解问题，设身处地进行思考，减少沟通障碍。

3. 要控制情绪。交谈过程中保证情绪平稳，以免因生气等不良情绪错误理解对方字里行间的意思。

4. 要合理表达自身观点。交谈不是辩论，无须一争高低、一辩输赢。因此，若对方不认同自己的观点，可以持保留意见。交谈双方要做的是努力营造一个轻松愉悦的沟通氛围，而不是一定要在表面上争出输赢。

5. 要排除干扰。交谈过程中，不要随意摆弄桌上的文件、物品，也不要心不在焉地乱涂乱画，以免人为制造沟通障碍，降低沟通成效。

6. 要注意眼神交流。在交谈过程中，交谈双方要有眼神交流，既不东张西望，也不紧盯着对方，以免让对方不自在。眼神的肯定能够更好地激发交谈兴趣，提高交流效率。

7. 要学会提问。在交谈过程中，如果有疑问或者想法可以适时提出，这也进一步向对方表明了交流的意愿，能进一步促进有效信息的沟通。但提问时要注意方式和方法，避免带有攻击性或者强制性的提问方式。

8. 要学会适可而止。在交谈过程中，该停止说话的时候要学会及时停止，给对方预留足够的时间和空间以进一步交流。切忌口若悬河讲个不停。良好的沟通应该是交谈双方都能畅所欲言，在轻松的氛围中推进交流。

任务三　合作与冲突管理

合作与冲突管理

课前导学任务单

项目名称	项目六　沟通	
任务名称	任务三　合作与冲突管理	
任务导入	合作是提高工作效率，提升管理效能的重要途径。在合作过程中，由于各种因素的影响，冲突不可避免。那么，工作中的合作有哪些值得注意的地方？冲突所带来的影响一定都是负面的吗？冲突形成的原因有哪些？如何做才能减少冲突，更好地实现合作	
任务目标	知识目标	1. 理解合作的含义和特征。 2. 掌握工作中合作的要点。 3. 掌握处理冲突的方法
	能力目标	1. 具备与人合作的能力。 2. 培养化解冲突的能力
	素质目标	1. 培养团队精神和集体精神。 2. 培养开放包容、合作共赢的良好心态
任务准备	1. 观察身边成功的合作，思考合作取得成功的要点有哪些。 2. 收集有关冲突的案例，思考冲突产生的原因及解决办法。 3. 将本任务知识要点以思维导图的方式提炼和归纳	

知识要点

一、合作概述

（一）合作的含义

合作是一种联合行为，是指个人与个人、群体与群体、个人与群体之间为了达到共同目的，相互配合与协作的过程。良好的合作能实现“整体大于个体之和”的效果。

（二）合作的特征

1. 平等性

平等是开展合作最基本的条件之一。合作双方的地位是平等的，而不是领导与被领导的关系。如果在合作过程中总有一方居高临下，那么合作的最终结果就会与目标背道而驰。因此，在合作的过程中，合作主体应致力于营造和谐、平等、互惠的氛围，为合作的顺利开展奠定良好的基础。

2. 一致性

良好的合作离不开一致的目标、统一的认识和规范，这是合作中组织成员认同感的表现。组织成员对于目标、合作的途径和方法等，都需要有一致的认识。同时，在合作开展的过程中，要遵守共同的群体规范。

3. 相互性

首先，相互信任、相互支持、彼此包容是合作取得成功的重要条件。只有在这样的氛围下，组织成员才会被激发起来，充分释放自身潜力，为实现目标共同努力。其次，合作是相互借力，互利共赢的事情。组织成员为了共同的目标聚集在一起，各自发挥所长，取长补短，形成合力，助力目标的实现。

4. 基础性

合作的可持续发展离不开物质和精神层面的支持。首先，合作需要有一定的物质条件，包括场地、设备、时间等方面的支持。其次，合作还需要有精神层面的支撑，包括一定的规章制度、群体规范、共同的理念等。

【课堂讨论 6-6】

在过去的经历中，你都遇到过什么样的合作？合作过程如何？最终取得了什么样的结果？

二、工作中的合作

通常来说，工作中的合作有以下特点：

（一）合作主体目标一致

在合作过程中，合作主体之间必须拥有一致的目标。每个成员都应该将目标放在第一位，以目标为导向，全力以赴实现目标，谋求组织的整体利益。一致的目标能够帮助合作主体在工作开展过程中克服困难，暂时搁置争议，求同存异，营造良好的共事氛围。

（二）完成好本职工作

完成好本职工作，是合作开展的前提，也是职业道德的基本要求。只有每个人都尽心尽力做好自己的本职工作，才能使组织整体绩效提高。在合作过程中，团队成员应形成合力聚力，只要有任何一位成员出现短板，合作的整体效率就会受到影响。因此，要实现顺畅的合作，每个成员都应该做好自己的本职工作。

（三）明确自身定位和需求

自身定位和需求明确，是成功合作的关键。首先，明确自身定位能够使个人在合作过程中清楚地知晓自身的职责和权力范围。认真履行职责，正确行使权力，可以有效防止职权越位，角色错位。其次，明确自身需求的人，行事较为稳定，在合作过程中能够与他人形成良好的合作氛围。需求不明确，会导致在合作过程中反复无常，一改再改，进而导致合作团队士气低落，绩效欠佳。

（四）选择合适的合作伙伴

合作伙伴的选择对于成功的合作来说至关重要。最优秀的人不一定是最合适的人。选择合作伙伴的关键在于能力和技能适合本次合作任务，与团队成员之间能够形成互补关系，实现资源整合。同时，对于合作目标、组织本身要有高度的认同感和责任感，能够最大限度地发挥自身潜力、资源和优势。

（五）主动配合他人

合作的本质在于优势互补，相互协作。在明确职位分工和完成好自身本职工作的前提下，主动配合与帮助他人，是实现合作预期目标的重要保障。主动配合他人，有助于加强成员间的信任，缩短磨合时间，形成良性循环，营造良好的人际关系氛围。合作不是“单打独斗”，将自己封闭起来，既不利于合作的开展，也不利于工作效率的提高。

（六）增强执行力

执行力强，意味着做事不拖沓，效率高。这是工作按时完成的重要保证。在工作过程中，往往会出现时间紧、任务重的情况。之所以会合作，就是因为团队成员之间能够形成合力，各司其职又相互协作，共同朝着目标迈进。因此，在合作过程中，每个人都应该提高自身执行力，保证自己分内的工作能够按时或提前完成，留有一定的修正空间，为实现整体任务目标奠定基础。

（七）营造良好的沟通氛围

影响合作开展和工作推进的障碍往往来自一些没有实质性的矛盾和误解。而这样的矛盾和误解大部分源自沟通不充分。因此，在合作过程中，成员之间应及时沟通，充分沟通，切不可等问题超出控制范围再来处理。沟通前，应组织好语言，把重要的和关键的信息前置，用论据进行支撑，提高语言的层次性和逻辑性，以此来提高沟通的效率。

（八）正确处理竞争与合作

在合作过程中，人与人之间、组织与组织之间并不仅只存在一种关系，往往会存在一种既竞争又合作的关系，即“竞合关系”。在合作中，成员应明白，竞争的本质是为了激发自身的最大潜力，发挥优势，实现效能最大化。而竞争的最终目的是提高绩效，这与合作要实现的目标在本质上是相通的。公平、合理的竞争关系不仅不会破坏合作，反而会使合作关系更为牢固。因此，在合作过程中，成员应在共同目标的指引下增强凝聚力，构建一种合作基础上的竞争关系。

【知识链接 6-8】

合作意味着什么?

合作是实现共赢的必经之路。对于一个组织来说，在拥有相同资源的情况下，合作与否会在很大程度上影响组织功效的发挥。如果不合作，即使能赢，可能也是一个人赢，无法实现共赢的局面。曾经有这样一个故事，在天堂和地狱里，有同样的一桶粥和一把很长的勺子。在地狱里，每个人都争先恐后地去拿这把勺子取粥给自己吃。可勺子的勺柄太长了，无论如何也吃不上自己给自己喂的粥，结果是谁也吃不到粥。而在天堂里，一个人拿勺子取到粥喂给另一个人，这样大家相互喂对方，结果是每个人都有粥吃。这进一步说明，合作对于一个组织来说至关重要。良好的合作可以取长补短，发挥包括人在内的各项资源的核心优势，实现“1+1>2”的效果。另外，合作还有助于创新思维的激发，增强集体的凝聚力和奋斗精神，全方位推进组织的发展。

三、冲突管理

（一）冲突概述

1. 冲突的含义

冲突是指由某种差异而引起的一种对立的、矛盾的、互不相容的状态。冲突是一种普遍存在的现象。它既可以发生在人与人之间、组织与组织之间，也可以发生在人与组织之间；它既可以是显性的，也可以是隐性的；它既可能是对抗性的，也可能是建设性的。不同类型的冲突会对组织的运营和发展产生不同程度的影响，严重时可能造成毁灭性的后果。因此，了解冲突，管理冲突就十分必要。

【课堂讨论 6-7】

冲突是由某种差异引起的，这种差异包括哪些方面?

2. 冲突的过程

冲突的过程是一个逐渐发展的、动态的多阶段过程（见图 6-5）。

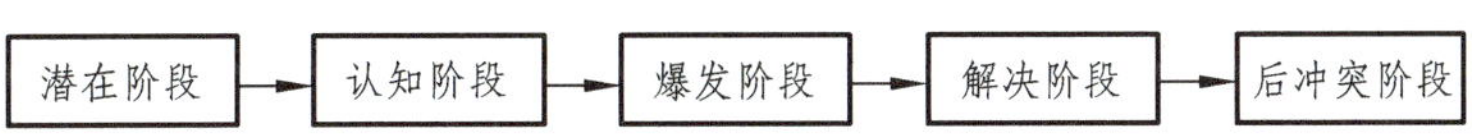

图 6-5　冲突的过程

（1）潜在阶段。这一阶段，沟通、组织结构和个人方面表现出了一些问题，但这些问题还处于潜在阶段，常常遭到忽视，因此并不一定会导致冲突。

（2）认知阶段。在认知阶段，冲突双方开始感受到了矛盾和对立的状态，但还未采取实质行动。如果在这一阶段双方能够达成一致，力图共同解决问题，那么冲突很可能就会止步于此，不会发展到下一阶段。

（3）爆发阶段。当这种矛盾和对立的状态无法解决时，人们感受到的威胁就会进一步增强，积攒到一定程度后，冲突很可能就会一触即发。通常来说，冲突爆发包括争执、攻击等反应激烈的行为，也可能表现为频繁讨论、暂时远离、忽视等温和的行为。

（4）解决阶段。冲突不是问题发展的最终目的和结果，而是一个促成问题解决的必经阶段。最好的解决方式是在冲突爆发后，双方能够冷静客观地面对问题，分析问题的根源，达成共识，共同着手采取措施解决问题。但在实际中，也可能由于双方实力较为悬殊，冲突只是被暂时压制，并没有得到真正的解决。

（5）后冲突阶段。经历了冲突后，双方的思想和行为都会发生变化。如果冲突在上一阶段得到了有效的解决，则双方就会出现建设性的行为。如果冲突只是被暂时压制，那么冲突的情绪依旧存在，很有可能会引发新一轮的冲突。因此，为避免新一轮冲突的出现，应尽可能在前一阶段及本阶段将冲突从根本上解决掉。

【课堂讨论 6-8】

冲突可以避免吗？冲突带来的影响是积极的还是消极的？为什么？

（二）冲突产生的原因

冲突产生的原因有很多，通常来说，可以归为以下 3 类：

1. 个体差异

首先，认知差异。人们由于自身的知识、经历、环境等因素的影响，会形成不同的思维模式和行事风格，对待同一事物往往也会有不同的认知。这样的差异就会使人与人之间产生冲突。其次，随着社会的发展，涌现出了越来越多的新工艺、新技术、新方法，组织的运营和管理模式面临着改革的问题。不同的人对新事物的认知不一样，接受程度也不一样，因此这也是导致冲突产生的原因。再次，不同的认知会造就人们不同的价值观。而价值观又是人们评判是非，判断事物好坏，衡量利益的重要标准。因此，价值观不同也会导致人与人之间产生冲突。最后，个性差异。每个人都有自己的性格、爱好、需求。这些个性方面的差异也会导致冲突的发生。

2. 组织因素

导致冲突的组织因素较多。首先，组织规模。组织规模越大，分工越细，管理层次越多，信息上传下达的速度就越慢，信息失真程度就会越大，导致冲突发生。其次，资源的有限性也是导致冲突的主要原因。一个组织所拥有的资源总是有限的，但想实现的目标往往很多，不同部门内部都有自己的诉求，“一碗水端平”的资源分配要求很难实现。因此，在资源有限的情况下，也容易引发冲突。再次，职责不清的问题也容易在组织内部引发冲突。职责不清会导致自身角色定位不清，一方面会产生相互推诿的现象，另一方面还会产生同一个工作抢着干，相互插手的情况。因此，冲突便产生了。最后，奖惩制度。奖惩制度很难做到绝对的公平。一方的得很可能造成另一方的失。当人们认为自身的付出和回报不相符时，个人意愿和组织目标之间就容易产生冲突。

3. 沟通问题

由于信息来源的渠道不同、管理层级不同，信息不对称在组织中非常常见。有的信息由管理层掌握，基层员工却不清楚；有的情况基层员工比管理层要更了解。此外，不同部门掌握的信息也不尽相同。信息不对称导致人们对于工作任务的理解不一致。如果这时候缺乏充分和及时的沟通，就会导致冲突的发生。因此，在日常工作中，应该建立完善的沟通机制和渠道，充分利用正式沟通和非正式沟通的优势，及时了解和掌握相关的情况，减少因沟通不畅而产生的冲突。

（三）冲突管理的步骤

妥善处理冲突是一门学问，也是一门艺术。通常可以采取以下步骤来处理冲突：

1. 稳定情绪

冲突发生时，人们的情绪容易受到影响和波动。当处于不良情绪状态时，人们就无法冷静客观地看待和分析问题。对方的问题可能会被无限放大，而自身存在的问题往往容易遭到忽视。因此，当冲突发生时，最重要的不是直接解决问题，而是先让自己冷静下来，稳定情绪，摆脱不良情绪的干扰。

2. 客观分析冲突根源

找准问题才能对症下药。冲突的发生有表层原因，也有深层原因，它是在多种原因的综合作用下产生的。因此，冲突双方应该客观地分析产生冲突的原因。在找到表层原因后，应将关注点更多地放在深层原因上，从而有助于问题的彻底解决。

3. 妥善选择处理方法

处理冲突的方法通常来说包括：回避、迁就、妥协、强制、合作。当冲突方情绪较为激动，或者问题不涉及关键因素时，回避是较为合适的处理方式。回避不是逃避，而是一种暂时的离开。回避为冲突的化解赢得了思考的时间和解决的空间。当意识到自身问题占主要方面，或者维持和谐良好的人际关系较为重要时，可采用迁就策略。当时间有限，任务较重，必须要由一方做出让步，问题才能得到解决时，妥协策略常常被采用。而当问题比较紧迫，需要当机立断做出判断马上解决时，就应该采用强制的方式，暂时先牺牲一方的利益，待问题解决后再做好后续安抚工作。当冲突双方对目标有强烈的认同感，但又势均力敌无法妥协时，合作是一种良好的解决策略。开诚布公的谈判，对达成目标所采取的行动达成一致，最终从对立走向合作。

4. 冲突后管理

冲突虽然得到了解决，但所付出的成本和代价已无法挽回。因此，当冲突解决后，需要做好评价和反馈工作，避免再次发生同样的问题，为组织的生存和发展节省成本，提高效率，创造更多有利的空间。

【知识链接 6-9】

线性思维和有机思维

线性思维和有机思维是沟通中两种典型的思维方式。线性思维是指只能看到最直接、简单的因果关系，也就是只能看到表象，所以，动手解决问题的思维方式往往是头痛医头，脚痛医脚。而有机思维是指能够看到事情背后的复杂原因、整体情况。所以，解决问题时也善于抓住关键因素，而不一定是直接的影响因素。线性思维和有机思维的差异，来自认知模式的差异，这会造成彼此之间的理解偏差，造成沟通障碍，甚至可能产生冲突。例如，在一个团队中，领导者或骨干希望一线工人能够多学习，提高能力水平和业务素质，这是有机思维的表现。而一线工人如果习惯用线性思维考虑问题，往往会问要学什么？去哪里学？这便是有机思维遇上了线性思维。长此以往，上下级之间的沟通就会出现问题，相互之间不理解对方的诉求，以致工作效率降低。

（资料来源：宁向东的管理学课，048 讲：团队结构|“猪队友”的思维方式[OL]. 得到 APP 课程）

【课堂讨论 6-9】

线性思维和有机思维给了你什么启示？在自我提升中，应该注意培养自己的什么思维？如何培养？

知识巩固与技能提升　　　　同步测试

项目七

PART SEVEN

控　制

项目导入

娃哈哈的发展之路

杭州娃哈哈集团有限公司创建于 1987 年，公司从 3 个人、14 万元组建开始，现已发展成为中国规模最大、效益最好的饮料企业之一。在全国 29 个省市建有 58 个基地 150 余家分公司，拥有总资产 300 亿元，员工 30 000 人。销售收入、利润、税收等指标已连续 11 年位居中国饮料行业首位，成为中国最大、效益最好、最具发展潜力的食品饮料企业。自公司成立以来，从单一产品生产发展到乳饮料、饮用水、碳酸饮料、果汁饮料、茶饮料、保健食品、罐头食品、休闲食品等 8 大类 100 多个品种的产品生产。随着集团业务版图的拓展，不断衍生出的新业务板块和经营模式，由于管理控制的因素，传统的职能型组织结构及运行机制已经不适应企业多元化发展的需要，以专业化分工为基础的纵向部门职能管控型组织结构横向协作能力差、市场响应速度慢，公司的运行机制极大地限制了产品的生产。

为此，娃哈哈快速调整了管理控制系统及模式，实施组织结构和运行机制变革，将集团 26 个职能部门、70 个生产工厂、40 个销售片区调整为条状的业务线管理与块状的部门管理、片区分公司管理相结合的扁平化组织模式，裁撤重叠、冗余的中间管理机构，由部长、厂长（经理）全权负责本部门（单位）的人员和业务管理。集团公司年初直接与各部长、厂长（经理）签订年度经营责任书，年底根据各部门、工厂、销售片区的生产经营绩效考核情况，兑现相应的年终奖和干股分红。扁平化的组织结构促进了各生产经营业务单元灵活、高效运行，降低了企业整体运营成本，提升了企业快速响应市场的能力。

（资料来源：姜建. 娃哈哈“六制”打造扁平化组织[J]. 企业管理，2021（12）：58-60）

请思考：

1. 什么是管理控制？
2. 控制的目标是什么？
3. 娃哈哈集团的管理控制体现在哪些方面？

学习目标

知识目标	技能目标	素质目标
1. 理解管理中控制的概念、特点和原则，了解控制的目的、对象，区分控制的类型。 2. 理解掌握控制的过程。 3. 掌握几种常见的控制方法。 4. 了解控制职能与其他职能的区别	1. 能够运用控制的方法分析解决实际控制管理中的问题。 2. 培养控制的实践能力，运用管理控制的知识对实际工作中和生活中发生的案例进行分析。 3. 培养控制执行能力。 4. 强化自我控制能力	1. 培养控制意识和规则意识。 2. 强化系统观、全局观和科学发展观。 3. 塑造积极向上的价值观

思维导图

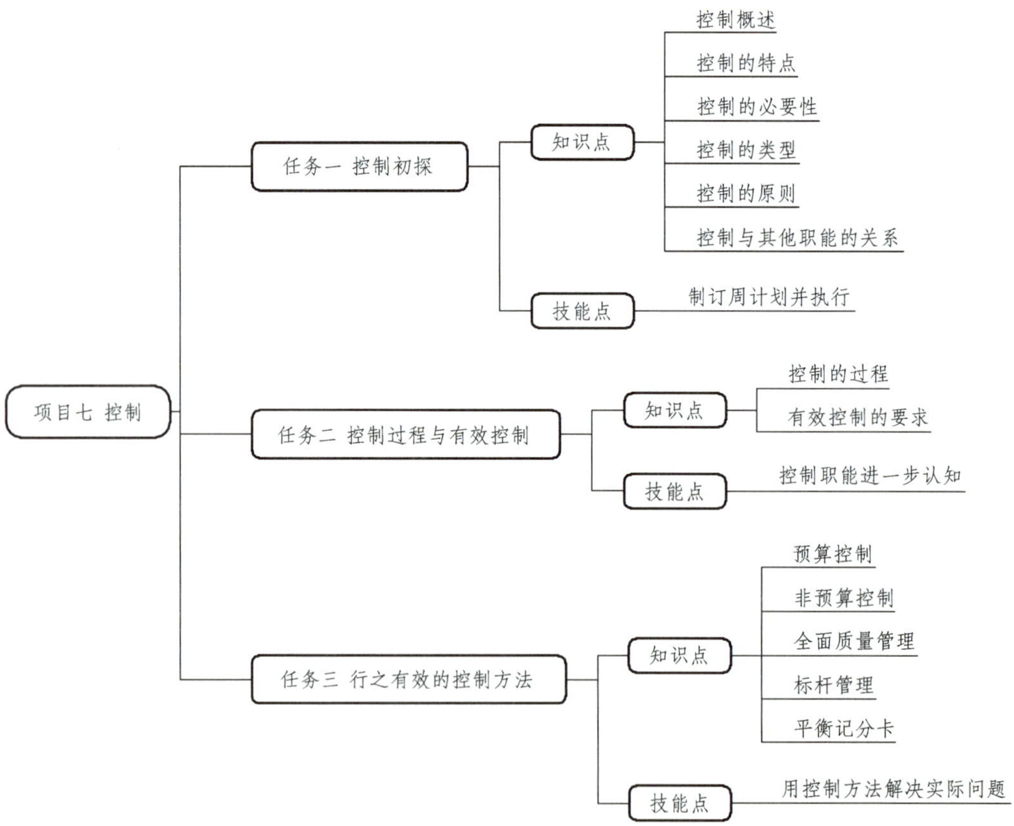

任务一　控制初探

控制初探

课前导学任务单

项目名称	项目七　控制	
任务名称	任务一　控制初探	
任务导入	控制是管理过程的重要组成部分。行使控制职能可以提高组织在其他职能活动中的执行效率，提高组织目标的达成度。那么，什么是控制？控制的目的和对象包括哪些方面？控制有什么样的特点？为什么说控制是管理活动中不可或缺的部分？控制可以分为哪些类型？控制应当遵循什么样的原则	
任务目标	知识目标	1. 了解控制的概念、目的和对象。 2. 理解控制的特点和必要性。 3. 掌握控制的类型和原则
	能力目标	1. 初步培养管理控制思维，能够辨析控制与其他管理职能的联系。 2. 能够判断管理实践中控制的类型并分析其优缺点
	素质目标	1. 培养控制意识、规则意识及前瞻意识。 2. 强化科学管理的职业素养。 3. 塑造积极向上的价值观
任务准备	1. 观察身边管理控制的现象有哪些。 2. 了解管理控制给人们带来的意义和价值。 3. 将本任务的知识要点以思维导图的方式进行提炼和归纳	

知识要点

一、控制概述

（一）控制的概念

控制是管理过程的重要组成部分。亨利·西斯克说："如果计划从来不需要修改，而且是在一个全能的领导人的指导之下，由一个完全均衡的组织完美无缺地来执行的，那就没有计划的必要了。”由此可见，无论计划制订得多完美，在执行过程中都需要执行控制职能，发挥控制的作用。通过控制，组织可以实现对其他职能活动，如计划、组织、领导等方面的监督，及时找出运行过程中的问题偏差并予以纠正，从而使组织的实际活动按照计划有效进行，达到组织的目标。

从广义上来看，控制指为确保组织活动按照计划实施，在活动进行过程中发现问题，纠正偏差的一系列活动，以有效实现组织目标。

从狭义上来看，控制指组织活动中，保证组织活动按照组织计划有效实现的所有管理活动，包括组织构建、人员配置、材料供给等。

【课堂讨论 7-1】

在管理中，控制是一项重要的职能，控制职能与计划职能有联系吗？具体联系是什么？请举例说明。

（二）控制的目的

在管理过程中，控制贯穿于管理活动过程的始终，是组织目标得以按照计划实现的重要职能。它既是新一轮管理活动的起点，也是一个完整管理活动的终点，周而复始。在管理实践中，控制既要识别计划实施过程中出现的问题并及时纠正偏差，以确保组织目标的实现，又要根据各影响因素的变化对原有计划及时做出调整。在现代管理活动中，控制的目的主要有以下两个：

1. 保障管理活动达到预期目标

在组织活动运行过程中，偏差是难以避免或完全消除的，且偏差通常发展较为迅速，属于管理活动中的“急性问题”，累积到一定程度会威胁计划的执行和组织目标的实现，严重时甚至影响组织存亡。因此，控制工作应适时把计划实施情况与预先制定的标准进行比对，如果偏差超过可接受范围，就要及时采取必要的纠正措施，使组织活动按计划进行，达到预期目标。

2. 提高组织适应环境变化的能力

组织活动从确定目标、制订计划，再到计划实施，最终实现组织目标，通常要经历一个过程。在这段时间周期内，组织的内外部环境会发生一定的变化，这些变化会对正在实施的活动产生影响。为顺利实现组织目标，控制工作要根据组织内外部环境变化产生的新要求，对实际工作或计划本身做出相应调整，以适应新的环境变化，达到组织既定目标。

（三）控制的对象

1. 人员

组织目标是靠人来实现的。为确保员工按照管理者制订的计划开展工作，就必须对人员进行有效控制。对人员有效控制的方法一般有两种：第一，直接监督。直接监督能够及时发现问题并有效解决，避免因人员操作不当产生更大影响。第二，工作评估。进行工作评估，能够针对员工工作表现，对员工存在的问题进行指导和帮助，提高员工的工作效率。

2. 财务

财务是直观体现组织运营情况的最主要的手段之一。分析财务报表可以观测到企业的资金流转、各项费用、利润等情况。为保证组织正常运作，实现健康、绿色和可持续发展，必须对组织的财务进行控制。

3. 日常作业

组织的工作效率很大程度上决定了组织提供的产品和服务的质量，而作业控制主要通过对作业过程的管控来评价作业效率、提高作业成效，从而提高组织所提供产品和服务的质量。

4. 信息

随着现代社会的高速发展，信息在组织运行中的地位越来越高。精确、完整、及时的信息会提升组织发展的效率。反之，大量冗余的、价值低的信息会给组织发展造成困扰，降低组织的运营效率和管理成效。因此，在组织运营过程中，对信息的控制尤为重要。

5. 组织绩效

组织绩效的完成度体现了组织目标的达成度。组织绩效越高，表明组织的管理控制活动越完整，可控性越强，组织目标的达成度就越高。

二、控制的特点

通常来说，在管理过程中，控制职能主要具有以下特点：

（一）目的性

在管理实践中，控制给组织计划的实施提供了保障，并在实施过程中不断识别风险和调整偏差，将风险和偏差控制在可接受范围内，最终实现预期目标。

（二）整体性

整体性体现在两方面：一是全员性，行使控制职能需要组织全体成员参与，这是组织全体成员的职责；二是全面性，控制的对象包括管理活动的各个方面，如工作程序、资金成本、产品质量、材料消耗、工作偏差等。

（三）动态性

在企业经营活动中，组织的内外部环境是动态变化的。随着组织内外部环境的不断变化，完成组织目标的条件也不断变化，控制的标准及方法也应随之调整。

（四）人本性

控制职能中所有活动都是由人来完成的，控制在本质上也是对人员的控制。因此，在管理实践中要体现对组织成员的人文关怀和照顾，激发员工的工作热情，为控制工作的开展奠定基础。

（五）反馈性

实施控制职能，是对管理活动中产生的偏差进行纠正和适时调整，促使实际工作紧紧围绕着组织目标开展。这就有赖于对控制结果的及时反馈，否则可能会错失调整的最佳时机。控制结果的及时反馈是偏差纠正和调整计划的基础，只有根据及时反馈的信息才能做出客观合理的决策。

（六）过程性

控制不是一劳永逸的工作，而是贯穿于制订计划到目标实现的全过程。控制工作是一个完整的、动态的活动。控制效果取决于整个管理过程，而不是某一工作节点的完成情况。

三、控制的必要性

控制贯穿于管理的全过程，与其他管理职能之间存在着密切联系。计划、组织、领导职能是控制的基础，而控制又以计划为依据，有组织、有领导地进行管理活动。控制是计划、组织、领导有效进行的必要保证，科学合理的控制可以保证计划、组织、领导职能顺利完成，所以管理控制是必要的。控制的必要性主要体现在以下几方面：

（一）环境变化的复杂性

任何组织面对的都是一个动态多变的环境，无论已有的计划如何周密，总是会面临新情况的发生，如市场环境的变化、政策规定的调整等。这些变化要求组织对原有计划、技术、管理方法等及时进行调整。

（二）内部管理的需要

当组织发展到一定规模后，由于管理者的时间、精力、能力等因素限制，管理者无法进行面面俱到的管理。为了有效完成组织任务，达成组织目标，管理者需要进行授权，将管理权限合理分配到相应管理部门。高一级的管理者授予下一级管理者相应权限实施管理活动，以更好地满足组织活动需求。授权程度越高，控制的必要性就越强。如果没有做好控制工作，没有建立相应的控制体系，管理人员就不能及时掌握工作推进情况，授权后工作推进就会出现混乱，甚至造成重大失误，给组织发展带来消极影响。

（三）工作能力差异

不同组织成员的认知能力和工作能力具有差异性，导致组织成员对同一工作要求产生理解偏差。即使每个组织成员都完全正确地理解工作要求，由于工作能力不同，他们实际工作的结果也可能与计划要求不符。这些偏差会对组织运行产生负面影响，降低工作效率。而控制工作恰恰能及时识别员工在工作过程中产生的各类偏差，有助于管理者及时采取措施，保障工作效率，为组织目标的实现奠定基础。因此，做好控制工作是非常必要的。

四、控制的类型

控制的类型有很多，按照不同的分类标准，可以分为不同的类别。按照控制时间点、对象和目标的不同，通常可将控制分为 3 大类，即前馈控制、现场控制、反馈控制（见图 7-1）。

（一）前馈控制

前馈控制是一种预先控制，也称事前控制，是指在计划实施之前，对可能出现的结果进行预测，并采取防范措施，避免预期问题的出现。例如，制定作业标准、面试、入学考试、入职培训等。

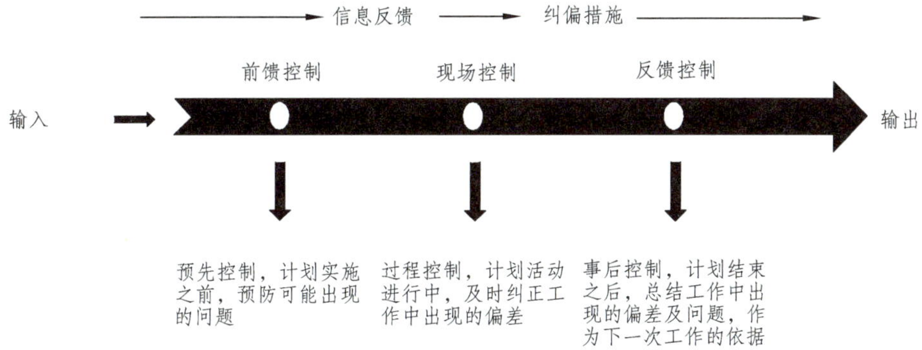

图 7-1　控制的类型

前馈控制的优点主要包括：第一，可以有效避免预期问题的出现，降低管理成本。第二，适用于所有领域的一切工作，适用范围广泛。第三，前馈控制是针对条件的控制，不直接对员工产生影响，易于被员工接受并实施。

前馈控制的缺点主要在于不确定性。由于前馈控制是在计划活动实施之前，需要掌握大量的信息，及时、准确地进行提前预测，不确定性较大，且预测有一定的难度。同时，因环境、管理人员等因素的影响，预测效果存在差异，前馈控制并不能代替其他类型的控制。

【知识链接 7-1】

破窗理论

美国斯坦福大学的一位心理学家做过这样一项试验：他找来两辆一模一样的汽车，一辆停在比较杂乱的街区，一辆停在中产阶级社区。他把停在杂乱街区的那辆车的车牌摘掉，顶棚打开，结果一天之内就被人偷走了。而摆在中产阶级社区的那辆车过了一个星期也安然无恙。后来，实验人员用锤子把这辆车的玻璃敲了个大洞，结果仅仅过了几个小时，它就被偷走了。

政治学家威尔逊和犯罪学家凯琳依托这项试验，提出了“破窗理论”。这一理论认为：如果有人打坏了一个建筑物的窗户玻璃，而这扇窗户又未得到及时维修，别人就可能受到暗示性的纵容去打烂更多的窗户玻璃。久而久之，这些破窗户就给人造成一种无序的感觉。那么，在这种公众麻木的氛围中，犯罪就会滋生、蔓延。

“破窗理论”指出，企业应树立危机管理意识，设立危机预警系统，使企业能根据预先显现的危机信号，及时发现破窗或即将成为破窗的那块玻璃。这正是做好前馈控制的重要体现。

（二）现场控制

现场控制又称过程控制、同步控制，是指在计划活动进行的过程中，对活动中的人、事、物进行现场指导和监督，及时发现存在的偏差或潜在的风险，并采取相应措施。现场控制主要是基层管理人员深入作业现场亲自监督、检查、指导和控制，主要发挥监督作用和指导作用，目的在于尽可能减少偏差并控制风险。

现场控制的优点。首先，可以亲自指导下属工作，提高下属工作效率。其次，现场控制可以确保计划执行围绕预期目标进行。通过现场控制，管理者及时发现问题，采取措施，避免问题加重。

现场控制的缺点是对管理者要求较高。首先，现场控制的效果受到管理者的时间、能力、业务水平等因素制约。其次，现场控制要求管理者必须在现场，而管理者不能时刻事无巨细地进行现场控制，应用范围受限。最后，现场控制容易在管理者与被管理者之间形成对立情绪，不利于工作的开展。

（三）反馈控制

反馈控制是成果控制，主要运用在管理活动结束之后，因此又称事后控制。反馈控制是在计划执行结束之后，管理人员依据已经发生的情况，对本次活动的过程和结果进行分析，与预先制定的标准进行比较，从中发现存在的偏差，分析原因，采取相应措施，避免类似情况发生。反馈控制的目的在于提高下一次行动的质量，尽可能规避已出现的问题。反馈控制运用广泛，如：企业检测出不合格的产品后，找出问题产生的原因并完善规定以防止相关质量事故再次发生；发现不畅销的产品并做出相应的减产决定等。

反馈控制的优点体现在两个方面：第一，总结经验，采取相应措施，避免类似问题再次出现，形成良性循环。第二，员工可以根据反馈控制中的问题，及时调整自己未来的工作行为，进而提高工作效率和工作能力。

反馈控制的缺点是存在滞后性。进行反馈控制时，问题或偏差已经发生，所采取的措施对已经结束的工作作用不大，只能运用在下一次工作中。

【课堂讨论 7-2】

3 种不同类型的控制在实际生活、学习和工作中都有什么具体的例子？

【课堂讨论 7-3】

扁鹊的医术

扁鹊是尽人皆知的神医。一天，魏文王问扁鹊："你们家兄弟 3 人，都精于医术，到底哪一位最厉害呢？"

扁鹊答："大哥医术最好，二哥次之，我最差。"

文王再问："那么为什么你最出名呢？"

扁鹊答道："我大哥治病，是治病于病情发作之前。由于一般人不知道他能事先铲除病因，反而觉得他的治疗没什么明显的效果，所以他的名气无法传出去，只有我们家的人才知道。我二哥治病，是治病于病情初起的时候，看上去以为他只能治轻微的小病，所以他的名气只能在我们乡里流传。而我治病，是治病于病情已经严重的时候。一般人看到我在经脉上穿针放血，在皮肤上敷药等大手术，自然以为我的医术高明，因此名气响遍全国，远远大于我的两位哥哥。"

文王叹道："你说得好极了。"

请思考：

1. 故事中分别属于哪种控制？
2. 这个故事给了我们什么启示？

【知识链接 7-2】

控制的其他分类方式

一、根据控制来源分类

根据控制的来源不同，可将控制分为正式控制、群体控制和自我控制。

正式控制是依据组织规定的政策、规范等，通过正式的管理模式进行的控制。群体控制是由员工自行组成，自愿参与并采取行动的控制。自我控制是按照个人意志有意识地执行某一行为规范的控制。

二、根据控制对象分类

根据控制的对象不同，可将控制分为直接控制与间接控制。

直接控制是通过提高管理人员素质，使他们更好地掌握管理的原理、方法和技术，改善管理工作，防止因管理不善而造成不良后果。

间接控制是根据计划和标准建立控制系统，对控制对象的实际工作结果进行考核，分析偏差产生的原因并采取相应措施。

三、根据控制层次分类

根据控制的层次不同，可将控制分为高层控制、中层控制和基层控制。

高层控制是指一个组织中的高层管理者根据市场发展和组织内部条件的变化，对组织总体目标的控制。这种控制侧重组织的长远发展、战略制定和重大政策的研究，属于战略性控制。

中层控制是指组织机构的中层管理者依据组织总体战略，对本部门的计划和政策执行情况进行控制。例如，财务部门对利润、成本、现金流等进行控制；生产车间对本部门的生产进度、产品质量、原材料消耗、生产安全等方面进行控制。中层控制属于战术性控制。

基层控制又称现场作业控制，是基层管理者在生产经营第一线进行现场指挥与监督。例如，生产车间的工段长、班组长所进行的控制就属于基层控制。

四、根据控制结构分类

根据组织的结构不同，可将控制分为集中控制、分散控制和分级控制。

集中控制是指整个系统的控制活动由一个集中的控制中心来完成，所有信息都汇入控制中心，由控制中心集中处理后下达控制指令。

分散控制是指系统中存在若干个分散的、有一定相对独立性的子控制中心，把组织整体目标分为若干个分目标，每个控制中心负责各自分目标职责范围内的工作，各自完成自己的目标，各负其责、互不干涉。

分级控制又称等级控制，是指系统的控制中心分解成多层次、分等级的控制体系，一般呈宝塔形，与组织的管理层次相呼应。分级控制综合了集中控制和分散控制的特点，其控制指令由上往下传，越往下越详细，反馈信息由下往上传，越往上越精练，各层次的监控机构有隶属关系。

五、控制的原则

控制的作用在于确保执行活动围绕组织目标进行，因此，控制需要遵循以下原则：

（一）适时控制

适时控制就是在合适的时间进行控制。控制是必要的，但不是随时都需要采取实质措施。如果管理活动按照计划进行，偏差和风险也在可接受范围内，则持续关注即可。当偏差和风险超出可接受范围，则需要及时采取措施。

（二）适度控制

适度控制是指控制的范围、程度和频率要适度，防止过度控制或控制不足的情况发生。过度控制会扼杀组织中人员的积极性、主动性和创造性，影响工作人员的工作热情和满意度，从而降低工作效率；控制不足则不能保证工作的正常开展，造成资源的浪费。

（三）重点控制

影响组织运营的因素很多，但每个阶段都有相应的工作重点。抓住了控制的重点环节，其他工作便能迎刃而解。例如，产品的销量受到多重因素的影响，但最关键的环节在于产品质量本身。如果质量本身不过关，再完美的销售计划，再好的市场环境，也不能提高产品的销量。因此，严格把控产品质量是重中之重。此外，重点控制也有助于管理者将精力集中在关键问题上，更好地实行例外管理，提高控制工作的成效。

（四）客观控制

有效的控制必须是客观的，符合组织实际发展情况。管理者对组织发展情况的研判要基于客观情况，在控制的过程中采用的检查和测量的标准、方法、技术、工具等，要与组织的发展实际相匹配，有针对性地进行控制。

（五）弹性控制

弹性控制是指控制要留有调整的余地和空间。组织在经营活动中会遇到各类突发情况、内外部环境变化、不可抗力等。因此，在行使控制职能的过程中，要留有余地，增强组织的适应能力，使组织在变化中仍然能够健康可持续发展。

六、控制与其他职能的关系

（一）控制与计划的关系

一方面，计划是控制的前提，控制要依据计划确定的标准来判断执行过程中是否出现偏差。另一方面，控制是实现预期目标的保障。计划越明确、越全面、越完整，控制的执行效果就越好。

（二）控制与组织的关系

行使组织职能为组织发展构建了结构和信息系统，规定了组织中人员的分工和职责。组织结构越明确、组织设计越全面完整，人员分工越清晰，行使控制职能的效果就越好。

（三）控制与领导的关系

领导职能是为了激发组织成员的积极性，使组织成员能够各司其职，齐心协力完成工作任务，实现组织目标。这个过程离不开有效的控制活动。只有有效约束和规范上下级行为，领导职能的行使才有保障。而领导职能的发挥反过来又会影响控制系统的建立和控制工作的质量，有效的领导行为能够提高控制的成效。

总之，控制职能是管理过程中必不可少的一个环节，它与其他管理职能共同构成了管理闭环。在管理实践中，控制职能与其他管理职能是相互交错重叠、相互影响的。

任务二　控制过程与有效控制

控制的过程

课前导学任务单

<table>
<tr><td>项目名称</td><td colspan="2">项目七　控制</td></tr>
<tr><td>任务名称</td><td colspan="2">任务二　控制过程与有效控制</td></tr>
<tr><td>任务导入</td><td colspan="2">在管理实践中，控制并非一劳永逸，而是一个持续改进、动态调整的过程。为了达到预期目标，控制还应遵循相应的要求，实现有效控制。那么，控制的过程包含哪些步骤？这些步骤包含哪些具体的方法？实现有效控制应该遵循哪些要求</td></tr>
<tr><td rowspan="3">任务目标</td><td>知识目标</td><td>1. 了解控制过程的实施步骤。
2. 掌握实施步骤所包含的具体方法。
3. 理解有效控制的要求</td></tr>
<tr><td>能力目标</td><td>1. 能够使用鱼刺图分析产生偏差的原因，并为纠正偏差提供合理建议。
2. 培养有效控制与信息处理能力</td></tr>
<tr><td>素质目标</td><td>1. 培养风险意识，树立正确的价值观。
2. 强化系统观、全局观和科学发展观</td></tr>
<tr><td>任务准备</td><td colspan="2">1. 了解身边企业所制定的控制标准。
2. 思考如何运用有效控制的要求帮助组织纠正偏差。
3. 将本任务知识要点以思维导图的方式提炼和归纳</td></tr>
</table>

知识要点

一、控制的过程

在管理实践中，控制影响着每个人、每件事、每个组织。有效的控制除了要以明确的计划和目的为前提外，还要遵循相应的步骤和程序。通常来说，控制的基本过程包括制定控制标准、衡量实际绩效和采取纠偏措施 3 个步骤（见图 7-2）。

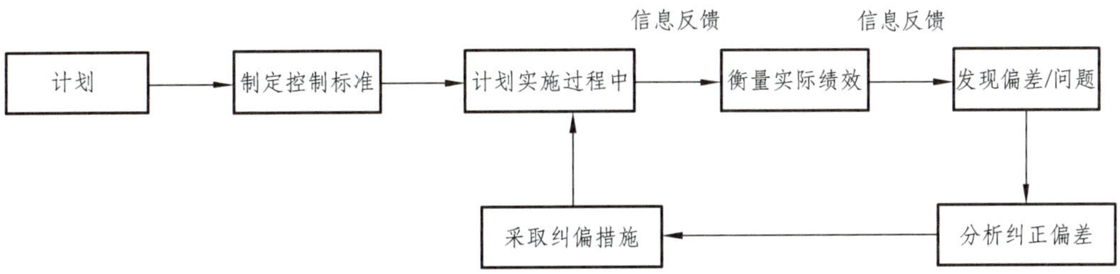

图 7-2 控制的过程

（一）制定控制标准的关键环节

这是控制过程的第一步。管理控制主要是对工作活动进行监督和约束，从而达到计划期望目标。确定工作标准是控制过程的起点，没有控制标准，控制工作就失去了客观依据，因此，工作标准是控制工作的基础。由于控制工作贯穿于组织的各项活动中，控制标准在表现形式上是多种多样的。一个完善的标准体系通常包括数量标准、质量标准、时间标准、成本标准、效益标准等。在管理实践中，工作标准是员工的行为指南和绩效考核依据。缺乏工作标准，往往会导致员工的努力方向与公司整体发展方向不一致，从而造成大量的人力和物力资源浪费。此外，缺乏工作标准会使员工在工作中缺乏参照物。长此以往，极易让员工丧失努力的方向，导致工作懈怠。

制定控制标准要以组织计划和目标为依据，全面考虑控制对象等多种因素，选择控制的关键点，选择科学的方法，进而制定控制标准。制定控制标准的关键环节包括如下几个方面：

1. 确定控制的关键点

管理者在制定控制标准时，应确定控制的关键点，选择那些对实现组织目标有重大影响的关键因素作为重点控制的对象。组织活动过程中都存在着关键点，只要对关键点实现了有效控制，组织活动的整体运行就能得到控制。

2. 制定控制标准

控制始于工作标准的建立。制定工作标准要考虑组织所面临的内外部条件的影响，如相关法律政策、客户需求等。控制标准应具体明确、客观科学，与组织发展实际相匹配，具有可行性、可操作性、可衡量性和相对稳定性，便于执行与考核，从而在控制过程中发挥应有的作用。

3. 选择制定控制标准的方法

（1）统计法。这种方法是指根据组织的历史资料或同类企业的历史资料，运用统计学方法来确定企业经营各方面工作的标准。根据历史资料确定标准，对资料的要求较高，要求统计资料必须全面、系统，且对各种变动因素都要考虑周到。此方法简便易行，但所制定出的标准可能低于现有同类水平。

（2）经验判断法。这种方法是指根据管理者已有经验判断估计预期后果，从而制定标准的方法。经验判断法操作起来比较简单，主要根据管理者已有的经验和主观判断来确定标准。但缺点是受限于管理者自身的素质，判断较为主观，容易出现偏差。

（3）工程标准法。这种方法是指对工作情况进行客观分析，并以准确的技术参数和实测的数据为基础，通过科学计算确定标准。

【课堂讨论 7-4】

某公司最近招聘了一个保洁人员。保洁人员每天看哪里有垃圾就清理一下，没有垃圾的地方就不再清扫。半个月后，经理把这个保洁人员解雇了。保洁人员很不服气地问："我打扫的地方难道不干净吗？"经理耐心地告诉他："你虽然打扫得干净，但不是每个地方每天都清理。我观察过了，你每天只清洁有垃圾的地方，其他地方都没有每天清理。"

请思考：

经理和保洁人员分别存在什么问题？应该如何解决？

（二）衡量实际绩效

这是控制过程的第二步。衡量实际绩效是将实际工作与标准进行比较，发现偏差，分析偏差产生的原因，将分析结果作为管理控制纠偏的依据。衡量实际绩效时要求信息准确、及时、全面、可靠。在衡量过程中，管理者应注意检验标准的客观性和有效性，衡量标准的频率应适中，控制过多和控制不足都会对控制效果造成影响，同时还要注意信息反馈的及时性和有效性。

衡量实际绩效的方法主要有个人观察法、统计报告法、口头报告法、书面报告法、抽样调查法、关键绩效指标法等。

1. 个人观察法

这种方法能为管理者快速提供第一手的、未被过滤的信息。这种方法覆盖面广，所有的工作活动都能被观察，可以避免其他信息来源方式所造成的信息疏漏，及时发现并解决问题。但是，由于获取信息量大，观察者需要亲临现场花费大量的时间和精力；同时，受限于个人因素，会出现同一事物不同观察者的判断和想法不一致的情况。

2. 统计报告法

这种方法能提供大量的数据和图表，信息较为直观和清晰，并且能显示各项指标之间的关系。但缺点是只能提供可以量化的工作情况，忽略了其他重要的信息。

3. 口头报告法

这种方法是指通过交谈获得信息，包括会议、面对面交流等。它的优点是较为快捷简便，效率较高，同时能借助声调、表情、言语等加深管理者对信息的理解。但缺点是后期进行资料整理时耗时耗力，且信息容易被过滤掉。

4. 书面报告法

这种方法是指通过正式的书面文件来衡量实际工作。它较为规范，易于整理和归档，便于查找。但信息反馈速度慢，效率较低。

5. 抽样调查法

这种方法是指从调查的整体对象中抽取部分样本进行调查，据以对全部调查研究对象做出估计和推断，把结果看成整体调查对象的近似特征。抽样调查法节省了调查成本，效率较高。但受样本限制，可能出现结果与实际情况不符的情况。

6. 关键绩效指标法

这种方法是指通过对组织内部流程的输入端、输出端的关键参数进行设置、取样、计算和分析，衡量组织工作流程的绩效。这是一种目标导向式的量化管理方法。它对企业总体战略目标进行分解，使目标更易被员工理解执行，可操作性强，是企业绩效管理的基础。关键绩效指标可以使部门主管明确部门的主要责任，并以此为基础，明确部门人员的绩效衡量指标。

【课堂讨论 7-5】

以上几种控制方法分别适用于什么情境？请结合具体例子进行说明。

（三）采取纠偏措施

这是控制过程的第三步。在衡量实际工作的基础上，针对实际工作相较于工作标准的偏离程度，及时采取措施，使其回到正常轨道上。在管理实践中，偏差有一个可接受的范围。如果偏差在可接受范围内，则对工作进行分析总结，指导今后工作。如果偏差超过可接受范围，则要分析造成偏差的原因并采取纠正措施。

【知识链接 7-3】

在采取纠偏措施过程中，分析偏差是关键环节，需要根据客观的标准，依靠科学的方法。常用的方法是鱼刺图（见图 7-3）。鱼刺图由日本学者石川馨所发明，故又名石川图。鱼骨图是一种发现问题“根本原因”的方法，又称“因果图”。其特点是简洁实用，深入直观。它看上去像一个鱼骨，鱼头处列明问题、缺陷、结果描述等。大骨部分列明造成偏差或引起事故的直接原因，即大原因。在鱼骨上长出鱼刺，分为中骨和小骨，中骨部分填写导致大原因的原因，小骨部分填写进一步的细小原因。这一过程犹如剥洋葱一样，层层深入。通常来说，分析完成后，鱼刺图上会按照层次列出问题产生的各类原因，有助于说明各原因是如何影响后果的。

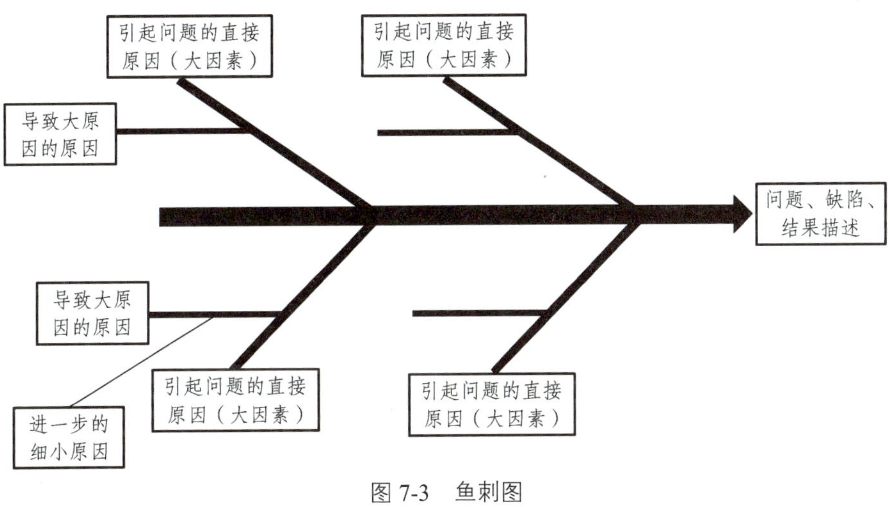

图 7-3　鱼刺图

【课堂讨论 7-6】

鱼刺图在实际中是如何运用的？请结合自身经历举例说明。

为了保证纠偏措施的有效性，在制定和实施纠偏措施的过程中需要注意以下问题：

1. 找出偏差产生的主要原因

并非所有的偏差都会给组织的发展带来实质性的影响。有些偏差可能反映了计划制订和执行过程中的严重问题，而另一些偏差则可能是由一些偶然的、暂时的、局部性的因素引起的，不一定会对组织活动的最终结果产生实际影响。因此，在采取纠正措施以前，首先要对偏差进行评估和分析，找到产生偏差的主要原因。

纠正措施的制定基于对偏差原因的分析。同一偏差可能是由不同的原因造成的。比如，销售利润下降可能是因为销售量降低，也可能是因为生产成本提高。第一种情况既可能是因为市场上出现了同类型更先进的新产品，也可能是因竞争对手采取的竞争策略，或是企业本身产品质量把控不严造成质量下降；第二种情况可能是因为原材料、劳动力消耗和占用数量等成本增加，也可能是由于购买价格变动。导致问题的主要因素不同，纠正调整措施就要相应调整。

2. 确定纠偏措施的实施对象

纠偏措施应该根据偏差反映的本质问题进行考虑。例如：员工没有完成工作目标，可能不是员工的工作问题，而是工作目标水平太高；产品销售量下降，可能不是因为产品质量下降或价格定位不合理，而是由于市场需求饱和或市场经济萧条等。因此，纠偏措施应该根据实际因素进行考虑，如出现以上情况，要考虑修改工作标准或者调整生产计划等。

除此之外，也可能是原有工作标准或计划方面存在问题。一方面，可能是原先的工作标准或计划制订得不科学，在执行中出现了问题；另一方面，可能是由于客观环境发生了预料不到的变化，原有的工作标准或计划不再适应新形势的需要。内外部环境发生变化以后，如果及时调整工作标准或计划，无论组织怎么努力，都无法实现预定的目标。

3. 选择恰当的纠偏措施

在确定纠偏措施的实施对象后，管理者需要采取有针对性的纠偏措施：

第一，调整或修订原有工作标准或计划，使其符合组织当下发展实际。调整工作标准或计划不是任意更改或变动，而是要紧紧围绕组织发展的总体目标。

第二，调整组织结构和领导工作。控制职能与组织、领导职能相互影响。在组织结构方面，改进组织工作，调整组织结构，调整责权利关系，改进分工协作体系等。在领导职能方面，改进领导方式，提高领导艺术，进一步激发员工的工作动力。

第三，优化工作流程。在组织日常运营中，工作流程是影响组织运营效率的重要因素。对同一项工作来说，虽然目标一致，但工作流程不同，工作推进过程中出现的问题或偏差就不一样，其严重程度也不一样。因此，在采取纠偏措施时，要根据偏差产生的主要原因或偏差反映的本质问题，有针对性地优化和改进工作流程，使工作开展过程更为顺畅，从而提高控制成效。

【知识链接 7-4】

管理者的日常工作

在日常工作中，管理者的一部分工作是观察员工的工作并纠正出现的问题。管理者对员工的工作进行系统化的评估是非常有必要的。每一位员工的近期绩效都可以得到鉴定。如果绩效良好，员工就应该得到相应奖励；如果绩效达不到标准，可以及时提醒员工，帮助员工找出偏差并分析原因，及时采取措施，以提高员工的工作效率。常用的方法如下：

1. 甄选。识别和雇佣那些价值观、态度和个性符合管理者期望的人。
2. 目标。当员工接受了具体的目标，这些目标就会指导和限制他们的行为。
3. 职务设计。职务设计的方式在很大程度上决定着人们可从事的任务、工作的节奏、人们之间的相互作用，以及类似的活动。
4. 定向。定向规定何种行为是可接受的或不可接受的。
5. 直接监督。监督人员亲临现场，迅速发现偏离标准的问题，及时纠正员工的行为。
6. 培训。通过培训改进员工工作态度和方法，使之符合组织期望。
7. 传授。老员工通过正式和非正式的传授活动向新员工传递工作规则、工作方法、工作技术等。
8. 正规化。通过制定正式的规则、政策、职务说明书和其他规章制度，规定组织可接受的行为和禁止的行为。
9. 绩效评估。管理者根据岗位职责要求设定绩效评价指标，员工以各项评价指标作为标准来规范工作行为。
10. 组织报酬。通过设计科学合理的报酬体系来激发员工的工作动力。
11. 组织文化。通过组织所特有的仪式、活动等文化形态影响员工，以此来规范员工行为。

（资料来源：张亚. 管理学——原理与实务[M]. 2 版. 北京：北京理工大学出版社，2013）

二、有效控制的要求

控制是为了保障组织按计划达成目标，但并不是所有的控制活动都能达到预期的效果。有效控制必须具备一定的条件，遵循科学的原则与方法。

（一）控制应与计划和组织实际相适应

控制是为了保证组织活动按照计划以达到目标的活动，所有控制的方法都应与计划和组织的实际情况相适应。例如，产品销售计划涉及的控制要素主要是产品的质量、数量、品种和交货期。此外，健全的组织结构也是有效控制的重要因素之一。

（二）控制应具有全局性和重点性

全局性是指控制贯穿于整个组织活动的始终。在制定工作标准的过程中，应紧紧围绕组织的总体战略目标，充分考虑影响组织目标实现的各种内外部因素。同时，控制职能的有效发挥离不开其与其他管理职能之间的相互配合，以实现良性循环。重点性是指在具体实行控制职能的过程中，要突出重点，找到问题症结所在，实施有针对性的控制。这样不仅能够提高控制的效率，还能节约管理者的时间和精力，使其能更好地实行例外管理，提高管理成效。

（三）控制应具有灵活性、及时性、经济性和客观性

控制工作要能适应组织内外部环境的变化，持续发挥作用；及时发现问题并采取纠正措施，降低偏差带来的消极影响；注意所付出成本和取得收益的关系；依据实际工作活动采取科学的方法，尊重客观事实。

（四）控制应侧重培养组织成员的自我控制

执行控制职能不是某一部门或某一员工的工作职责，而是整个组织的发展要求。控制具有全员性，有效的控制离不开全体组织成员的共同参与。组织成员是各项工作活动的最终执行者，因此，员工进行自我控制是提高控制有效性的根本途径。

【知识链接 7-5】

蝴蝶效应

蝴蝶效应，是指在一个动力系统中，初始条件下微小的变化能带动整个系统的长期的巨大的连锁反应。美国气象学家爱德华·洛伦兹分析了这个效应。对于这个效应最常见的阐述是："一只南美洲亚马孙河流域热带雨林中的蝴蝶，偶尔扇动几下翅膀，可以在两周以后引起美国得克萨斯州的一场龙卷风。"其原因就是蝴蝶扇动翅膀的运动，导致其身边的空气系统发生变化，并产生微弱的气流，而微弱气流的产生又会引起四周空气或其他系统产生相应的变化，由此引起一个连锁反应，最终导致其他系统的极大变化。

在经济方面，蝴蝶效应的应用表现为：一个很小的经济问题，会像滚雪球一样越滚越大，造成经济崩盘，甚至形成经济危机，并且从局部扩散至全球。

在社会学方面，蝴蝶效应的应用表现为：一个微小的机制，如果不加以及时地引导、调节和控制，可能会给社会带来非常大的危害；如果正确指引，经过一段时间的努力，将有可能会产生轰动效应。

在心理学方面，蝴蝶效应的应用表现为：一件表面上看来毫无关系、非常微小的事情，可能带来巨大的改变。事物发展的结果，对初始条件具有极为敏感的依赖性，初始条件的极小偏差，将会引起结果的极大差异。一个人小时候受到微小的心理刺激，长大后这个刺激会被放大。

【课堂讨论 7-7】

蝴蝶效应带给你什么启发？

任务三　行之有效的控制方法

控制的方法

课前导学任务单

<table>
<tr><td>项目名称</td><td colspan="2">项目七　控制</td></tr>
<tr><td>任务名称</td><td colspan="2">任务三　行之有效的控制方法</td></tr>
<tr><td>任务导入</td><td colspan="2">为了更好地行使控制职能，提高控制成效，必须掌握行之有效的控制方法。常见的控制方法包括预算控制、非预算控制、全面质量管理、标杆管理和平衡记分卡。那么，这些控制的方法分别指的是什么？有怎样的特点？分别适用于什么样的情境</td></tr>
<tr><td rowspan="3">任务目标</td><td>知识目标</td><td>1. 理解预算控制和非预算控制。
2. 掌握全面质量管理和标杆管理。
3. 了解平衡记分卡</td></tr>
<tr><td>能力目标</td><td>1. 能够针对不同的问题选择恰当的控制方法。
2. 提高学习能力和自我管理能力。
3. 强化控制执行能力</td></tr>
<tr><td>素质目标</td><td>1. 培养全面思考、客观分析、科学管理的职业素养。
2. 培养思辨意识、风险意识和责任意识。
3. 提高主观能动性，树立终身学习的意识</td></tr>
<tr><td>任务准备</td><td colspan="2">1. 收集运用不同控制方法进行控制的实践案例。
2. 思考不同的控制方法如何制约和影响管理效果。
3. 将本任务知识要点以思维导图的方式提炼和归纳</td></tr>
</table>

知识要点

为了实现有效控制，达到组织的预期目标，有必要学习和掌握控制的方法。控制的对象、内容和条件不同，控制的方法选择也不一样。常见的控制方法包括：预算控制、非预算控制、全面质量管理、标杆管理、平衡记分卡等。

一、预算控制

（一）预算的含义

预算是一种以数字形式表现的预测，是对未来一段时间内组织的资源进行量化，使组织目标得以实现的管理控制活动。一般情况下，预算是指财务预算，是用财务数字的形式对组织未来的经营活动进行描述，它预估了组织在未来一段时期内经营活动所涉及的资金变动情况，如成本费用、销售收入等。预算的实质是资源的分配。

预算控制是管理控制中运用得最广泛的一种控制方法。预算控制限制了组织在资金、劳动、材料、能源等方面的支出额度，有利于协调组织活动和组织管理工作。通过预算控制，管理者可制定预期活动的标准，以此衡量计划的实际情况，找到预算与实际的差异，分析原因，采取措施。预算具有计划性、预测性和控制性等特点。

（二）预算的种类

1. 从预算对象角度来看，预算可分为运营预算、投资预算和财务预算

运营预算针对的是组织日常发生的各项活动的预算，包括销售预算、生产预算、直接材料采购预算、直接人工预算、制造费用预算、单位生产成本预算、推销及管理费用预算等。

投资预算是对组织固定资产的购置扩建、改造、更新等，在可行性研究的基础上编制的预算。它反映了在何时进行投资、投资多少、资金从何处取得、何时可获得收益、每年的现金流量为多少、需要多少时间收回投资成本等。

财务预算指组织在计划期内对预计现金收支、经营成果和财务状况的预算，主要包括现金流预算、收益预算和资产负债预算。

2. 从财务角度来看，预算可分为收入预算、支出预算和现金预算

由于组织的收入主要来源于产品销售，因此，组织的收入预算一般是指销售预算。销售预算是通过分析组织过去的产品销售情况，目前和未来的市场需求及占比，确定组织在未来一段时间内实现组织目标利润需要达到的销售目标。

支出预算是指组织进行生产经营活动必须消耗的资源预算，一般包括直接消耗材料预算、直接人工预算和其他附加费用预算等。

现金预算是指组织在未来生产经营与销售活动中有关现金流情况的预算，主要体现计划周期内预测的现金收支情况。现金预算可以明确组织在计划周期内资金的需求量，以便财务人员预先安排和筹措，保证计划的正常实施。

3. 从预算编制基础来看，预算可分为零基预算和弹性预算

零基预算以零点为基础，不考虑过去的预算项目和收支水平，在每个预算年度开始时，将所有管理活动都从零开始编制预算。零基预算主要用于营销、人事、研发等职能部门。

弹性预算是指根据性质将成本进行分类，以业务量、成本和利润之间的依存关系为依据，按照预算期内可预见的各种业务量水平，编制能够适应不同业务量预算的方法。弹性预算所依据的业务量包括产量、销售量、材料消耗量、直接人工工时等。弹性预算能够适应经营活动中不同的变化，扩大预算的适用范围，更好地发挥预算控制的作用。

（三）预算的优缺点

1. 预算的优点

（1）预算较为直观，能提高控制效率。预算可以采用数字形式表示组织中复杂纷繁的工作程序，便于对各种不同工作业务进行综合比较和评价。

（2）预算有利于控制工作进度。通过预算，管理者可以明确各项工作进行的程度。

（3）预算有利于节约成本。预算内所有成本都是可以量化的，便于管理者监督资金的实际使用情况。编进预算中的项目在资金使用方面受到严格控制，有助于组织节约成本，提高收益。

（4）预算可以有效激励管理人员。采用预算控制，需要各级管理人员充分发挥主观能动性和创造性，根据具体情况制订资金使用方案。

2. 预算的缺点

预算是一种有效的控制手段，但是，如果预算过度，则会产生新的问题，降低管理成效。

（1）预算缺乏灵活性。预算是一种预先的安排和预测，量化了所有的收支，编制预算后组织通常需要按照预算开展各项工作。然而在执行预算的过程中，组织常常会面临一些突发情况，需要追加或减少预算。这就导致了继续按照预算执行与现实情况变化之间的矛盾，也在一定程度上降低了管理人员的管理自由度。

（2）预算工作存在让预算目标取代组织目标的危险。预算工作使管理人员可能将工作重点集中在使自己部门的费用尽量不超过预算的规定，最终制定出的预算方案没有围绕组织目标进行，甚至与组织目标背道而驰。

二、非预算控制

非预算控制方法包括行政控制、经济分析、审计控制、组织文化控制等。

（一）行政控制

行政控制泛指使用行政手段进行监测和控制的方法，主要包括：

（1）实地观察，即管理者亲自到工作现场，观察了解现场运行情况，实地观察工作绩效，及时发现问题并采取纠偏措施。

（2）资料统计，即利用原始资料记录，对被控制对象实施有效的控制。

（3）报告，即利用各类报告所提供的详细信息衡量实际绩效与预期工作标准，找到偏差，分析原因，为采取纠正措施提供依据。

（4）组织诊断，即由有关专家对组织经营全方位或某一特定方面进行调查分析，找出存在的问题，提出解决方案等。

（二）经济分析

经济分析是利用管理经济学和管理会计学等专门手段对控制对象进行分析。比率分析法是其中常用的一种方法。它是通过计算和比较组织资产负债表和利润表的相关比率，来分析、评价组织的经营成果和财务状况。常用的比率分析包括以下几个方面。

1. 偿债能力分析

偿债能力衡量的是组织偿还到期债务的能力。能否及时偿还到期债务，是反映组织财务状况好坏的重要标志。偿债能力分析的指标主要包括：流动比率、速动比率和资产负债率。

$$流动比率=流动资产/流动负债$$

流动比率反映了企业流动资产在短期债务到期以前，可以变为现金用于偿还债务的能力。一般来说，流动比率越高，资产的流动性越大，短期偿债能力越强。但过高的流动比率也存在一定问题。通常流动比率维持在 2∶1 较为合理。

速动比率=（流动资产-存货）/流动负债

速动比率衡量的是企业流动资产中短期内变现用于偿还流动负债的能力。存货是流动资产中流动性最差的一种，因此在计算速动比率时进行扣减。一般情况下，速动比率越高，企业偿还流动负债的能力越强。较为合理的速动比率通常维持在 1∶1 左右。

资产负债率=总负债/总资产

资产负债率反映了组织所有者提供的资金与外部债权人的资金比率关系，用来衡量债权人发放贷款的安全程度。

2. 营运能力分析

营运能力是指通过组织，尤其是企业在生产经营过程中资金周转速度等指标反映出的资金利用效率，是衡量企业整体经营能力高低的一个重要方面。反映营运能力的指标包括：存货周转率、流动资产周转率和总资产周转率。

存货周转率=营业成本/平均存货

存货周转率反映的是存货周转的速度。存货周转次数多，周转天数少，说明存货周转快，企业实现的利润增加。

流动资产周转率=营业收入净额/流动资产

流动资产周转率反映企业流动资产的利用效率。

总资产周转率=营业收入净额/总资产

总资产周转率反映企业全部资产的使用效率。

3. 盈利能力分析

盈利比率一般指盈利能力的比率，用来衡量企业正常获取利润的能力，主要包括营业利润率、资本收益率和净资产收益率。

营业利润率=营业利润/营业收入

营业利润率越大，说明企业经营活动的盈利能力越强。

资本收益率=净利润/实收资本（股本）

资本收益率反映了企业资本的盈利能力。

净资产收益率=净利润/所有者权益

净资产收益率越高，说明企业所有者权益的盈利能力越强。

（三）审计控制

审计控制是对反映组织资金运动过程和运动结果的会计记录及财务报表进行审核和鉴定，以判断其真实性和可靠性，从而为控制和决策提供依据。根据审查主体和内容不同，可分为外部审计、内部审计和管理审计 3 种。

1. 外部审计

外部审计是由外部审计机构的审计人员对组织财务报表和财务状况进行独立的评估。外部审计人员通过抽查组织的基本财务记录来检查财务报表和组织资产与负债情况的真实性及准确性。

2. 内部审计

内部审计是由组织内部的机构或财务部门的专职人员进行独立的财务审计。内部审计核实组织财务报表的真实性和准确性，评估财务资源的利用效率，检查和分析组织控制系统的有效性和组织的运营情况，针对检查出的问题提出改进意见。

3. 管理审计

管理审计是利用公开记录的信息，从影响组织运营的若干因素入手，对组织所有管理工作及其绩效进行全面系统的评价和鉴定，以判断组织经营与管理的健康程度。一般聘请外部专家进行。

（四）组织文化控制

管理者与组织成员之间存在固有的矛盾，想通过单一的制度指令来约束员工的行为甚至心理活动会引发组织成员的抵触情绪。因此，组织中需要建立适合自身发展的组织文化，依靠文化来控制和激励员工。组织文化会成为一种无形的约束，在长期潜移默化的影响中让员工形成趋同的道德规范和行为准则，从低层次的制度约束转变为较高境界的自我约束。

三、全面质量管理

（一）全面质量管理的概念

全面质量管理是指以质量为核心，建立起一套科学严密高效的质量体系，以提供满足用户需要的产品或服务的全部活动。全面质量管理体现的是全面质量、全过程管控、全面的质量管理方法和全员参与。

（二）基本工作程序

PDCA 循环式全面质量管理最基本的工作程序，即计划（Plan）—执行（Do）—检查（Check）—处理（Action）（见图 7-4）。该模型是美国统计学家戴明发明的，又被称为戴明循环。

这 4 个阶段大体可分为 8 个步骤（见表 7-1）。

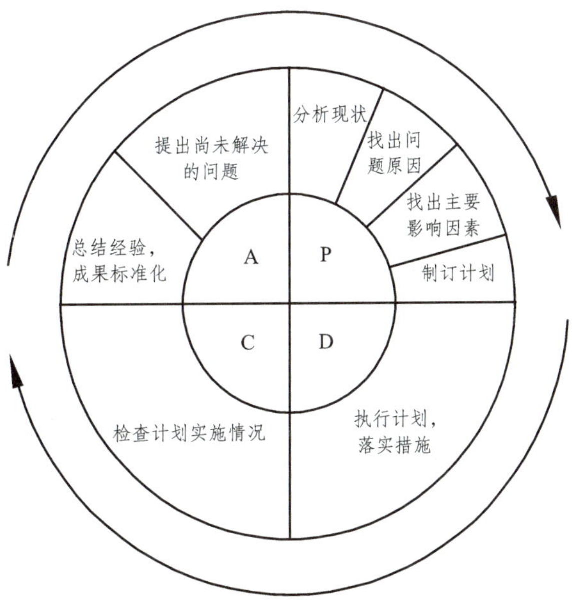

图 7-4　PDCA 模型循环图

表 7-1　PDCA 循环的 4 个阶段和 8 个步骤

阶段描述	步骤描述
第一阶段：计划阶段（Plan）	1. 分析现状。通过调查了解，找出存在的质量问题。 2. 找出问题原因。根据问题分析影响质量的各种影响因素。 3. 找出主要影响因素。抓住问题关键，重点分析主要因素。 4. 制订计划。针对主要原因制定解决对策
第二阶段：执行阶段（Do）	5. 执行计划，落实措施
第三阶段：检查阶段（Check）	6. 检查计划实施情况
第四阶段：处理阶段（Action）	7. 标准化。将成功的经验进行标准化处理，制定成工作标准，进行后续推广和执行。 8. 问题处理。提出尚未解决的问题，作为工作重点，转入下一阶段的循环

PDCA 循环没有终点，只有起点，周而复始，螺旋式上升。每循环一次，都有新的内容和目标，不断解决问题。经过这样的循环，质量便会有所提高，质量管理水平就像爬楼梯一样逐步上升。

【课堂讨论 7-8】

麦当劳公司的控制系统

麦当劳公司以经营快餐闻名遐迩。鉴于在快餐饮食业中维持产品质量和服务水平是其经营成功的关键，麦当劳公司采取了特许连锁经营的战略开辟分店并实现地域扩张。

同时，麦当劳特别注意对各连锁店的管理控制。详细的程序、规则和条例规定，使分布在世界各地的所有麦当劳分店的经营者和员工们都遵循标准化、规范化的作业。麦当劳公司对制作汉堡、薯条、招待顾客和清理餐桌等工作都事先进行了详细的动作研究，确定各项工作开展的最优方式，然后再编制成书面的规定，用以指导各分店管理人员和一般员工的行为。

为了确保所有特许经营分店都能按统一的要求开展活动，麦当劳公司总部的管理人员还经常走访、巡视世界各地的经营店，进行直接监督和控制。除了直接控制外，麦当劳公司还定期对各分店的经营业绩进行考评。为此，各分店要及时提供有关营业额和经营成本、利润等方面的信息。这样总部管理人员就能把握各分店经营的动态和出现的问题，以便商讨和采取改进对策。

麦当劳公司的另一个控制手段是，在所有经营分店中塑造公司独特的组织文化，为此专门制定了“质量超群，服务优良，清洁卫生，货真价实”的口号，体现了其文化价值观。此外，公司特别重视满足顾客的要求，如为孩子开设游戏场所、提供快乐餐和组织生日聚会等，以形成家庭式的氛围。这样既能吸引孩子，也能增强成年人对公司的忠诚度。

（资料来源：金新政．管理智典[M]．武汉：华中科技大学出版社，2002）

请思考：

根据所学知识分析，麦当劳公司的控制体系体现了哪些控制方法？请举例说明。

四、标杆管理

标杆管理法是 1979 年由美国施乐公司首先提出来的。西方管理学界将其与组织再造、战略联盟一起并称为 20 世纪 90 年代 3 大管理方法。现如今，标杆管理法在企业管理中得到了广泛的认可和使用。古人云："以铜为鉴，可以正衣冠；以史为鉴，可以知兴替；以人为鉴，可以明得失。"标杆就像组织的一面镜子、一把标尺，可以帮助组织找出实际工作与目标之间的差距，不断进步。同时，标杆管理法较好地体现了现代管理中组织追求卓越的特性。

（一）标杆管理的概念

标杆管理是指以某一指标或组织内部某部门或行业内竞争力最强的组织为基准，研究其先进指标和成功要素，将本组织的各项经营活动，包括产品、服务、管理实践等与基准进行评价和比较，发现问题并找出差距，在此基础上制定改进的措施和方法，学习并超越标杆对象，不断提高组织运营水平和综合能力的一种管理方法。

（二）标杆管理的优缺点

1. 标杆管理的优点

标杆管理作为一种先进的管理工具，其优点如下：

（1）有助于建立学习型组织。对标先进部门和行业典范能够进一步激发组织的内生动力，促使组织不断改革，突破自身发展限制，明确目标，加强学习，不断总结经验教训，建立学习型组织。

（2）有助于挖掘发展潜力。对标管理帮助个人、部门和整个组织找到差距，从而进一步激发工作积极性，挖掘工作潜力，使整个组织不断进步。

（3）有助于改善组织绩效。实施标杆管理需要充分学习标杆的各项管理活动，制定绩效标准和改进措施，实现绩效的持续提升。

2. 标杆管理的缺点

但标杆管理也有局限的一面，主要如下：

（1）容易丧失组织自身特点。标杆管理首先需要充分学习和模仿标杆的先进指标。长期的学习和模仿容易使组织丧失自身原有的特点，导致战略趋同，以致组织所提供的产品和服务出现大同小异的情况。

（2）容易出现短期行为。为了尽快追赶标杆，组织容易过分关注当下所提供的产品、服务和工作流程，导致组织将注意力放在局部而不是整体，短期而不是长远。

五、平衡记分卡

平衡计分卡是一种全新的绩效衡量方法，同时也是一种战略管理工具。设计平衡计分卡的目的是要建立"战略指导"的绩效管理系统，保证组织战略得到有效的执行。它的核心思想是通过财务、客户、内部流程、学习与发展 4 个方面相互驱动所构成的因果关系，体现组织的战略实施和战略修正过程，实现与战略目标密切相关的绩效管理。

平衡记分卡的 4 个控制指标如表 7-2 所示。

表 7-2　平衡记分卡的控制指标

指标类型	具体表述
财务	财务方面通常指财务性指标，包括收入的增长、收入的结构、降低成本、提高生产率、资产的利用和投资战略等
客户	客户方面主要包括客户留住率、客户获得率、顾客满意度等
内部流程	内部运营方面指标涉及组织工作流程的改进和创新，包括生产经营过程、售后服务过程等
学习与发展	学习与发展方面涉及员工的能力培养、员工满意度、员工参与组织管理的程度等

平衡记分卡突破了传统控制方法中偏重财务衡量指标的局限，成功地把企业战略、财务和非财务评估手段有机结合起来，实现了评估系统和控制系统的结合。同时，平衡记分卡从组织战略层面考虑问题，揭示了 4 个控制指标的因果联系，提高了组织发展的适应性和协调性。但平衡记分卡的实施成本较高，需要耗费大量的人力、物力和财力。

知识巩固与技能提升

同步测试

项目八

PART EIGHT

企业管理与创新

项目导入

又到一年毕业季，每位毕业生都面临找工作的问题。小王和小张正在谈论明天去参加校园招聘会的事情。

小王：明天有校园招聘会，据说有很多企业来，你去看看吗？

小张：你说的企业就是那些公司吗？我还没想好，据说明天的招聘会都是地方乡镇的企业。听说在企业里工作很辛苦，我不太想去。

小王：现在国家出了很多政策鼓励乡镇企业发展。很多地方乡镇企业都有了很好的发展，有些甚至还成为省里的龙头企业。而且现在很多企业自身建设得都很不错，各项制度也日趋完善，只要努力，在企业都会有很好的发展机遇。咱们可以先去了解看看。

小张：那好吧，我就和你一起去看看。

请思考：

什么是企业？企业有哪些特征和分类？你是如何认识企业的？

学习目标

知识目标	技能目标	素质目标
1. 了解企业的概念、特征、作用和分类。 2. 理解企业管理的含义、特征、范畴和企业管理环境。 3. 掌握现代企业制度。 4. 了解企业管理发展的新趋势。 5. 了解企业管理创新的含义和特征。 6. 理解企业管理创新的内容、过程和方法	1. 能够区分不同企业的类型。 2. 能够用现代企业制度所学知识分析身边企业的发展情况。 3. 能够为企业管理创新提出合理建议和对策	1. 培养遵纪守法、诚实守信的职业素养。 2. 提高责任担当意识。 3. 培养企业家精神。 4. 培养创新意识和终身学习意识。 5. 培养合作、包容和开放的良好意识

思维导图

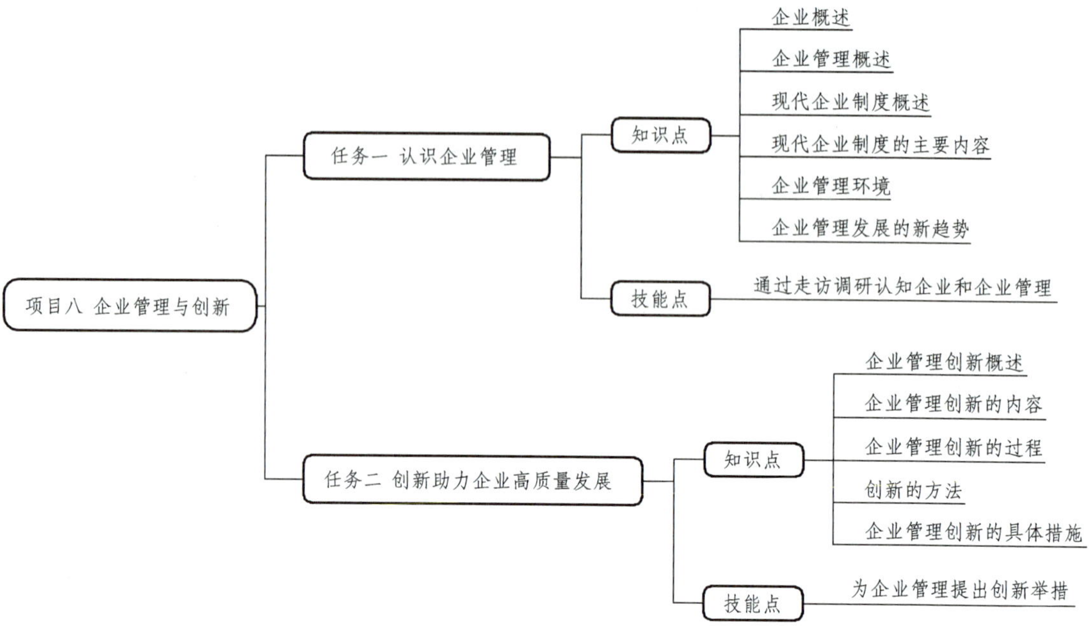
项目八 企业管理与创新
任务一 认识企业管理
知识点
企业概述
企业管理概述
现代企业制度概述
现代企业制度的主要内容
企业管理环境
企业管理发展的新趋势
技能点
通过走访调研认知企业和企业管理
任务二 创新助力企业高质量发展
知识点
企业管理创新概述
企业管理创新的内容
企业管理创新的过程
创新的方法
企业管理创新的具体措施
技能点
为企业管理提出创新举措

任务一　认识企业管理

管理思维拓展

课前导学任务单

<table>
<tr><td>项目名称</td><td colspan="2">项目八　企业管理与创新</td></tr>
<tr><td>任务名称</td><td colspan="2">任务一　认识企业管理</td></tr>
<tr><td>任务导入</td><td colspan="2">企业管理与企业生存发展息息相关，正确认识企业是企业管理的前提。那么什么是企业？什么是企业管理？什么是现代企业制度？企业管理受到哪些环境因素影响？企业未来的发展趋势是怎样的</td></tr>
<tr><td rowspan="3">任务目标</td><td>知识目标</td><td>1. 了解企业的概念、特征、作用和分类。
2. 理解企业管理的概念和特征。
3. 掌握现代企业制度的含义、特征和主要内容。
4. 理解企业管理环境。
5. 了解企业管理发展的新趋势</td></tr>
<tr><td>能力目标</td><td>1. 能够区分不同的企业类型。
2. 能够结合实例分析现代企业的特征和制度。
3. 能够分析企业所面临的环境</td></tr>
<tr><td>素质目标</td><td>1. 培养规则意识、创新意识和前瞻意识。
2. 塑造积极向上的价值观。
3. 培养合作共赢、开放包容的职业精神</td></tr>
<tr><td>任务准备</td><td colspan="2">1. 了解身边企业的类型、特征和企业管理的内容。
2. 思考在人工智能背景下，企业管理未来的发展还将呈现哪些趋势。
3. 将本任务知识要点以思维导图的方式提炼和归纳</td></tr>
</table>

知识要点

一、企业概述

（一）企业的概念

企业是社会生产力发展到一定阶段的结果，是商品生产与商品交换的产物。具体来说，企业是依法从事商品生产、流通和服务等经济活动，为满足社会需要，以盈利为目的，实行自主经营、自负盈亏、自我发展的法人实体和市场竞争主体。

一个企业必须具备以下基本条件：

（1）拥有一定数量、技术水平的生产设备和资金。

（2）具有开展一定生产规模和经营活动的场所。

（3）具有一定技能、一定数量的生产者和经营者。

（4）从事社会商品的生产、流通、服务等经济活动。

（5）具有法人地位，进行自主经营、独立核算。

（6）生产经营活动的目的是获取利润。

（二）企业的特征

1. 独立性

作为市场经济的基本单位和最重要的竞争主体，企业在从事经济活动的过程中，自主经营、自负盈亏、独立核算。作为具有法人资格的经济单位，企业在社会中完全独立，依法独立享有民事权利，独立承担民事责任和义务。

2. 经济性

作为一种社会组织，企业以经济活动为中心，追求经济效益，实行全面的经济核算。因此，本质上它是一种经济组织，也是一种微观经济单位。

3. 营利性

企业是以营利为目的而设立的。从事经济活动就必然使企业要努力提高效益，增加利润，这是企业不断发展壮大的基本保障。企业要想持续发展，必须保证有一定的利润。

4. 社会性

企业的生存和发展离不开社会大环境。企业的生存与发展会受到社会大环境的影响，反过来也影响社会环境。这就决定了企业在从事经济活动的过程中，既要关注经济效益，还必须承担起一定的社会责任，包括保护环境、为当地提供就业机会、参与公益活动等。

5. 完备性

企业在组建之初，需要有相应的资金、人员、办公场所、办公设备等方面的硬件支持。在运营过程中，还需要有企业文化、制度建设、组织设计、运营管理等软性条件的支持。

6. 合法性

在法治社会中，任何个人和组织的行为必须符合法律规定，在法律规定范围内依法行使权力并承担义务。企业是依法设立和登记注册的，具有法人资格的社会组织，得到国家的认可和保护。

【课堂讨论 8-1】

如何平衡营利性和社会性？

（三）企业的作用

企业是现代社会的经济细胞和国民经济的基本单位，是社会生产力的重要载体。

企业是市场经济活动的主要参加者。市场经济活动的顺利进行离不开企业的生产和销售活动。

企业是社会生产和流通的直接承担者。社会经济活动的过程主要包括生产和流通环节，这些都是企业来承担和完成的。

企业是社会经济技术进步的主要力量。它是先进技术和先进生产工具的积极采用者和制造者，客观上推动了整个社会经济技术的进步。

（四）企业的分类

根据不同的标准可以把企业分为不同的类型。

1. 根据企业所从事的经济活动划分

根据企业所从事的经济活动，可以划分为生产型企业（如工业企业、农业企业等）、流通型企业（如交通运输企业、邮政电信企业等）和服务型企业（如金融、饮食、旅游等）。

2. 根据企业生产要素结构划分

根据企业生产要素结构，可以划分为劳动密集型企业（如纺织、服装、工艺手工业等）、资本密集型企业（如钢铁、化工和汽车制造等行业）和知识技术密集型企业（如航天、电子计算机和生物工程等行业）。

3. 根据企业规模划分

根据企业规模，可以划分为大型企业、中型企业和小型企业。衡量企业规模大小的主要指标包括企业的生产能力、机器设备数量、固定资产原值、职工人数、资本额以及销售额等。划分企业规模的具体标准和内容，随着科学技术水平、生产社会化程度的不断提高和行业的不同而有所变化。

4. 根据企业的法律形式划分

根据企业的法律形式，可以划分为个人独资企业、合伙制企业和公司制企业。

二、企业管理概述

（一）企业管理的概念

企业管理是指企业管理者和员工根据企业的特性及其生产经营规律，对企业拥有的生产要求进行计划、组织、领导、控制和创新，充分利用各种资源，以实现企业目标的活动。从概念中可以看出，企业管理包含如下要素：

（1）企业管理的主体是企业管理者和员工。

（2）企业管理的客体是各种资源，包括企业可使用的一切内外部资源，如人力、物力、财力、时间、信息等。

（3）企业管理的职能包括计划、组织、领导、控制和创新。

（4）企业管理的目的是实现企业的经营目标，获得尽可能多的经济效益。

（5）企业管理的层次包括高层管理、中层管理和基层管理。

（6）企业管理的核心是处理好人际关系。

（二）企业管理的特性

一般而言，企业管理具有以下几种特性：

（1）目标性。企业管理始终围绕其目标进行，管理目标是指导、评价企业管理活动的基础和依据，因此，制定目标是企业管理的首要任务，也是企业管理的出发点和归宿。

（2）有效性。企业管理追求的是效率和效果的最大化，效率体现的是过程，效果体现的是结果，两者相互关联，企业绩效就是衡量企业目标效率和效果的尺度。

（3）人本性。企业管理需要牢牢把握人这一决定性因素。提升人的素质、协调好人际关系，充分发挥人的积极性、主动性和创造性，是企业管理的重要目标。

（4）创新性。管理过程本身也是创新和变革的过程。只有不断寻求创新，企业才能不断适应激烈的市场竞争环境，在发展中立于不败之地。

【知识链接 8-1】

企业管理知识延伸

随着现代社会的不断发展，企业管理呈现出一些新的内容和变化：

一、企业管理的分类

第一，按照管理对象划分，企业管理包括：人力资源、项目、资金、技术、市场、信息、设备与工艺、作业与流程、文化制度与机制、经营环境等方面的管理。

第二，按照成长过程和流程划分，企业管理包括：项目调研—项目设计—项目建设—项目投产—项目运营—项目更新—项目二次运营—三次更新等周而复始的多个循环。

第三，按照职能或者业务功能划分，企业管理包括：计划管理、生产管理、采购管理、销售管理、质量管理、仓库管理、财务管理、项目管理、人力资源管理、统计管理、信息管理等。

第四，按照层次上下划分，企业管理包括：经营层面、业务层面、决策层面、执行层面、职工层面等。

第五，按照资源要素划分，企业管理包括人力资源、物料资源、技术资源、资金、市场与客户、政策与政府资源等。

二、企业管理的三层含义

首先，企业管理采用的措施是计划、组织、控制、激励和领导这 5 项基本活动。这 5 项活动又被称为管理的 5 大基本职能。

其次，第二层含义是第一层含义的目的，即利用上述措施来协调人力、物力和财力方面的资源。所谓协调是指同步化与和谐化。一个组织要有成效，必须使组织中的各个部门、单位、个人的活动同步与和谐。组织中人力、物力和财力的配备也同样要同步、和谐。

最后，第三层含义又是第二层含义的目的。协调人力、物力和财力资源是为使整个组织活动更富有成效，这也是管理活动的根本目的。

三、企业管理的管理范畴

从管理对象来划分，可以将管理分为业务管理和行为管理。业务管理更侧重对组织的各种资源的管理，如财务、材料、产品等相关的管理。而行为管理则更侧重对组织成员行为的管理，以此而产生了组织的设计、机制的变革、激励、工作计划、个人与团队的协作、文化等的管理。

企业的业务管理和行为管理应该是相辅相成的，就像人的两只手一样，要配合起来才能更好地发挥管理的作用。如果其中任何一只手出了问题，都会对管理的整体产生损失，甚至让企业管理停滞不前，受到严重的阻力。

四、企业管理的 5 要素

企业管理的 5 要素通常包括：企业文化、战略规划、奖惩制度、改革与创新、学习培训。

三、现代企业制度概述

（一）现代企业制度的含义

企业制度是指以产权制度为基础和核心的企业组织和管理的规范及模式。企业制度有狭义和广义之分。狭义的企业制度是指企业的组织制度；广义的企业制度则是关于企业组织、营运、管理等一系列的行为规范。

现代企业制度是指以企业法人制度为基础，以公司制度为主体，以企业产权制度为核心，以产权清晰、权责明确、政企分开、管理科学为条件而展开，由各项具体制度组成，用来处理企业基本经济关系的管理系统。

（二）现代企业制度的特征

1. 产权明晰

在现代企业中，企业的所有者、经营者、劳动者权利责任是分离且清晰的，出资者拥有企业产权，企业拥有企业法人财产权。两者的界定既有利于出资者的资产保值增值，又能保证企业作为法人拥有独立的民事权利和承担责任的能力，有独立进入市场参加市场竞争的权利。

2. 权责明确

一方面，现代企业制度是相互制衡的法人治理机构，如在股份制公司中，作为权力机构的股东大会、作为决策机构的董事会、作为监督机构的监事会和作为执行机构的总经理等，不同的组织机构权利界限分明，各司其职、各负其责。另一方面，投资者在企业中行使出资人权力，并以投入企业的资本额为限对企业的债务承担有限责任。企业则拥有各类投资者投资及借贷形成的法人财产，对其享有占有、使用、处置和收益的权利，同时负有对投资者投资所形成法人财产保值增值的责任和义务。

3. 政企分开

首先，政企分开主要实现的是政企职责分开和职能分开，不能以政代企或者以企代政。政府履行的职责和企业履行的职责是不一样的。其次，经营性国有资产的管理、监督职能与经营职能分开。最后，政府不能对企业决策和生产经营活动进行直接干预，对企业的管理只能采取宏观调控的手段，从而充分发挥企业经营的自主性，提高其运行效率。

4. 管理科学

管理科学是指通过建立科学的领导机制和组织管理制度，调整所有者、经营者、员工之间的关系，有效发挥员工的积极性。企业在管理过程中要构建起由企业权力机构、决策机构、执行机构和监督机构形成的相互制约、职责分明的运行体系，充分提升企业整体的运转效率。

现代企业制度的 4 个特征有很强的关联性，既互为因果，又互为条件，是一个有机的整体。如果企业产权不明确、政企不分，对外就无法独立自主地参与市场竞争，对内则难以建立对财产的约束机制，以致最终难以实现权、责、利的有效结合。

四、现代企业制度的主要内容

（一）现代企业产权制度

现代企业产权制度即企业法人制度，是对财产权在经济活动中表现出来的各种权责加以分解和规范的法律制度。它是以公司的法人财产为基础，理顺和完善国家与企业的财产关系，以出资者所有权、法人财产权与公司经营权相分离为特征，以股东会、董事会、执行机构为法人治理结构来确定各自权利、责任和利益的企业财产组织制度。现代企业产权制度的实质是所有者终极所有权与企业法人财产权的分离，现代企业使法人享有独立的法人财产权。产权制度的核心是通过对所有者和使用者的产权进行分割、权益界定，使产权明晰化，以实现社会资源的优化配置。

所以在现代企业产权制度下，企业享有法人财产权，独立进行法律行为，承担法律责任。出资人只在出资额的范围内承担法律责任，享受利益。

（二）现代企业组织制度

在市场经济的发展中，公司制企业已经形成了一套完整的组织制度，其基本特征是：所有者、经营者和生产者之间，通过公司的决策机构、执行机构、监督机构，形成相互独立、权责分明、相互制约的关系，并以法律和公司章程的形式加以确立及实现。公司组织制度坚持决策权、执行权和监督权三权分立的原则，由此形成股东（大）会、董事会和监事会并存的组织框架。

公司制企业的组织机构通常包括股东（大）会、董事会、监事会及经理人员 4 大部分，按其职能分别形成决策机构、监督机构和执行机构。股东（大）会是公司的最高权力机构，股东（大）会及其选出的董事会是公司的决策机构，也是股东（大）会闭会期间的最高权力机构；监事会是由股东（大）会选举产生的监督机构，对董事会及经理人员的活动进行监督；经理人员是董事会领导下的公司管理和执行机构。这种组织制度既赋予经营者充分的自主权，又切实保障了所有者的权益，同时还能调动生产者的积极性，因此是现代企业制度中不可缺少的内容之一。

（三）现代企业管理制度

管理制度是指有关约束和调整企业经营管理活动中，各种经营管理行为方式和关系的行为规则。现代企业管理制度要适应市场经济的发展，符合企业的实际并且积极应用现代科学技术成果，具体要求一般包括以下几个方面：

（1）具有正确的经营思想和能适应企业内外环境变化、推动企业发展的经营战略。

（2）建立适应现代化大生产要求的领导制度。

（3）实行“以人为本”的经营理念，充分挖掘企业的人力资本潜力，包括建立现代企业用工制度和薪酬制度。

（4）建立高效的组织机构和管理制度。

（5）运用现代的生产方式和先进的生产技术。

五、企业管理环境

作为社会的基本单元，任何一个企业都不可能脱离社会而独立进行各种活动，总是与社会方方面面有着千丝万缕的联系。企业的生产经营既会受到政治、经济等宏观环境的影响，也会受到资源供应者、服务对象、竞争者、政府主管部门和其他组织的影响，这些存在于企业内外部的影响因素构成了企业的管理环境。

（一）影响企业发展的环境因素

外部环境是指企业所处的宏观环境，包括政治、经济、社会、技术、法律、自然等方面的因素。这些因素对企业的发展和运营都有着不同程度的影响。以下是一些常见的外部环境对企业的影响：

1. 政治因素

政府的政策和法规对企业的经营、发展有重要的影响。如各种有关能源、资源、环保、安全、用工、发展规划等法律法规政策对企业的运营和发展都有着重要的影响。

2. 法律因素

法律环境对企业的经营活动有约束和规范作用。企业需要遵守相关法律法规，否则将会面临罚款、诉讼等风险。

3. 经济因素

经济环境是企业发展的重要因素。通货膨胀、利率、汇率、税收、财政政策等因素都会对企业的运营和发展产生影响。

4. 社会因素

社会变化、文化差异、消费者需求等因素对企业的产品开发、营销策略、企业形象等方面都会产生影响。如消费者和员工对于可持续发展、个人健康等关注程度增加和态度变化都会促使企业对自身的产品及服务进行调整。

5. 技术因素

科学技术对企业经营管理的影响是多方面的。企业的技术进步会使社会对产品或服务的需求发生变化，从而给企业提供有利的发展机会，但也可能会损害或破坏另外一些企业。

6. 竞争因素

市场竞争是不可避免的。企业在市场上需要应对各种竞争对手的挑战，不断优化产品和服务，提高消费者的满意度，从而在市场上获得一席之地。

7. 人力资源因素

人力资源是企业的重要资产之一。一方面，拥有高素质、专业化的员工可以提高企业的核心竞争力；另一方面，人才的流动性和就业市场的供需关系也会直接影响企业的人力资源管理策略。

8. 历史文化因素

企业所处的历史和文化背景也将影响企业的经营决策、行为。对于跨国企业来说，还需要关注不同国家之间的文化差异，以便能更好地融入当地市场。

9. 环保因素

环境友好和可持续发展项目在投资和融资中往往更具备吸引力，企业需要对环保和可持续发展进行足够的投资，以满足社会需求、法规要求、公众的认可和支持，从而提高企业的价值。

综上所述，外部环境的变化对企业的经营和发展有着深远的影响，企业需要不断地了解和适应外部环境，以保持竞争力和可持续发展。

【课堂讨论 8-2】

请举出具体实例说明上述因素如何影响企业的发展。

（二）企业对环境的影响

外部环境会对企业的发展产生影响，反过来企业也会通过自身行为对环境产生影响，从而更加适应所面临的生存环境。企业对环境的影响主要集中在以下几个方面：

1. 影响供应者

每家企业都面临从外部企业获取原料、劳动力和能源等生产要素，因此都会与其他企业产生联系。企业会通过自主研发、分散采购、建立长久合作关系或者企业兼并等手段，对供应商施加影响，从而避免企业对供应商过度依赖的情况发生，降低企业的运行风险。

2. 影响竞争者

企业产品要想在市场中占有一席之地，就必须具备竞争力，尤其是核心竞争力。因此，企业对于自身产品的改进、服务的提升、成本的降低、销售策略的变化都会对其他竞争者产生影响，使其制定和采取相应的应对措施。

3. 影响消费者

首先，企业通过创新、个性化设计等方式，进行产品和服务的改进，可以不断满足消费者的需求，同时也会改变消费者习惯，激发消费者新的需求。其次，企业间的价格竞争会影响消费者的购买决策，消费者更倾向选择价廉物美的商品和服务。同时，企业在社会责任方面的表现，也会影响消费者的态度和行为。消费者更倾向选择那些具有社会责任感的企业的产品和服务。此外，企业通过广告、宣传、品牌营销等方式，营造一定的消费文化。消费者在选择产品和服务时，也受到这种文化的影响。

【课堂讨论 8-3】

根据所学知识，结合环境与企业的相互影响，对身边的一个超市或餐厅在经营当中所面临的外部环境和内部发展进行 SWOT 分析。

六、企业管理发展的新趋势

（一）信息化方面

1. 数据驱动决策

随着信息技术的发展，数字化转型已经成为企业管理的重要趋势。企业管理将越来越向数字化、数据化方向发展。利用大数据和人工智能等技术对企业运作进行精细化管理和改进，通过数据分析和挖掘，驱动业务决策优化。企业通过数字化技术来优化业务流程，提高效率，降低成本，创新产品或服务，加强数据分析，以迅速适应市场变化。

2. 社交媒体营销

企业越来越重视社交媒体作为品牌建设和营销的重要渠道，数字化转型还可以帮助企业更好地理解客户和市场，从而制定更有针对性的营销策略。利用定向广告和精细化运营，提高客户满意度，吸引和保留用户。

3. 人工智能（AI）和机器学习

AI 可以帮助企业在管理和运营过程中自动化许多常规任务，从而释放员工时间和资源以专注于更高级别的任务。越来越多的企业开始应用人工智能和机器学习技术来提高生产力、优化业务流程、改进客户体验和创造新的商业机会。

4. 云计算和边缘计算

随着云计算和边缘计算技术的不断发展，企业可以更加高效地管理数据和资源，降低成本，提高安全性和可靠性。

5. 数据隐私和安全

数据隐私和安全已经成为企业发展中不可忽视的一环。随着企业采集和处理越来越多的数据，保护客户和员工的隐私及保障数据安全已经成为企业必须关注的问题。

6. 自动化技术

该技术将会在生产制造领域得到广泛应用，企业需要实现生产过程的智能化、自动化，以提高生产效率和产品品质。

（二）管理理念方面

1. 可持续发展

可持续性已经成为企业发展的一个重要方面。越来越多的企业不再只关注短期利润，而是越来越重视长期的环境、社会和经济方面的可持续性，关注员工健康和生态环境，采取绿色和可持续的经营模式，为社会和环境做出贡献，同时也在提高品牌声誉和吸引客户方面起到了积极作用。

2. 新型工作方式

如远程工作、灵活工作时间、共享办公空间、弹性工作时间、自由职业者等，已经成为越来越多的企业吸引和留住人才的关键。这些新型工作方式还可以帮助企业降低成本，提高效率和灵活性。

3. 协同创新

企业管理需要秉持创新思维，勇于尝试新的管理理念和方法，与时俱进，不断提高管理水平和效率。为了应对日益复杂的商业环境，企业将会更加注重合作和协同创新，以打破传统的竞争模式。

4. 多元化和定制化

一方面，企业管理需要更加多元化，包括组织结构、人才队伍、业务领域等方面。在不断变化的市场环境下，企业需要寻找多种业务模式和多种经营方式，以提高灵活性和抗风险能力。多元化经营可以帮助企业在多个领域获得更多的机会，同时减少单一市场的风险。另一方面，通过定制化和个性化服务，企业可以提供更多具有针对性的产品和服务，以适应不断变化的市场环境和消费者需求。

5. 全球化

随着全球经济与贸易的进一步发展，越来越多的企业开始拓展其国际业务，尝试进军全球市场。企业管理需要逐步实现全球化，通过跨境合作和技术创新等手段，拓展国际市场和资源，进一步提升企业整体竞争力。

6. 平台化

平台化已经成为企业发展的重要趋势之一，许多企业开始构建自己的平台，以集成不同的业务、服务、产品，以及各种第三方合作伙伴，形成更加完整的生态系统，提高效率和竞争力。

7. 人才培养和终身学习

企业需要关注员工的职业发展和技能提升，通过培训和教育项目，帮助员工适应不断变化的市场环境。同时，鼓励员工终身学习，以适应技术和产业的快速发展。企业应重视多样化和包容性，为员工创造一个支持创新和成长的环境。

8. 企业社会责任

越来越多的企业开始重视社会责任，关注员工福利、社区发展和环境保护、可持续发展、乡村振兴、慈善等方面。这有助于提高企业的品牌形象，吸引优秀人才，并获得更广泛的社会支持。

总体来说，企业发展的最新趋势是数字化、智能化、可持续发展、个性化服务、社会责任、全球化和平台化。企业需要根据自身情况，结合市场需求和竞争情况，制定相应的发展战略，以适应不断变化的市场环境和客户需求，保持竞争优势。

【课堂讨论 8-4】

企业管理发展的新趋势在实际中是如何体现的？请结合具体案例进行说明。

任务二　创新助力企业高质量发展

管理创新

课前导学任务单

项目名称	项目八　企业管理与创新	
任务名称	任务二　创新助力企业高质量发展	
任务导入	创新是引领发展的第一动力。企业管理创新是企业提高效益，实现可持续发展的不竭动力。企业管理创新涵盖面广，涉及要素多。全面理解企业管理创新对于企业实现高质量发展至关重要。那么，什么是企业管理创新？企业管理创新的过程是怎样的？创新的方法包含哪些？企业管理创新的具体措施有哪些？企业管理创新为我们培养创新意识和创新思维带来什么启发	
任务目标	知识目标	1. 了解企业管理创新的概念和基本特征。 2. 理解企业管理创新的内容和过程。 3. 理解创新的方法。 4. 掌握企业管理创新的具体措施
	能力目标	1. 能够运用企业管理创新的措施为企业发展提出合理建议和对策。 2. 培养知识迁移能力和理论指导实践的能力
	素质目标	1. 培养创新思维和企业家精神。 2. 塑造数字素养，树立专业自信。 3. 培养变革意识、责任意识和终身学习意识
任务准备	1. 收集企业管理创新的案例。 2. 思考如何运用创新方法和措施助力企业创新发展。 3. 将本任务知识要点以思维导图的方式提炼和归纳	

知识要点

一、企业管理创新概述

（一）创新的概念

1912 年出版的《经济发展理论》一书中，经济学家约瑟夫·熊彼特首先提出了著名的创新理论。熊彼特认为，创新是指把新的生产要素和生产条件的“新结合”引入生产体系。它包括引进一种新产品或提供一种产品的新质量；采用一种新技术、新生产方法；开辟一个新市场；获得一种原材料新的供给来源；实行一种新的企业组织形式等。迈克尔·波特认为企业通过创新活动获得竞争优势，它们在最广泛的意义上从事创新，创新既包括新的技术，也包括新的做事方式。

综上，本书认为，创新是指利用现有的知识和物质，提出有别于常规或常人思维的想法，通过改进或创造新的事物，从而提高资源配置效率或取得有益效果的活动。

（二）企业管理创新的概念

企业管理创新是指企业把新的管理要素，如新的管理方法、新的管理手段、新的管理模式或要素组合引入企业管理系统，从而更有效地实现企业目标的创新活动。

（三）企业管理创新的内涵

1. 企业管理创新的核心

企业管理创新的核心是所有权归属问题。员工参与创新活动的程度、创新内在动机的大小，与其是否占有劳动投入的结果有关系。传统组织制度中，企业员工创新劳动的成果往往归属于企业所有者，因而不会对企业创新有过多贡献。因此，对创新收益的合理有效分配成为能够创新的先决条件。只有企业员工作为知识的拥有者和创新者，并且能够获得创新收益时，他们才会更有动力进行创新。

2. 企业管理创新的要求

企业管理创新的要求是构建以团队为基本组织单元的网状结构。社会经济环境不断变化带来了日益激烈的竞争，企业需要不断提高适应复杂环境变化的能力。这就要求企业组织结构减少内部的组织层级，以相对独立完整的业务流程组合成团队，实现扁平化、灵活化和敏捷化发展，从而更好地响应市场变化。

3. 企业管理创新的原则

企业管理创新的原则是员工自我管理与间接控制。创新管理认为企业员工不仅要具备丰富的知识和熟练的工作技能，同时还应具备较强的自我决策和自我管理能力。因此，在企业管理创新中，应给企业员工充分授权，倡导员工的自我表现管理，使员工的个人潜质和才能得到充分发挥。

4. 企业管理创新的基本手段

企业管理创新的基本手段是管理的信息化和网络化。管理的信息化有助于加快企业的信息处理能力，实现信息的快速收集、分析与共享，实现企业的共同学习与探索，提高对环境的适应和反应能力。通过计算机网络，企业还可以将许多核心力量连接起来，共享资源，互补优势，加速创新的进程。

5. 企业管理创新要注重人力资源管理

创新的实现，重要的是知识的更新。创新的主体是拥有知识的人，创新管理的本质还是对人力资源的开发与利用。企业要实现不断创新，就必须重视员工培训，致力于创建以学习为中心的组织，努力建设学习型组织，不断学习和更新知识，以吸引和留住知识型员工，不断创新。

6. 企业管理创新形成的组织文化核心是团队精神

团队精神不要求团队成员牺牲自我，强调的是挥洒个性、表现特长、人人平等，且具有创新和冒险精神，善于发现问题。团队成员通过协商确定企业管理创新的原则和观念，他们具有共同的目标，乐于分享知识与经验。在这样的文化环境中，所有的成员都将别人的目标、组织的目标与个人的目标统一起来，都在主动开拓、不断创新的活动中实现个人价值。

二、企业管理创新的内容

（一）制度创新

制度创新是指用新的企业制度替代原有的企业制度。其核心是产权制度创新，本质是对权力和利益的调整、再分配。它是一整套调动经营者和员工的积极性而设计的利益机制，只有先进的企业制度安排，才能有效调动员工的积极性，有效推动企业的技术创新和管理创新发展。

（二）技术创新

技术创新是指引入新的生产方式，是企业从投入到产出的整个生产过程中发生的“革命性”变化。技术创新包括原料、能源、设备及产品或服务创新，也包括工艺程序设计、操作方法改进等。

（三）管理创新

管理创新是指企业把管理要素或要素组合引入企业管理系统的创新活动，它是对生产要素，如人、财、物及各项职能的再组合，以创造出一种新的、更有效的资源整合范式。这种创新涉及企业组织结构和管理模式的创新，目的是提高企业的灵活性、创造力和竞争力。例如，在企业中实现扁平化、网络化、柔性化的组织管理变革，采取流程再造、学习型组织设计等。

（四）制度创新、管理创新与技术创新三者的关系

1. 制度创新是技术创新、管理创新的动力和基础

制度创新应该先于技术创新和管理创新，只有制定出能够充分激励企业员工参与技术和管理创新的制度（如物质利益、岗位升迁），才能使企业创新参与者在这样的制度下实现企业目标和个人利益相统一，激发企业员工追求技术和管理创新。

2. 管理创新是技术创新、制度创新的组织保障

首先，有效的管理可以有效降低技术创新的不确定性，提升资源配置效率，有助于技术创新的实现。其次，制度创新涉及产权的再配置，必将导致企业组织架构做出调整或变更。因此，只有建立与制度创新相适应的管理创新，才能有效促进制度创新的进程，实现资源的优化配置。

3. 技术创新是管理创新、制度创新的物质条件

首先，技术创新可以为管理创新提供物质基础和前提条件。例如，一些新兴技术的出现，可以为企业在管理创新中提供新的支持和保障。例如，信息化技术应用可以为企业的决策和管理提供更精确、实时的数据支持，倒逼企业在组织架构、人员安排、市场营销等方面做出变革。其次，技术发展到一定阶段都会要求制度在一定程度上做出响应，进行调整。企业对技术的日益重视也会使制度建设更有利于技术的创新发展，通过制度变革推动新的技术创新。

【知识链接 8-2】

建立创新型组织

所谓创新型组织，是指组织的创新能力和创新意识较强，能够源源不断地进行技术创新、组织创新、管理创新等一系列创新活动。彼得·德鲁克在谈到创新型组织时说，创新型组织就是把创新精神制度化而创造出的一种创新习惯。创新型组织并不只是一种结构，它是要素的集成。通过要素的有机整合，创造出支持创新发展的环境。

建设创新型组织应具备以下几个特点：

1. 灵活聚散——根据市场需求，由合适的员工迅速组合成为最适配的团队。这种组织模式是柔性的，部门、团队、岗位的边界是模糊的。

2. 并联劣后——灵活聚散而成的团队是紧密连接、动机一致的。这里就必须有劣后条款的设置来绑定大家的利益，达到“一荣俱荣，一损俱损”。

3. 用户付薪——员工的收益来自为用户创造的价值，中间没有损耗。换句话说，不是公司用预算给员工付钱，而是员工自己从市场上挣钱。

这样的组织模式又称平台型组织（Platform-based Organization）。这类组织基于一个强大的平台，可以裂变出若干经营单元或项目，最大限度地复用（平台的）资源，最大限度地灵活作战。

三、企业管理创新的过程

管理创新其实是一个创造的过程，创新者需有较高的智慧、丰富的知识和经验。此外，创新行为是系统性的，由多个因素、多个阶段构成。一般而言，管理创新通常需要经过以下 5 个阶段：

（一）产生创新愿望

创新愿望在一定的条件下产生，一般可以分为两种产生情形：

一是环境诱发型，即在组织外部环境的刺激下，特别是在竞争加剧的情况下，创新主体产生危机意识，组织创新机制发挥作用，在组织内产生创新激励影响，形成浓厚的创新氛围，最终激发创新愿望。

二是自我发动型，即由于组织内部滋生状况或在发展方面存在问题，也可能是其他方面存在创新的内在要求，产生创新冲动，并通过企业内的创新机制转化为强烈的创新愿望。此时，企业不仅要关注各级管理人员的创新思维，而且要注意及时沟通，以确保组织内的优秀创新思维能被上级管理者知晓和理解。

（二）制定创新战略框架，建立创新方案

对于已经产生的具体创新愿望，企业必须深入细致地开展研究分析工作，认真评估该创新活动的必要性和可能性。通过战略分析、战略选择和战略监控，确定创新的具体目标、具体领域及创新程度。这个过程不应仅是对竞争对手或顾客的市场需求做出反应，也不应盲目跟随最新的技术潮流，成功的创新战略需要理解市场、竞争者、外部力量以及技术知识的作用。

（三）形成创新方案

本阶段是管理创新过程中最有价值含量的一个阶段，也是关乎管理创新能否成功的关键环节之一。企业需要利用头脑风暴法等各种方法及工具，提出解决问题的具体创新构想，并在已经确定的创新条件、创新原则、创新目标等约束下，开展方案评估、优选活动，最终形成一个具体可行的创新方案。将抽象的、模糊的目标转换成确定的、可操作性的需求，支持后期的决策，有利于权衡利弊。在此阶段，企业要注意运用各种新方法和新工具，从而给企业带来意想不到的效果。

（四）实施创新方案

这是创新行动的实质性阶段和关键阶段，直接决定着管理创新的成败。一般而言，本阶段需要注意 3 点：一是要在创新的目标导向下实施方案，以防创新失去控制。二是要及时关注实施的主要信息反馈，及时对创新方案不合实际的地方进行修正，以防创新偏离方向。三是关注从创新到创收回报的流程。实施创新方案出现问题会对公司产生破坏性的作用，如利润丧失、浪费资源、增长速度减缓或出现零增长。

（五）对创新的评估总结

本阶段是对管理创新实践的总结与升华。管理创新方案经过一段时间的贯彻落实后日趋稳定，并产生新的管理范式，对组织的效果也将逐渐显现。这时企业应对创新成果进行评估总结。在评估总结过程中，企业还应睁眼看世界，与外部的先进者进行比较，进一步发现差距，促进新的创新冲动产生，推动创新向更深层次发展。

四、创新的方法

创新的方法有很多，下面介绍几种常见方法。

（一）增量思维

增量思维是一种通过渐进式地改进和优化，实现渐进式创新和进步的思维方式。它强调在现有解决方案的基础上，不断寻找改进的空间和机会，逐步提高解决方案的效率、质量和可靠性，从而不断进步和创新。

增量思维常常与持续改进和迭代式设计相结合，可以应用于各种不同的领域和问题解决中。它的核心在于将创新过程分解成一系列小步骤，每一步都是在现有解决方案的基础上进行优化和改进。这种方式可以降低风险、提高效率、提高成功率，同时也可以使创新更具可持续性和稳健性。

增量思维方法通常包括以下几个方面的特点：

第一，着眼于小步骤。增量思维将创新过程分解成一系列小步骤，每个步骤都是对现有解决方案的优化和改进。

第二，不断迭代。通过不断迭代，不断优化和改进解决方案，实现逐步提高效率、质量和可靠性的目标。

第三，利用反馈。通过利用用户反馈、市场反馈和数据分析等方式，持续监测、调整解决方案的表现和效果。

第四，基于数据。增量思维强调通过数据分析和评估，寻找创新、优化的机会和方向，从而实现更有效、更高效地改进和创新。

第五，强调可持续性。增量思维的优势在于其可持续性和稳健性，可以在现有解决方案的基础上实现渐进式的创新和进步，从而避免过度冒险和失败的风险。

总之，增量思维是一种基于现有解决方案的优化和改进，逐步提高效率、质量和可靠性的思维方式。它强调通过分解、迭代和反馈等方式，实现渐进式的创新和进步，从而实现更有效的改进和创新。

（二）哥顿法

1964 年，美国人哥顿发明了一种创新思维方法，主要通过会议形式，根据主持人的引导，让与会者参与讨论。为了避免思维定式的约束，只有会议主持人知道会议的根本目的和真正需要研究的问题，其他与会者都不知晓。在这种情况下，大家能跳出思维限制，充分发挥集体智慧，达到创新的目的。

哥顿法主要有两个基本方式：一是“将陌生变熟悉”，即通过熟悉的方法处理陌生的问题；二是“将熟悉变陌生”，即通过陌生的方法处理熟悉的问题。后一种方法在实际中运用得更多。哥顿法的核心是先回避要解决的问题，通过讨论一些其他问题，通过类比得到启发，再回到需要解决的问题上。不过这种方法对主持人的提问艺术有很高的要求。

（三）零起点法

这是 20 世纪六七十年代英美流行的一种创新思维方法。这种方法的核心是打破所有的传统和思维定式，不再参考过去的内容，一切从零开始。全新设计方案，以重新衡量方案中每一事项的必要性和效果。挑战传统的商业模式和行业规则，寻找新的商业机会和市场空间。虽然这种方法在实际应用中成本较高，但它的创新作用得到了广泛的认可。

（四）模拟思维

模拟思维是一种寻找解决问题或实现目标的方法，通常是通过观察和借鉴来自不同领域或行业的成功实践，然后将其应用到当前问题或场景中。寻找与当前问题相似的场景或领域，并了解该领域的成功实践和策略。分析、理解这些成功实践和策略的关键因素及机制，并将这些成功实践和策略应用到当前问题或场景中，进行适应和优化，为问题的解决提供新的思路和方法。

（五）敏捷开发

敏捷开发是指快速反应和适应变化的能力。企业需要提高敏捷性，以便迅速适应新的挑战和抓住新的机遇。这种思维能够帮助人们迅速寻找解决方案和应对挑战。采用敏捷开发方法，以小步快跑、迭代升级的方式，快速推出产品或服务，根据市场反馈和用户需求不断优化和调整。

（六）设计思维

设计思维是一种以用户为中心、以人性化体验为目标的创新方法。通过深入了解用户需求和痛点，观察用户行为、收集数据等方法，分析用户行为和心理，优化客户体验，设计出更加符合用户需求和期望的产品及服务，从而实现企业竞争力和用户满意度的持续增长。

这些常见的创新思维方法可以相互结合，帮助人们寻找新的思考方式和解决方案，实现创新和进步。

五、企业管理创新的具体措施

（一）建立创新文化

通过改变企业文化和价值观念，员工能够接受并拥抱创新。这包括采用开放式思维方法、鼓励员工提出创新想法、允许员工犯错、借鉴他人的创新经验和成功案例等，不断拓展创新思路和创新空间。

（二）强化信息化建设

企业管理创新的关键在于信息化。引入网络和软件技术，实现企业内部信息的共享、协同和流转，强化信息采集、分析和应用，提高企业管理的效率和质量。

（三）推动数字化转型

数字化转型是一种基于数字技术的转型方式，利用大数据、云计算、人工智能等技术，对市场需求、用户行为等数据进行深入分析，从而提高决策效率和准确性。数据驱动决策有助于降低成本、提高生产力和优化资源分配，改变企业生产、管理和营销模式，提高效率和质量，实现创新升级。

（四）建立创新生态系统

企业可以与外部的科研机构、高校、企业和个人等建立合作关系，通过引入有创新能力和创新思维的人才，采用开放创新模式，共享资源和知识，构建一个协同创新的生态系统，为企业带来新的思路和灵感，实现优势互补，推动创新发展。

（五）推动组织变革

首先建立学习型组织。学习型组织是一种注重知识创新、持续学习和成长的组织形态。制订完善的培训计划和知识分享机制，鼓励员工不断学习和创新，从而提高企业创新能力和竞争力。同时建立更加开放和灵活的组织架构，鼓励员工创新和自我管理，打破传统部门和职责界限，形成更加协同和快速响应的团队，建立创新实验室或创新中心，为员工提供自由创新的环境和资源，鼓励创新思维和创新能力的发展。

（六）推行企业社会责任

企业社会责任是企业对社会、环境和利益相关者的道德、法律等方面的责任。企业管理创新需要注重社会责任创新，推出符合社会、环境、人文等多方面需求的创新产品和服务，通过积极参与公益事业、环保和社会贡献，提高企业社会形象和公众信任度，促进企业可持续发展。

以上方法并不是完整和全面的，不同企业的情况不同，需要根据实际情况、需求选择来结合使用。企业在实施创新过程中应当注重灵活性和创造性，不断寻找适合自己的方法和模式。

【知识链接 8-3】

ESG–重塑企业价值

ESG（Environmental，Social and Governance），又称为环境、社会和公司治理，是指从环境、社会和公司治理 3 个维度评估企业经营的可持续性与对社会价值观念的影响。2023 年 6 月，"中国 ESG（企业社会责任）发布"在北京梅地亚中心正式举行。活动中发布了首份《年度 ESG 行动报告》。近年来，ESG 责任投资理念受到广泛关注，践行 ESG 理念已成为助力企业高质量发展，实现经济、社会和生态效益有机融合的重要抓手。《年度 ESG 行动报告》研究表明：在国家战略引领下，中国的企业已经开启了积极响应 ESG 理念，全面提升自身 ESG 水平的新阶段。中国大型公司在 ESG 发展方面的总体水平和优秀企业占比已经与全球大企业相当，各行业头部企业领跑可持续发展。同时，ESG 受到越来越多中国企业的重视，许多企业逐步建立 ESG 管理体系，将 ESG 管理要求融入经营管理中，及时发布 ESG 报告，积极响应国家战略，保障信息安全、促进科技创新、落实"双碳"目标、参与公益慈善、保障员工权益，以厚重的责任感助力可持续管理与价值创造。

【知识链接 8-4】

构建企业创新型团队

一、建立以分配机制为主的有效激励机制

这一机制的特点为"分配合理、收入多元、公平竞争、有效激励"，可以采取以下几点措施：首先，对创新型人才实施在社会上富有竞争力的薪酬标准，拉开差距，奖励实绩。其次，定期考核评估，优升劣降，体现技术与人才的价值，技术参与分配。同时，针对创新团队领军者，积极探索期权、股权、虚拟股份等新的分配形式，通过分配体制的改革，达到稳定关键的创新型人才、吸引高层次人才的目的。

二、形成特有的团队文化

创新型人才需要优秀文化的塑造与充实。每个创新团队都有一个支撑其运行的体制，也就必然有与这种体制相对应的文化特征。通过团队的体制创新，塑造出量才而用、鼓励合作与竞争的团队文化，使创新团队成员紧跟时代的步伐，快速更新科技知识，形成有利于创新团队发展的文化氛围，努力实现社会利益和团队利益的有效结合，在为企业发展做出贡献的同时实现个人价值。

三、建设交流平台

建设有利于团队成员和团队之间相互交流的非正式平台。团队之间的交流沟通，也是促进企业创新型团队成长的重要因素，可以促进各类人才的优化组合，促进不同思想、不同观点的交流与碰撞，激发创新，可以投入一部分资金用于建设创新型的社会性团体。

【课堂讨论 8-5】

宜家的差异化

宜家家居是全球最大的家居零售商，成立于 1943 年，在全球 38 个国家，有 280 多个卖场。宜家家居每年收入实现两位数增长。宜家之所以能长期保持卓越业绩，而对手的模仿也没能构成真正的威胁，就是因为其实施了差异化战略，并具有内在的一致性，如同链条一般环环相扣。

宜家的差异化主要表现在：

（1）DIY 设计。让顾客自己采购、自己动手组装产品，增加了 DIY 的乐趣。

（2）店内产品目录基本上取代了销售人员，广告也是通过产品目录实现的。

（3）宜家的专卖店规模较大，位于郊区，库存量大，停车位充足。保证了专卖店库存充足，让顾客自己从仓库中挑选出中意的家具运回家。

（4）宜家很多家具都是自行设计的，但生产过程外包了出去，且其全球物流系统是自己管理的，从而降低了运输成本和库存成本。

宜家家居的战略几乎不算是什么秘密，但是却无法被复制，因为实现了各个环节的有效协调，环环相扣，导致竞争对手无法进入。比如：传统家具专卖店通常不会有很多库存；传统制造商往往没有自己的专卖店。一般零售商不会利用产品目录，商品解说都是借助销售人员完成的。对宜家战略进行微调也行不通，要同宜家进行有效竞争，现有的对手几乎要从头开始，全面采纳宜家的战略。而这样做就需要放弃当前的业务，所以没有企业会这么做。今天，宜家在家具行业开创的新战略已经有几十年的历史了，依然没有一家企业能够真正复制它。

请思考：

1. 为什么宜家不容易被复制？
2. 宜家在企业管理创新中采取了哪些措施？
3. 结合所学知识，讨论宜家在未来发展中还可以采取哪些创新措施？

知识巩固与技能提升　　　　同步测试

附录一　管理学经典法则和效应

1. 奥格威法则：每个人都雇用比我们自己更强的人，我们就能成为巨人公司，如果你所用的人都比你差，那么他们就只能做出比你更差的事情。

2. 手表定律：当他同时拥有两只表时就无法确定时间。两只表并不能告诉一个人更准确的时间，反而会使看表的人失去对准确时间的信心。强调管理过程中要坚持一个上级原则，避免多头领导。

3. 破窗效应：如果一个房子的窗户破了，没有人去修补，隔不久，其他的窗户也会莫名其妙地被人打破。环境中的不良现象如果被放任存在，会诱使人们效仿，甚至变本加厉。

4. 波普尔原则：一个组织的有效性不仅仅取决于其能做什么，还取决于其放弃什么。管理者需要不断优化资源配置，保持组织的精简和灵活性。

5. 奥卡姆剃刀原则：如果存在多种解释，通常最简单的解释最有可能是正确的。在管理中，这意味着应尽可能简化决策和方案，以避免过度复杂化和浪费。

6. 二八原则：在原因和结果、投入和产出、努力和报酬之间存在这样一种典型的不平衡现象：80%的成绩，归功于20%的努力；市场上80%的产品可能是20%的企业生产的。遵循“二八法则”的企业在经营和管理中往往能抓住关键的少数顾客，精确定位，加强服务，达到事半功倍的效果。

7. 潘多拉效应：探究未知事物是人类普遍的行为反应。对一件事物不说明原因的简单禁止，会使这件事物具有特殊的吸引力。心理学把这种“不禁不为、愈禁愈为”的现象，叫“潘多拉效应”或“禁果效应”。“潘多拉效应”的心理实质是好奇心和逆反心理在起作用。

8. 羊群效应：羊群是一种很散乱的组织，平时在一起也是盲目地左冲右撞，但一旦有一只羊动起来，其他的羊也会不假思索地一哄而上，全然不顾前面可能有狼或者不远处有更好的草。因此，“羊群效应”常比喻人都有一种从众心理。从众心理很容易导致盲从，而盲从往往会陷入骗局或遭遇失败。

9. 刺猬法则：冬天天寒地冻时，两只小刺猬非常寒冷想要拥抱到一起取暖，此时需要费尽力气找到最合适的距离才能拥抱到一起。刺猬法则强调的是人际交往中的“心理距离效应”。运用到管理实践中，就是领导者如要搞好工作，应该与下属保持亲密关系，但这是“亲密有间”的关系，是一种不远不近的恰当合作关系。同时在行政工作中也应当保持这种合理的距离，要会“管”，更要会“放”。简政放权政策的提出，也是该原理的具体体现。

10. 责任分散效应：又称旁观者效应，是指对某一件事来说，如果是单个个体被要求单独完成任务，责任感就会很强，会作出积极的反应。但如果是要求一个群体共同完成任务，群体中的每个个体的责任感就会很弱，面对困难或遇到责任往往会退缩。因为前者独立承担责任，后者期望别人多承担点儿责任。“责任分散”的实质就是人多不负责，责任不落实。在企业经营和管理过程中，明确责任非常重要。旁观者众多所导致的结果，即见死不救的现象。

11. 墨菲定律：事情如果可能出错，就有可能出错。也就是说，如果事情有变坏的可能，不管这种可能性有多小，它总会发生，在管理中，这意味着需要有计划地准备并应对潜在的问题和风险。

12. 吉德林法则：美国通用汽车公司管理顾问查尔斯·吉德林提出，把难题清清楚楚写出来，便已解决了一半。杂乱无章的思维，不可能产生有条有理的行动。管理者要控制自己的焦虑，避免自身混乱引起团队混乱，只有认清问题，才能更好地解决问题。

13. 霍桑效应（Hawthorne Effect）：当员工知道自己的行为受到关注时，会刻意改变一些行为或言语表达，他们的工作表现可能会有所提高，会更努力地做事情。

14. 踢猫效应：一位父亲在公司受到了老板的批评，回到家就把沙发上跳来跳去的孩子臭骂了一顿。孩子心里窝火，狠狠去踹身边打滚的猫。猫逃到街上，正好一辆卡车开过来，司机赶紧避让，却把路边的老板撞伤了。这就是心理学上著名的“踢猫效应”，描绘的是一种典型的坏情绪的传染所导致的恶性循环。人的不满情绪和糟糕心情，一般会沿着等级和强弱组成的社会关系链条依次传递，由金字塔尖一直扩散到最底层，无处发泄的最弱小的那一个元素，则成为最终的受害者。

15. 鸟笼逻辑：把一个漂亮的鸟笼挂在房间最显眼的地方，过不了几天，主人必定会做出下面两个选择之一：把鸟笼扔掉，或者买一只鸟回来放在鸟笼里。因为这比无休止地向别人解释和说明挂一个空鸟笼要轻松得多，这就是鸟笼逻辑。并不一定每一个鸟笼里都应该装一只鸟，但可惜的是人们总是受制于惯性思维，不知变通，难以突破常规，逃不出这个逻辑的局限。

附录二　互联网时代的管理思维

互联网时代的到来，带来了大量新兴企业和新型商业模式，也催生出了许多新的管理思维和方法。这些思维强调灵活性、创新、开放性和协作，以适应快速变化的市场环境和技术进步。以下是互联网时代下的一些新管理思维：

1. 敏捷管理：一种灵活的项目管理方法，强调在不断变化的环境中快速适应和响应变化。它倡导小步快跑、迭代式开发和跨职能团队协作，以便在短时间内交付高质量的成果，以快速响应市场需求，提高效率和质量。

2. 外包与众包：将企业部分任务通过互联网平台，分配给外部人力资源或大量的未知的网络参与者，以便更高效地完成工作和降低成本，以实现高效的解决方案和创新。

3. 平台思维（Platform Thinking）：强调打造开放性、可扩展性和生态化的商业平台，通过连接供给方和需求方创造价值，并利用网络效应实现规模经济。将企业经营模式从产品导向转变为平台导向，通过打造开放式的平台生态系统，激发外部创新资源，实现企业与合作伙伴共同成长。

4. 全栈团队（Full-Stack Teams）：具备多种技能和领域知识的跨职能团队，能够独立完成产品或项目的开发、设计、测试和运营。全栈团队强调自主性和协作，有助于提高组织的创新能力和响应速度。

5. 无界组织（Boundaryless Organization）：打破传统的组织边界，实现内外部资源的高效整合，以提高组织的创新能力和市场竞争力。

6. 企业级社交网络（Enterprise Social Networking）：通过构建内部社交网络平台，提高员工之间的沟通效率，促进知识分享与合作。

7. 虚拟现实与增强现实（Virtual Reality and Augmented Reality）：将虚拟现实和增强现实技术应用于企业培训、会议和产品展示等场景，提高工作效果和体验。

8. 远程办公与分布式组织（Remote Work and Distributed Organizations）：互联网技术使团队成员能够在不同地域进行协同工作，实现远程办公和分布式组织。这种工作方式有助于降低成本、提高效率和拓展人才库。

9. 移动办公与自带设备（Mobile Office and Bring Your Own Device）：鼓励员工使用移动设备和个人电子设备进行工作，以提高工作效率和灵活性。

10. 人工智能与自动化（AI and Automation）：利用人工智能和自动化技术优化企业流程，提高工作效率和降低成本。

11. 持续学习和组织学习（Continuous Learning and Organizational Learning）：在互联网时代，技术和市场环境的快速变化要求个体、组织不断学习和适应。持续学习和组织学习强调创建学习型组织，培养员工的学习能力，以及分享和传播知识，从而提高组织的竞争力和创新能力。

12. 共享经济（Sharing Economy）：利用共享经济模式优化资源配置，降低成本，提高企业竞争力。

13. 跨界整合：在互联网时代，企业需要拥抱跨界整合，通过跨行业、跨领域的合作与整合，发掘新的商业模式和增长点，提高竞争力。积极拓展跨行业、跨领域的商业模式，提高企业的竞争力和抗风险能力。

14. 数据驱动决策（Data-Driven Decision Making）：利用云计算和大数据技术提高企业的数据存储、处理和分析能力，以支持更好地做出业务决策。数据驱动决策强调基于数据分析和洞察来进行商业决策，有助于提高决策的科学性、准确性和客观性。

15. 用户至上：在互联网时代，用户是最重要的核心资源。企业需要从用户需求出发，倾听用户声音，关注用户体验，提升用户满意度和市场份额，从而实现企业的长期发展。

16. 精益创业（Lean Startup）：精益创业方法论关注在最小可行产品的基础上快速试错、迭代和学习，以便更高效地满足客户需求和把握市场机会。

17. 企业社会责任与可持续发展（Corporate Social Responsibility and Sustainability）：互联网时代的企业需要关注社会和环境问题，通过可持续的商业实践来实现长远的发展。企业社会责任和可持续发展强调企业在追求经济效益的同时，关注员工福祉、社会公益和环境保护。

18. 个性化与客户参与（Personalization and Customer Engagement）：利用互联网技术提高客户参与度，为客户提供个性化、定制化的产品和服务。

19. 社区管理：社区管理的方法通过建立和管理在线社区，以实现客户互动和反馈，促进品牌忠诚度和客户满意度。

20. 开放创新（Open Innovation）：强调组织在创新过程中与外部资源、技术和市场进行合作，以便更好地应对竞争和抓住市场机会。

总之，互联网时代的新型管理思维重视灵活性、创新和协作，以适应不断变化的市场环境和技术发展。了解并运用这些管理思维，有助于提高组织的竞争力和适应能力。

参考文献

一、图书类

[1] 吴戈，关秋燕. 管理学基础[M]. 2 版. 北京：中国人民大学出版社，2019.
[2] 张云河. 管理学基础[M]. 4 版. 北京：中国人民大学出版社，2022.
[3] 杨强. 管理学基础[M]. 3 版. 北京：中国人民大学出版社，2022.
[4] 刘凤，徐奎玲. 管理学基础：概念·案例·实训[M]. 2 版. 北京：中国人民大学出版社，2021.
[5] 方振邦. 管理学基础[M]. 3 版. 北京：中国人民大学出版社，2016.
[6] 刘俊宏，刘静，谢晓冲，文智丽. 管理学基础[M]. 成都：西南财经大学出版社，2022.
[7] 张亚. 管理学——原理与实务[M]. 2 版. 北京：北京理工大学出版社，2013.
[8] 斯蒂芬·罗宾斯，玛丽·库尔特，等. 管理学[M]. 13 版. 刘刚，程熙镕，等，译. 北京：中国人民大学出版社，2017.
[9] 颜明健. 管理学原理[M]. 2 版. 厦门：厦门大学出版社，2017.
[10] 于玲玲，段东山，刘秀. 管理学[M]. 北京：北京理工大学出版社，2022.
[11] 虎啸. 管理学[M]. 成都：电子科技大学出版社，2019.
[12] 姜玲玲. 管理学基础[M]. 重庆：重庆大学出版社，2015.
[13] 孙宗耀，荆春丽，周鹏. 管理学基础[M]. 北京：北京理工大学出版社，2020.
[14] 王利晓. 管理学基础[M]. 西安：西北大学出版社，2019.
[15] 姜磊，马玉梅. 管理学基础[M]. 北京：北京理工大学出版社，2018.
[16] 周三多，陈传明，贾良定. 管理学原理与方法[M]. 6 版. 上海：复旦大学出版社，2014.
[17] 陆婷，文雅. 管理学基础[M]. 北京：清华大学出版社，2022.
[18] 吴崑. 管理学基础[M]. 北京：北京交通大学出版社，清华大学出版社，2022.
[19] 国政，罗掌华，许名勇. 管理学基础[M]. 北京：中国人民大学出版社，2017.
[20] 刘冬蕾，赵燕妮. 管理学原理[M]. 北京：中国林业出版社，2012.
[21] 王光健. 管理学原理[M]. 2 版. 北京：中国人民大学出版社，2018.
[22] 贾旭东. 现代企业管理[M]. 北京：中国人民大学出版社，2014.
[23] 张蕾，闫奕荣，邓俊荣. 企业管理理论与案例[M]. 北京：中国人民大学出版社，2015.
[24] 汤少梁. 现代企业管理[M]. 南京：南京大学出版社，2015.
[25] 宁凌，唐楚生. 现代企业管理[M]. 北京：机械工业出版社，2011.
[26] 杨月坤. 企业文化[M]. 北京：人民邮电出版社，2017.

[27] 谢明. 公共政策分析[M]. 3 版. 北京：首都经济贸易大学出版社，2018.
[28] 孙晓玲，李琳娜，高旋. 企业管理概论[M]. 北京：航空工业出版社，2018.
[29] 刘宁杰，杨海光. 企业管理[M]. 北京：高等教育出版社，2016.
[30] 郭小聪. 行政管理学[M]. 5 版. 北京：中国人民大学出版社，2014.
[31] 秦敏. 现代企业管理[M]. 2 版. 北京：中国人民大学出版社，2022.
[32] 任广新，陈葆华. 管理学理论与实务[M]. 北京：北京大学出版社，2016.
[33]《新时代员工与企业社会责任》课题组. 新时代员工与企业社会责任[M]. 北京：中国经济出版社，2020.
[34] 薛丽红，李晓宁. 现代企业管理[M]. 北京：北京理工出版社，2019.
[35] 赵文斌，帅萍. 机关文化建设理论与实务[M]. 北京：化学工业出版社，2013.
[36] 周三多. 管理学[M]. 北京：高等教育出版社，2000.
[37] 彼得・圣吉. 第五项修炼[M]. 郭进隆，译.上海：上海三联书店，1998.
[38] 彼得・圣吉. 变革之舞[M]. 上海：东方出版社，2001.
[39] 易小东. 任正非：致新员工书[M]. 深圳：海天出版社，2018.
[40] 金新政. 管理智典[M]. 武汉：华中科技大学出版社，2002.

二、期刊类

[1] 谢仲文. 论领导和领导权力的运用[J]. 现代经济信息，2013（5）：63-64.
[2] 高学敏，姬雄华. 运用权力层次组合提升领导效能[J]. 领导科学，2015（10）：8-9.
[3] 王圆圆，袁泽沛. 近代以来中国管理思想的发展脉络[J]. 兰州商学院学报，2006（6）：37-40.
[4] 王毅武，杨阳. 论中国现代管理理论的代表人物[J]. 河北经贸大学学报，2016（1）：42-48.
[5] 王慧. 创新型企业创新团队的构建[J]. 人力资源管理，2011(4)：64-65.
[6] 张平. 改革求变，探索转型发展新路[J]. 企业管理，2022（12）：76-77.
[7] 张长征，王寿刚. 姚文华金陶公司："人本""物本"双管齐下[J]. 企业管理，2020（1）：91-92.
[8] 关键. 星巴克：人本主义+关系哲学[J]. 企业管理，2021（2）：82-84.
[9] 裴瑾，张景云. 安踏：体育营销的品牌乾坤[J]. 企业管理，2022（8）：54-57.
[10] 杨梦遥. 大悦城：商场如剧场[J]. 企业管理，2018（2）：70-71.
[11] 黎立璋，徐苗苗. 三钢集团"1253"扁平化管控模式[J]. 企业管理，2022（10）：68-72.
[12] 本刊记者. 中国海油深化改革构建四大竞争力[J]. 企业管理，2022（9）：64-69）
[13] 苏勇. 面对疫情，企业家需要危机领导力[J]. 企业管理，2022（7）：31-33.
[14] 张芳，梁宁建. 领导班子成员气质类型相融度研究[J]. 心理科学，2006，29（1）：80-83.
[15] 陈玉玲，陈维政. MBTI 人格类型与工作匹配作用机制研究[J]. 软科学，2015（5）：92-95.

[16] 楼利平. 中国传统文化在企业文化建设中的实践与应用[J]. 现代商业，2020（35）：126-128.
[17] 申世周. 以混促改 融合共生——云南白药混改启示录[J]. 企业管理，2021（5）：86-90.
[18] 姜建. 娃哈哈“六制”打造扁平化组织[J]. 企业管理，2021（12）：58-60.